La Trinidad en el Nuevo Testamento

Arthur W. Wainwright

editorial clie

EDITORIAL CLIE
C/ Ferrocarril, 8
08232 VILADECAVALLS
(Barcelona) ESPAÑA
E-mail: clie@clie.es
http://www.clie.es

Publicado originalmente en inglés bajo el título
The Trinity in The New Testament por © S.P.C.K.,
London, England, 1969².

«*Cualquier forma de reproducción, distribución, comunicación pública o transformación de esta obra solo puede ser realizada con la autorización de sus titulares, salvo excepción prevista por la ley. Diríjase a CEDRO (Centro Español de Derechos Reprográficos) si necesita fotocopiar o escanear algún fragmento de esta obra (www.conlicencia.com; 91 702 19 70 / 93 272 04 47)*».

© 2022 por Editorial CLIE, para la edición en español.

LA TRINIDAD EN EL NUEVO TESTAMENTO
ISBN: 978-84-19055-01-9
Depósito Legal: B 9131-2022
TEOLOGÍA CRISTIANA
Teología Sistemática
REL067110

Colección BTA
Biblioteca de Teología Actual

La naturaleza de la doctrina
George A. Lindbeck

Introducción a la teología cristiana
Thomas H. McCall

Las enigmáticas parábolas de Jesús
Ruben Zimmermann

El Espíritu Santo en la tradición sinóptica
C. K. Barrett

La trinidad en el Nuevo Testamento
Arthur W. Wainwright

Jesús y el Espíritu
James D. G. Dunn

Mujeres de la Biblia judía
Xabier Pikaza

*A la memoria
de mi padre*

Índice

Abreviaturas 11
Prólogo 13

1. INTRODUCCIÓN 15

    I. El problema de la Trinidad 17
    II. La Trinidad en la religión hebrea 29
    III. Un solo Dios y Padre 55

2. LA DIVINIDAD DE CRISTO 65

    IV. Jesucristo es Dios 67
    V. Jesucristo es Señor 89
    VI. El culto a Jesucristo 107
    VII. Jesús y el juicio 119
    VIII. Jesús y la creación 143
    IX. Jesús y la salvación 167
    X. El Padre y el Hijo 185

3. LA DIVINIDAD DEL ESPÍRITU 209

    XI. De la naturaleza del Espíritu y su relación con Cristo 211
    XII. El Espíritu y Dios 235

4. DESARROLLO DEL PROBLEMA TRINITARIO 247

XIII. Las fórmulas ternarias 249
XIV. El pensamiento trinitario del Nuevo Testamento 261

Índice de nombres y materias 281
Índices 285

ABREVIATURAS

ET   *Expository Times*
JBL   *Journal of Biblical Literature*
JTS   *Journal of Theological Studies*
LXX   *Setenta*
SJT   *Scottish Journal of Theology*
TWNT   *Theologisches Wörterbuch zum Neuen Testament*, ed.
            Gerhard Kittel, G. Friedrich
ZNTW   *Zeitschrift für die neutestamentliche Wissenschaft*

PRÓLOGO

Frecuentemente se da por supuesto que la doctrina de la Trinidad apareció después de haber sido escrito el Nuevo Testamento, y se da por supuesto también que esta doctrina es meramente especulativa, no esencial al mensaje cristiano. Escribo este libro convencido de que el problema de la Trinidad surgió y tuvo respuesta en tiempos del Nuevo Testamento; sus raíces se encuentran en el culto, la vivencia personal y el pensamiento del cristianismo del primer siglo. Se ha preferido la palabra «problema» a la palabra «doctrina» porque no hay una declaración formal de la doctrina de la Trinidad en el Nuevo Testamento; pero así como una doctrina es respuesta a un problema, del mismo modo aparece la doctrina sobre la Trinidad en el Nuevo Testamento. El problema de la Trinidad se presentó allí y se intentó darle solución.

Una gran parte del capítulo cuarto de este libro está tomada de un artículo con el que colaboré en el Scottish Journal of Theology, vol. 10, n. 3, de septiembre de 1957; *y deseo manifestar mi agradecimiento a los editores por haberme permitido hacer uso de él.*

Estoy profundamente agradecido al Doctor Rev. R. Newton Flew, que fue el primero en animarme al estudio de esta materia y ha glosado varios capítulos; agradecido también al Rev. Rupert E. Davies, al Rev. Owen E. Evans, al Doctor Rev. C. Leslie Mitton y al Profesor Rev. Philip S. Watson, que leyeron el material escrito a máquina y me hicieron muchas y útiles sugerencias.

Quiero expresar también mi reconocimiento a la Sra. Ena Levine por haber mecanografiado este trabajo, y a mi esposa por su ayuda en la corrección de pruebas y ordenar los índices.

ARTHUR W. WAINWRIGHT
Manchester
Abril de 1962

1
INTRODUCCIÓN

Capítulo I
EL PROBLEMA DE LA TRINIDAD

El propósito de esta obra es descubrir el origen del problema de la Trinidad en tiempos del Nuevo Testamento. Surgió este problema al creer los cristianos que Jesús era Dios, y al expresar su creencia dándole títulos divinos y adjudicándole funciones normalmente reservadas a Dios en el pensamiento hebreo. Esta creencia en la Divinidad de Cristo se manifestó tanto en los escritos del Nuevo Testamento como en el culto que practicaron las primitivas comunidades cristianas. Al sostener la Iglesia cristiana la creencia judía en la unidad de Dios, se suscitó un serio problema como consecuencia de creer también en la divinidad de Cristo. ¿Cómo podía ser Dios el Padre y ser Dios el Hijo y, sin embargo, ser un solo Dios? El problema se complicó desde el momento en que el Espíritu Santo fue considerado como Persona, que tenía una decisiva influencia sobre las vidas de los individuos. ¿Era también Dios el Espíritu Santo? Y si lo era, ¿cómo podría Dios ser uno y tres al mismo tiempo?

Estas dos cuestiones aparecieron completamente claras en el siglo segundo en los escritos de Teófilo, de Ireneo y de Tertuliano. Ello no es como para sorprender, ya que las declaraciones hechas en el Nuevo Testamento sobre el Padre, el Hijo y el Espíritu Santo eran de tal naturaleza como para que suscitaran el problema trinitario en las próximas generaciones de lectores. Es tarea nuestra investigar si los mismos escritores del Nuevo Testamento eran conscientes del problema, consistente tanto en la forma de relación entre el Padre y el Hijo, como en la del Padre, el Hijo y el Espíritu Santo. Estrictamente hablando, si se hubiese presentado solo el problema del Padre y del Hijo, habría sido binitario. Pero se trata de un problema binitario-trinitario; el punto crucial es la relación del Padre con el Hijo; porque el problema no habría tenido importancia práctica de no haberse realizado la Encarnación. Si el Verbo no se hubiese hecho hombre no habría habido dificultades con el monoteísmo judío.

El tema de esta discusión es el problema de la Trinidad, más bien que la doctrina sobre la misma. Una declaración doctrinal es una respuesta a un problema doctrinal. No existe una formal exposición de la doctrina trinitaria en el Nuevo Testamento como la podemos encontrar en el Credo Atanasiano o en el tratado *De Trinitate* de San Agustín. Se podría argüir que el problema de la Trinidad estaba en la mente de ciertos escritores del Nuevo Testamento y que ellos intentaron darle una respuesta. Pero ninguno de sus escritos, sin embargo, se publicaron con el fin específico de tratarlo, y la mayor parte de los indicios de que un determinado escritor abordara el problema son incidentales. No existió una elaborada o sistemática respuesta al problema. Por esta razón, la palabra «problema» ha sido preferida a la de «doctrina». Pero ha de quedar claro que los escritores del Nuevo Testamento no descuidaron por completo dar solución al problema, aunque otras materias ocuparon casi toda su atención.

En la medida en que una doctrina es la respuesta, aunque fragmentaria, a un problema, el Nuevo Testamento contiene una doctrina de la Trinidad. Pero si exigimos una formal exposición, entonces no existe una doctrina de la Trinidad en el Nuevo Testamento.

La diferencia entre un enunciado formal de doctrina y una respuesta incidental o fragmentaria a un problema doctrinal se pone de manifiesto si la forma de abordar el problema trinitario por parte del Nuevo Testamento la comparamos con los credos y las confesiones de las siguientes generaciones. Hay peligro, sin embargo, de acentuar demasiado la importancia de esta diferencia. Es difícil determinar con precisión cuándo la doctrina surgió por primera vez. Si el uso de la palabra «Trinidad» es un rasgo necesario del enunciado de la doctrina, entonces no consta que haya aparecido antes de Teófilo (siglo segundo), que usa la palabra griega τριάς («tríada») para describir al Padre, al Hijo y al Espíritu; o antes de Tertuliano (finales del siglo segundo), que usó la palabra latina TRINITAS con el mismo propósito[1]. Pero las palabras τριάς y TRINITAS no tienen en estos escritores el profundo significado que adquirirían[2] más tarde; y la doctrina trinitaria no se configuró en su forma ortodoxa hasta más de un siglo

---

[1] Teófilo, *Ad Autol.* 2, 15; Tertuliano, *Adv. Prax.* 3. Cf. G. L. Prestige, *God in Patristic Thought*, pp. 88, 93.

[2] Cf. Prestige, *ibid.* p. 94: «Originalmente la palabra "trinidad" no expresó, en modo alguno, la unidad de Dios. Por el contrario, acentuó el hecho de que constituía el principal problema con que los cristianos tuvieron que enfrentarse. El término para expresar el principio del monoteísmo era "monarquía"».

después. Se podría afirmar que la doctrina apareció cuando los escritores cristianos comenzaron a usar métodos filosóficos de investigación; pero entonces sería difícil determinar si estos métodos estaban presentes ya en Atenágoras e Ireneo o aparecieron primeramente en Tertuliano, Clemente y Orígenes. Además, la aparición de la doctrina trinitaria podría provenir del uso de términos técnicos tales como ὑπόστασις, οὐσία y πρόσωπον en griego, y PERSONA, SUBSTANTIA y ESSENTIA en latín. Pero todas estas palabras admiten una gran variedad de significado, y sería difícil decir qué uso particular anunció el alborear de la doctrina trinitaria.

En los siglos segundo y tercero, una creciente cantidad de literatura se dedicó al problema de la Trinidad y las respuestas al problema se hicieron más y más sistemáticas. Este gradual desarrollo del pensamiento es más importante que la introducción de términos técnicos. No existe una linde histórica clara entre la era de la exposición doctrinal sistemática y la era menos reflexiva y menos filosófica que la precedió. La diferencia en estilo y carácter entre los escritos del Nuevo Testamento y los trabajos de los Padres del tercer y cuarto siglos no debería oscurecer el hecho de que los escritores del Nuevo Testamento eran conscientes del problema trinitario y se esforzaron por darle una solución. Y ello no debería oscurecer tampoco el hecho de que el problema nunca fue satisfactoriamente resuelto y que los más constantes testimonios de la doctrina no dan completas respuestas al problema, sino que delimitan el ámbito de la discusión. Naturalmente, un problema ha de ser puesto en claro antes de que se le dé una respuesta. En el Nuevo Testamento es más fácil ver los primeros intentos para clarificar el problema que los primeros intentos para solucionarlo. Pero una solución parece comenzar a aparecer y sería engañoso decir que la teología trinitaria es completamente posbíblica.

El problema trinitario no es puramente especulativo. Se ha dicho con frecuencia que los escritores bíblicos son más bien prácticos que especulativos, y que están más preocupados por la actividad de Dios que por su naturaleza eterna. El dicho de Melanchthon: «Conocer a Cristo es conocer sus beneficios» es citado como la clave de la actitud de los primeros cristianos. Esta interpretación del pensamiento bíblico ha sido llevada demasiado lejos. Los primeros cristianos se interesaron por Dios, el Padre, y por Cristo, el Hijo, como personas y no solamente como agentes de salvación. Porque amaban tanto al Padre como al Hijo deseaban conocer cómo se relacionaban entre sí. Sin embargo, cuando discutían sobre la naturaleza de Dios, la asociaban a su actividad por la tendencia a lo práctico de sus pensamientos. Cullmann observó que en el Nuevo Testamento a la persona de Cristo difícilmente se la nombra sin una concomitante referencia a su actividad. El prólogo del cuarto Evangelio, por ejemplo, describe la relación de la «Palabra» con Dios («la Palabra estaba en Dios, y la Palabra era Dios»), y entonces habla del trabajo creativo de la Palabra («todas las cosas fueron hechas por Él»)[3]. A los primeros cristianos les interesaba más el mensaje de salvación que las cuestiones metafísicas, y su teología refleja este interés. Les preocupaba más la actividad que la naturaleza de Dios. En los siguientes capítulos comentaremos cómo explicaron ellos la divinidad de Cristo, en parte describiendo las funciones que desempeñó. El problema trinitario se dio a conocer y se solucionó haciendo referencia a la actividad de Cristo para con el género humano. Los escritores del Nuevo Testamento creyeron que Él compartía las actividades divinas de creador, salvador y juez. Aunque la cuestión de la eterna relación del Padre y el Hijo era un asunto muy importante, especialmente para Pablo, Juan y el autor de la Carta a los Hebreos, ellos dieron más importancia a la actividad divina que a la divina naturaleza.

El problema de la Trinidad estuvo desde el principio íntimamente unido con el culto cristiano. No fue preocupación de solo los estudiosos, sino principio vital para todo el culto cristiano. El modelo trinitario está patente en la adoración del Padre, porque al Padre se le adoraba a través del Hijo en el Espíritu. Esta fue la forma predominante de adoración; pero aún en los tiempos del Nuevo Testamento Cristo fue adorado del mismo modo que el Padre, aunque probablemente con menos frecuencia. El culto al Espíritu Santo se desarrolló más tarde[4]. En una época posterior el Credo Atanasiano declaró: «Esta es la Fe católica: que nosotros adoramos a un Dios en la Trinidad y una Trinidad en la unidad». El Credo confiesa la índole de una adoración que ya había sido practicada. El culto cristiano se fue haciendo trinitario de dos maneras: primera, como culto del Padre por el Hijo en el Espíritu, y segunda, como culto del Padre, del Hijo y del Espíritu. Sin embargo, en el Nuevo Testamento su carácter trinitario se encuentra principalmente en el culto del Padre, a través del Hijo, en el Espíritu; y, para ser más breves, en el culto del Hijo. La naturaleza del culto cristiano influenció el desarrollo del pensa-

---

[3] ÓSCAR CULLMANN, *Die Christologie des Neuen Testament*, p. 4.
[4] Esto se confiesa en el Credo de Nicea: «*El cual con el Padre y el Hijo juntamente es adorado y glorificado*».

miento cristiano; y, a la inversa, el desarrollo del pensamiento influenció la naturaleza del culto. Semejante acción recíproca de pensamiento y culto ayuda a explicar la aparición del problema de la Trinidad.

Esta explicación del acercamiento bíblico al problema de la Trinidad presupone que los escritores del Nuevo Testamento reflexionaron sobre el problema. Un punto de vista distinto nos da Alan Richardson en *An Introduction to the Theology of the New Testament*. Dice así: «No existe en el Nuevo Testamento ni una insinuación de un δεύτερος θεός[5] o δημιουργός[6] distinto del Dios de la revelación del Antiguo Testamento y no existe problema en conciliar la divinidad de Cristo y del Espíritu Santo con el monoteísmo judío. Cristo y el Espíritu son igualmente Dios en sus por sí mismos determinados modos de acción en la creación, redención y santificación del mundo»[7].

Los siguientes capítulos intentarán demostrar que, si bien a Cristo no se le tuvo como un segundo Dios en el Nuevo Testamento, sí que fue considerado como Dios, y de ahí que la repugnancia de los escritores del Nuevo Testamento en exponer la creencia de que Jesús era Dios manifieste que eran conscientes de un problema. Se dirá que, aunque los escritores del Nuevo Testamento den pocas señales de estar enterados del problema de conciliar la divinidad del Espíritu Santo con el monoteísmo judío, algunos de ellos sí eran claramente conscientes del problema de conciliar la divinidad de Cristo con el monoteísmo.

Otro punto de vista que difiere del que mantenemos en las siguientes páginas es el de Emil Brunner en el primer volumen de su *Dogmatics*. Brunner dice de la doctrina de la Trinidad esto: «El punto de partida de la doctrina no es, naturalmente, el especulativo, sino el sencillo testimonio del Nuevo Testamento. A nosotros no nos interesa el Dios del pensamiento, sino el Dios que nos revela su nombre. Pero nos revela su nombre como el de Padre; su nombre de Padre nos lo hace conocer a través del Hijo; y nos da a conocer al Hijo como el Hijo del Padre, y al Padre como Padre del Hijo a través del Espíritu Santo»[8].

La distinción de Brunner entre el Dios del pensamiento y el Dios que revela su nombre es artificial. En el Nuevo Testamento Dios revela su

---

[5] Segundo Dios.
[6] Creador del mundo.
[7] Pp. 122-23.
[8] *Dogmatics*, I, p. 206.

nombre a través de los pensamientos de los hombres sobre Él. Los cristianos reflexionaron sobre Dios desde los comienzos. Aunque sus reflexiones no siguieron el patrón del pensamiento filosófico griego, no por ello eran menos reflexiones. La frase de Brunner «simple testimonio» no describe adecuadamente la enseñanza de Pablo, de Juan y de Hebreos.

Dice también Brunner: «Este *mysterium logicum*, el hecho de que Dios es Trino y a pesar de todo Uno, se encuentra por completo fuera del mensaje de la Biblia... A ningún apóstol se le habría ocurrido pensar que existían las Tres Divinas Personas, cuyas mutuas relaciones y paradójica unidad estuvieran fuera de nuestra capacidad de entender. Ningún *mysterium logicum*, ninguna paradoja intelectual, ninguna antinomia de Trinidad en Unidad tiene lugar alguno en su testimonio, sino solamente el *mysterium majestatis et charitatis*; sencillamente que el Señor Dios por nuestro amor se hizo hombre y soportó la cruz»[9]. Sin embargo, a pesar de que las palabras «paradoja» y «antinomia» no aparecen en el Nuevo Testamento, en el prólogo del cuarto Evangelio hay un claro conocimiento de la paradoja de la relación entre el Padre y el Hijo. El hombre que escribió: *«El Verbo estaba en Dios, y el Verbo era Dios»* conocía que su declaración contenía una paradoja.

La actitud de Brunner no es satisfactoria, porque hace una división demasiado rígida entre la triple revelación que es bíblica y la triple interpretación que él cree que es posbíblica. Él distingue demasiado exactamente entre pensamiento y predicación. Su actitud se manifiesta en el juicio crítico que hace de Barth, quien, dice él, «no distingue entre el *problema* de la Trinidad que nos ha deparado el mensaje de la Biblia y la doctrina de la Trinidad. No ve que la doctrina de la Trinidad es el producto de la reflexión y no un *kerygma*»[10]. En los siguientes capítulos se va a demostrar que el problema de la Trinidad está presente no solo en las palabras del Nuevo Testamento, sino también en la mente de los escritores; y que, esté o no esté claro que ellos intentaran una doctrina de la Trinidad, ciertamente intentaron dar una respuesta al problema[11].

---

[9] *Dogmatics*, I, p. 226.

[10] *Ibid.*, p. 236.

[11] M. F. Wiles es del parecer de que la doctrina de la Trinidad es un análisis arbitrario de la actividad de Dios, que no es de fundamental importancia en el pensamiento cristiano (*JTS*, N. S. VIII, pp. 92-106).

Esta teoría no se podría refutar si el problema trinitario hubiera surgido en tiempos del Nuevo Testamento, pero esto resulta difícil de mantener.

También probaremos que no hay una bien definida división entre reflexión y *kerygma*. En la primitiva Iglesia la reflexión condujo a la predicación, y la predicación a una más amplia reflexión. Y no se debe olvidar esto: que un lenguaje vigoroso y autoritario puede ser también reflexivo.

La base neotestamentaria de la doctrina de la Trinidad constituye a menudo el tema de un capítulo preliminar, pero raramente el tema de un libro. El primer volumen de la *Histoire de dogme de la Trinité*, de Lebreton, trata del Nuevo Testamento y de los antecedentes hebreos y helenísticos. (En estos últimos años se ha prestado mucha atención a los antecedentes en el Viejo Testamento, señaladamente en dos monografías: *The One and the Many in Ancient Israel*, de A. R. Johnson, y *The Biblical Doctrine of the Trinity*, de G. A. F. Knight). Sugerimos dos razones para explicar la indiferencia ante este tema. La primera es que ha habido una tendencia a decir sin distingos que la doctrina de la Trinidad es posbíblica y responde a un problema que no se les presentó a los escritores del Nuevo Testamento, sino únicamente a la posterior generación de lectores. Ya se ha hecho alusión a esto, y esperamos que los argumentos de este tratado refutarán semejante punto de vista. La segunda razón del descuido del tema es que trasladaría los campos de la cristología y de la enseñanza sobre el Espíritu Santo. Esto es un alerta saludable sobre la necesidad de selección al tratar de la materia. Evidentemente existen ciertos tópicos que son comunes al problema de la Trinidad y al problema de la cristología, y otros comunes al problema de la Trinidad y al del Espíritu Santo. Pero un estudio de la aparición del problema trinitario no necesita ser tratado con el conjunto de la cristología, ni con toda la doctrina sobre el Espíritu en el Nuevo Testamento. Ha de tratarse con la cristología y la doctrina del Espíritu en la medida en que implica o claramente determina que el Espíritu Santo y Cristo son Dios. Una detallada discusión sobre la humanidad de Cristo no pertenece al tema que estamos tratando. Y aunque el hecho de la Encarnación sí que es pertinente, lo que a nosotros nos interesa es la divinidad de Cristo y especialmente todos los testimonios que digan que Él es Dios. Al examinar las enseñanzas sobre el Espíritu Santo nos interesaremos principalmente por las pruebas de que el Espíritu es una persona y por la demostración de que el Espíritu es Dios.

Las pruebas de la creencia en la divinidad de Cristo pueden ser divididas en tres grupos. En primer lugar está la prueba de que Jesucristo fue adorado. Los miembros de la Iglesia le cantaron doxologías, le dirigieron oraciones, le invocaron frecuentemente como a Señor y a veces como a

Dios. Probablemente fue reconocido como Dios en el culto más pronto que en el pensamiento reflexivo, pero no lo podemos saber con certeza. De todos modos, se mantendrá que en el culto la primera generación de cristianos invocó a Cristo como Dios; una confesión que es el elemento central y distintivo en la doctrina de la Trinidad.

En segundo lugar, hay pruebas de que se adjudicó a Cristo el desempeño de las funciones de juicio, de salvación, de creación. Estas funciones, en ciertos aspectos, eran consideradas en el pensamiento hebreo como únicamente divinas, y precisamente en estos aspectos se dijo que Cristo las desempeñaba. El pensamiento cristiano en torno a la persona de Cristo era práctico en el sentido de considerar más su actividad que su estado metafísico. En tiempos del Nuevo Testamento no se planteó la cuestión sobre el modo en que su naturaleza era semejante a las naturalezas divina y humana. No hubo discusión sobre su estructura sicológica. Los hombres manifestaron su actitud sobre su persona describiéndole como el que actuaba de unos modos que previamente se habían considerado como divinos.

El tercer grupo de demostraciones lo constituyen los títulos que se dieron a Cristo. No todos estos títulos implican su divinidad. «Señor», «Maestro», «Profeta», «Rabbí», «Hijo de David», y aun el título de «Mesías», no implican la divinidad. «Dios» y «Señor» son de distinta categoría. Por supuesto que «Dios» es un título que explícitamente afirma la divinidad de una persona. La palabra «Señor» la implica y a veces quizá la afirma explícitamente. «Hijo del Hombre» e «Hijo de Dios» no necesariamente indican divinidad, pero estas expresiones pueden ser usadas de tal manera que se refieran a un singular estado sobrehumano, que puede ser divino. El título de «Hijo de Dios» es especialmente importante porque hace surgir la cuestión de la relación de Cristo con el Padre. Por cierto que él nos lleva a un cara a cara con la parte crucial del problema trinitario.

Las pruebas de la divinidad del Espíritu Santo no son tan abundantes como las de la divinidad de Cristo. A través de la historia cristiana la reflexión sistemática sobre el Espíritu Santo se ha retardado más que en torno a la cristología. Se oyen quejas frecuentemente de que la Iglesia carece de una doctrina satisfactoria sobre el Espíritu Santo. Es una crítica dura, porque el Espíritu Santo no puede ser delimitado dentro de las murallas del Dogma, y aunque Cristo es mayor que cualquier dogma, lo concreto de la encarnación hace que sea más fácil para los hombres dogmatizar sobre Él, que sobre el Espíritu Santo.

Tratándose del Espíritu Santo hay que hacer una pregunta, que no es necesaria con respecto a Cristo: ¿es el Espíritu Santo persona? Que no es lo mismo que esta otra: ¿es el Espíritu Santo *persona* en un sentido o más de los usados por los escritores de la Iglesia primitiva o de los tiempos medievales? Esta pregunta quiere decir: ¿tiene el Espíritu Santo una naturaleza y unas actividades que son, en cierta manera, semejantes a la naturaleza y a las actividades de los seres humanos? ¿Tiene esos puntos de analogía que son: posesión de pensamiento, de sentimiento, de voluntad y de existencia, como centro individual de conciencia, que es capaz de relacionarse con otras personas?

Los escritores bíblicos nunca usaban los términos «persona», «individual», «personalidad», que frecuentemente salen al paso en las discusiones de pensamiento bíblico, pero eran conscientes de las ideas que subyacen bajo estos términos. Hablan de Dios y de la gente como si fuesen personas en el sentido de que eran poseedores de pensamiento, de sentimiento, de voluntad y de individualidad. Aunque estaban convencidos de que las familias y las naciones tenían una personalidad colectiva, también creían que un individuo podía tener una voluntad y un conocimiento independientes. Y creían que Dios mismo tenía estos signos de individualidad.

Ya que Dios era considerado como persona, sería inútil detenerse a pensar si el Espíritu era considerado como Dios; a no ser que al Espíritu Santo se le considerara también como persona. Vamos a demostrar primeramente que en el Nuevo Testamento al Espíritu Santo se le considera como persona. Después procederemos a examinar las pruebas de su divinidad. Se seguirán los mismos procedimientos que en la discusión de la divinidad de Cristo. ¿Cuál fue el lugar del Espíritu Santo en el culto cristiano? ¿Fue realmente adorado? ¿Se creía que desempeñaba funciones estrictamente divinas? Los títulos que se le dieron, ¿reconocían implícita o explícitamente su divinidad? Además de estas cuestiones trataremos de la relación del Espíritu con Cristo y con el Padre.

Los capítulos que tratan las cuestiones planteadas arriba en torno a Cristo y al Espíritu Santo exponen la cristología y la doctrina del Espíritu en la medida en que tienen una directa relación con la doctrina de la Trinidad. Una exposición que coordine estos temas y examine sus relaciones recíprocas nos ayudará a decidir si la doctrina de la Trinidad, tal como fue formulada en tiempos posteriores, era una explicación impuesta por las pruebas bíblicas desde fuera o un natural desarrollo a partir del pensamiento bíblico, una continuación de aquella búsqueda de una comprensión de Dios, que ya se había iniciado en el Nuevo Testamento.

En años recientes se ha discutido mucho la doctrina de la Trinidad. Algunos escritores, particularmente Hodgson, pusieron de relieve la importancia de la analogía social y acentuaron el hecho de que hubiera tres personas distintas en la Trinidad[12]. Otros, como Barth y Welch, han ponderado la unidad de la Trinidad y han hecho revivir el uso de la palabra «modo» en su exposición de la doctrina. Welch también delinea el debate sobre la Trinidad en el siglo XX[13]. La parte de la doctrina de la Trinidad en el culto cristiano ha sido tratada por Lowry[14]. C. C. Richardson ha sostenido que la doctrina no expresa aptamente las actuales distinciones en la Divinidad[15]. Mucha más atención a la doctrina se ha prestado en el siglo XX que en el XIX. En el siglo XIX había propensión a relegar una exposición de la Trinidad casi al lugar de un apéndice en la exposición de la Teología Cristiana. Schleiermacher, por ejemplo, aunque llama a la doctrina de la Trinidad «brocal de piedra de la doctrina cristiana»[16], dedica solamente 14 de las 750 páginas de *The Christian Faith* a la exposición de la Trinidad, y estas catorce páginas están colocadas en el último capítulo de la obra. En justicia para con él, tenemos que decir que, habiendo admitido que la doctrina contiene problemas sin resolver, sugiere qué pasos se deberían dar para una más cabal interpretación de la doctrina. Sin embargo, él no acomete el trabajo de llevar adelante esta tarea. En el siglo XX Barth comienza su *Kirchliche Dogmatik* con un estudio de la Trinidad. El lugar que otorga a la doctrina es señal del resurgir del interés por la Trinidad.

Un examen de los antecedentes del Nuevo Testamento nos capacitará para ver cómo surgió el problema de la Trinidad, y nos ayudará a comprender en qué sentido una doctrina de la Trinidad puede ser bíblica. El método de investigación que vamos a seguir es el siguiente:

1. (a) Una discusión de los antecedentes hebreos de la doctrina. Un análisis de las ideas corrientes en el pensamiento israelita, como también de cualquier concepto que haya podido influenciar el desarrollo de la

---

[12] Leonard Hodgson, *The Doctrine of the Trinity*.

[13] Karl Barth, *The doctrine of the Word of God*; C. Welch, *The Trinity in Contemporary Theology*.

[14] C. W. Lowry, *The Trinity and Christian Devotion*.

[15] C. C. Richardson, *The Doctrine of the Trinity*.

[16] Friedrich Shleiermacher, *The Christian Faith*, p. 739.

doctrina trinitaria. Será incumbencia nuestra el Antiguo Testamento y la posterior influencia judía en el modo de plantearse el problema, y de solucionarlo en el Nuevo Testamento. (b) Una exposición de la primitiva fe cristiana en la unidad y en la Paternidad de Dios. Los escritores del Nuevo Testamento creían firmemente que Dios era uno y que era Padre. Aduciremos las pruebas de estos artículos fundamentales de la doctrina de Dios.

2. Exposición de la Divinidad de Cristo. Dirigiremos nuestra atención en primer lugar a las pruebas de que Cristo fue objeto de adoración en la Iglesia primitiva. Habrá que estudiar los títulos «Dios» y «Señor», por qué se le aplicaron en el culto a Cristo. Después del estudio de estos títulos vendrá el uso de las citas y de las doxologías dirigidas a Cristo, como también la práctica de dirigirse a Él en la oración. La segunda parte de esta sección tratará de las funciones estrictamente divinas de juzgar, crear y salvar, atribuidas a Cristo. Y en la tercera parte nos ocuparemos de la relación del Padre con el Hijo.

3. Estudio de la divinidad del Espíritu Santo. La primera parte de esta sección trata de la naturaleza del Espíritu y su relación con Cristo. Se tratará también de la persona del Espíritu Santo y su conexión con Cristo. En la segunda parte veremos la relación del Espíritu con el Padre. Y aduciremos las pruebas que nos lleven a la creencia de que el Espíritu Santo es Dios.

4. Desarrollo del problema trinitario. Esta sección final está destinada a analizar las manifestaciones del desarrollo del problema, como problema trinitario. Se reunirán y se examinarán las fórmulas «trinas» del Nuevo Testamento, haciendo ver que en algunas partes del Nuevo Testamento el escritor es consciente de que hay un problema en las relaciones del Padre, del Hijo y del Espíritu Santo. Y haremos ver que el cuarto Evangelio encierra intentos de querer dar una solución al problema.

Capítulo II

LA TRINIDAD EN LA RELIGIÓN HEBREA

LA UNIDAD DE DIOS EN EL PENSAMIENTO HEBREO

Que Dios es uno constituye el artículo fundamental de la fe judía. «Oye, Israel: Yavé es nuestro Dios, Yavé es único» (Dt 6, 4), es el grito que la liturgia judía ha levantado durante siglos dos veces al día. Jesús lo citó en su compendio de la Ley (Mc 12, 29-30), y Pablo y otros escritores de la primitiva Iglesia se hicieron eco de estas palabras[1]. Cuando Jesús vino al mundo ya hacía mucho tiempo que el monoteísmo se había establecido en el judaísmo. Aunque existen claros indicios de politeísmo en documentos de la primitiva religión hebrea, la fe fue monoteísta a partir del destierro. Los grandes profetas de antes del exilio no negaron la existencia de otros dioses, pero reclamaron un culto que fuera dirigido únicamente a Yahweh. El autor del segundo Isaías, que vivió en la época del destierro, creía ya que Yahweh no solamente era el Dios supremo, sino el único Dios. Los dioses que habían sido fabricados por manos de hombres eran hechuras sin vida. Quedó solo Yahweh. Él era el verdadero, el todopoderoso Dios que decía: *«Yo soy el primero y el último y no hay otro Dios fuera de mí»* (Is 44, 6).

En los cuatro siglos que precedieron a Cristo, la religión judía se fue modificando por muchas influencias del este y del oeste: la angelología de la literatura apocalíptica era originaria parcialmente de Persia; y la literatura de la Sabiduría era tributaria tanto de Persia como de Egipto. Aunque la filosofía griega tuvo poca o ninguna influencia sobre los escritores del Antiguo Testamento, se pueden encontrar indicios de ella en los Apócrifos.

---

[1] 1 Co 8, 6; Ef 4, 6; 1 Tm 2, 5; St 2, 19, etc.

La más notable influencia griega se puede advertir, sin embargo, en las obras de Filón, que fueron escritas en el siglo I d. C., y que muestran el tremendo impacto del platonismo sobre un judío de la diáspora.

Algunas de estas influencias extranjeras eran muy a propósito para debilitar el monoteísmo de los judíos. Un interés por las enseñanzas de las religiones paganas podría haber llevado fácilmente hacia el politeísmo; porque los persas eran dualistas y los egipcios creían que había toda una familia de dioses. La filosofía griega, aunque tendía a aceptar el monoteísmo o el panteísmo, no siempre se oponía fuertemente al politeísmo tradicional. Y a pesar de estas influencias extranjeras, siempre hubo un núcleo de judíos que rehusaba permitir que su fe en un solo Dios fuese adulterada por adherencia pagana alguna. Los escritores de la Sabiduría, los autores apocalípticos y el filósofo Filón estaban tan convencidos como los rabinos de Palestina de que el Dios de Abraham, de Isaac y de Jacob era único y todopoderoso. Filón nunca se dejó arrastrar por los atractivos de la especulación griega, en su creencia de que el Dios de los Hebreos era el Dios verdadero[2].

Los autores apocalípticos, que indicaron la constitución de los cielos y enumeraron los órdenes y jerarquías de los ángeles, habrían podido elevar fácilmente a una criatura a la condición de divinidad. Pero, a pesar de todo, las obras apocalípticas que quedan, con todas las extravagancias que puedan contener, no permitieron a ningún otro ser compartir la majestad de Dios. Semejante énfasis tradicional se mantiene en la literatura de la Sabiduría. La divina Sabiduría vino de Dios, estaba subordinada a Él y creada por Él.

Los rabinos trillaron el camino de la ortodoxia. Aunque conocían la existencia de los ángeles, enseñaron que eran criaturas subordinadas a su hacedor. Se ha dicho que los rabinos personificaban conceptos como «Palabra» y «Espíritu». Pero es muy dudoso. Los términos *Memra* y *Dabar*, que se traducen por «Palabra», eran usados por motivo de reverencia. Los judíos pensaban que era blasfemo usar el nombre de Dios. *Memra* y *Dabar* eran perífrasis, que ponían de relieve la majestad y no comprometían la unidad de Dios. Como tampoco la doctrina judía sobre el Espíritu implica dualidad en la Divinidad. Fue siempre el Espíritu del único Dios.

La liturgia judía del tiempo de Jesús era completamente monoteísta. La unidad de Dios fue explícitamente afirmada en el *Shemá*. La oposición del judaísmo rabínico a la doctrina de la Trinidad era natural reacción a

---

[2] Cf. G. F. Moore, *Judaism*, 1, pp. 361 f.

una religión, que parecía desviarse de un monoteísmo a ultranza. La afirmación de que había un solo Dios estaba profundamente grabada en el corazón de cualquier piadoso judío.

Peligros físicos y pruebas espirituales estimularon la tenacidad de los judíos, y a menudo su ortodoxia anduvo por el camino del rigor. Las persecuciones bajo Antíoco Epífanes y la firme y persuasiva presión de la civilización griega y romana pudieron causar vacilación en la fe de muchos; pero el núcleo del judaísmo permaneció leal a la afirmación fundamental de su religión.

La fortaleza de la fe judía se pone de manifiesto en las concesiones que recibió el pueblo judío de sus amos romanos. Los emperadores romanos juzgaron prudente respetar las creencias de esta austera y orgullosa nación, y le dieron estatuto de *religio licita*[3]. Cuando el gobernador Pilatos permitió que los estandartes, que tenían la imagen del emperador, fuesen llevados dentro de las murallas de Jerusalén, estaba, según Josefo, quebrantando una ley, que se había promulgado especialmente por respeto a las costumbres judías[4]. La actitud modelo de un judío hay que buscarla en la conducta del rabino Akiba, que en la hora de su ejecución continuó repitiendo esta palabra: «Uno»[5].

Akiba representa el espíritu del judaísmo. Cualquier herejía o cualquier cisma que haya surgido, siempre encontró un fuerte grupo de judíos que no claudicaron en su lealtad a un solo Dios. Las persecuciones de Antíoco, el desprecio y la opresión de los procónsules y emperadores, los peligros de su propio desarrollo teológico y, finalmente, el crecimiento del cristianismo les llevó a afirmarse más vehementemente y a defender con más vigor la doctrina central de su fe.

LA PLURALIDAD DE DIOS EN EL PENSAMIENTO HEBREO

Porque la religión cristiana nació en el seno del judaísmo, existen apretados lazos de afinidad entre las creencias cristianas y judías a propósito de Dios. Ambas religiones están de acuerdo en que Dios es el

---

[3] Josefo, *Ant.* XIV. 10; Filón, *Legat. ad Gaium*, 23.
[4] Josefo, *De bell. Jud.* 11. 9.
[5] T. J. Ber, IX. 7. Cf. Montefiort y Loewe, *Rabbinic Anthology*, pp. 269-70.

creador y el juez y el legislador del universo. Ambas coinciden en que es justo y misericordioso. Ambas concuerdan en que es uno. Con todo, los cristianos han tratado de olvidar, frecuentemente, los lazos de unión entre las dos religiones: algunos de los Padres proclamaron que eran capaces de encontrar testimonios de la doctrina de la Trinidad en las páginas del Antiguo Testamento. Este deseo de establecer un lazo de unión entre las dos religiones no es sorprendente. El cristianismo nació en Palestina. Sus primeros libros sagrados fueron los del Antiguo Testamento. Su fundador era un judío. Y la mayoría de los primeros prosélitos eran judíos de Palestina o de la dispersión. Y porque los Padres se sentían inclinados a buscar coincidencia donde había, de hecho, diferencia, es necesario preguntarse si subordinaban la razón al deseo, cuando encontraban la doctrina de la Trinidad en las Escrituras Hebreas.

Algunos Padres se creían capaces de descubrir verdades que permanecían escondidas para observadores menos agudos. «Los judíos del tiempo de Jesús, pensaban, estaban equivocados respecto de la naturaleza de Dios. Ellos interpretaron mal o pasaron por alto algunos de los más importantes pasajes del Antiguo Testamento. Describieron a Dios en términos estrechos e inflexibles. No entendieron que las palabras "hagamos al hombre a nuestra imagen" no fueron dichas en conversación con los ángeles o como un plural mayestático. La Santísima Trinidad era la que estaba hablando. Ni entendieron ellos tampoco —con la excepción de Filón— que los tres hombres que visitaron a Abraham junto a las encinas de Mambré no solo eran tres, sino también uno; y que el serafín que gritaba "Santo, Santo, Santo" en la visión de Isaías estaba aclamando al Dios trino».

No hace falta volver a los antiguos Padres para encontrar este tipo de interpretación. En nuestra propia generación ciertos hombres de letras afirman haber encontrado la semilla, si no el desarrollado brote, de la doctrina de la Trinidad en el Antiguo Testamento. Dicen que los hebreos combinaban su creencia en un solo Dios con un conocimiento de la pluralidad de la Divinidad. A. R. Johnson y G. A. F. Knight van por delante en estas investigaciones. Johnson escribe: «En todo caso podemos ver cómo era posible para un cristiano judío relacionar a su Mesías tan estrechamente con el Ser divino que permitiera esto echar los fundamentos para la posterior (y griega) formulación metafísica de la doctrina de la Trinidad»[6]. Knigth va más lejos que Johnson: «Puede ser, y yo diría que

---

[6] A. R. JOHNSON, *The One and the many in the Israelite Conceptionof God*, p. 41.

se trata de algo más que de una posibilidad, que nuestros modernos estudios de la naturaleza de Dios, tal como está revelada en las Escrituras hebreas, nos hayan descubierto un mucho más claro conocimiento de Dios, como Trinidad del Ser, que el que fue posible para aquellos teólogos que tenían solamente la versión de los Setenta, como fuente de la cual tenían que sacar tanto sus conceptos como su lenguaje, cuando buscaban con avidez establecer una Teología cristiana sistemática»[7]. Si la tesis de estos estudiosos es correcta, el Trinitarismo, lejos de ser un niño expósito abandonado en el pórtico de la Iglesia por los metafísicos griegos, sería por el contrario un legítimo y honorable hijo de la religión hebrea, cuyo crecimiento fue lento y, en los años del exilio, un tanto retardado; pero que floreció en una vigorosa virilidad durante los cinco primeros siglos de la era cristiana.

Ninguno de estos estudiosos, sin embargo, ha demostrado que la religión del Antiguo Testamento fuese trinitaria o que haya una conexión directa entre la Teología del Nuevo Testamento y los velados signos del Trinitarismo, que proclaman haber encontrado en el Antiguo Testamento. Johnson encara el problema examinando la visión hebrea de la personalidad del hombre. Sostiene que las ideas de «extensión de la personalidad» y de «personalidad colectiva» se encuentran en la concepción hebrea de Dios y del hombre. La primera de estas ideas, clasificada ahora como «extensión de la personalidad», se encuentra en la historia de la destrucción de Acán y de su casa[8]. En el pensamiento hebreo la personalidad de un hombre no se limitaba a su vida consciente o a los hechos que afectaban su propio cuerpo. La personalidad podía «extenderse» hasta incluir a su familia y servidores. A causa de la solidaridad de la familia, todos sus miembros estaban sujetos al castigo por un agravio del jefe. De aquí que cuando Acán fue condenado a muerte, con él se exterminó su familia, sus siervos y sus ganados. Para purificarse de Acán se creyó necesario purificarse también de todo lo que le pertenecía.

Esta idea de «extensión de la personalidad» está fundada en la creencia de que la personalidad de un hombre se comunicaba a través de su nombre. El hermano de un hombre muerto era requerido para engendrar hijos de su cuñada viuda para conservar el nombre del fallecido (Dt 25, 5). Los siervos de un hombre eran algo tan íntimamente unido a él que

---

[7] G. A. F. KNIGHT, *A Biblical Approach to the Doctrine of the Trinity*, p. 4.
[8] Jos 7, 24, cf. JOHNSON, *op. cit.*, pp. 6-17.

se les podía dirigir la palabra como si se tratase de su mismo dueño. En la medida en que fuesen portadores del mensaje de su señor, la personalidad de este moraba en ellos[9]. Aun las palabras de un hombre se consideraban como parte de su personalidad. Cuando Isaac bendijo a Jacob fue incapaz de revocar su bendición. La palabra que él había hablado era *su* palabra, y seguía existiendo por derecho propio suyo. Su personalidad se había extendido más allá del dominio de su propio ser consciente (Gn 27, 33 ss.)[10].

Johnson dice que en el pensamiento hebreo Dios, como los hombres, tiene una extensión de la personalidad[11]. Esto no es señal de antropomorfismo, porque los hebreos no pretenden describir a Dios con términos humanos. Más bien quieren describir al hombre con términos divinos. El hombre era una imagen de Dios, que le había creado. Como Dios, podía perdonar y estar enfadado, amar y odiar. Ellos propusieron una concepción teomórfica del hombre, más bien que una concepción antropomórfica de Dios.

No solo se patentizó la semejanza entre Dios y los hombres en las pasiones de amor y de odio, sino también en la extensión de personalidad. A Dios se le podía hablar como a uno o como a muchos. «Debemos estar preparados, escribe Johnson, para admitir en cuanto a la Divinidad tal fluidez de referencia del Uno a los Muchos o de los Muchos al Uno, como hemos advertido ya en el caso del hombre»[12]. Así, el Espíritu de Dios que «se apoderó» de Sansón y «penetró» a Gedeón[13] no era una fuerza impersonal, sino una extensión de la personalidad divina. En la visión del profeta Miqueas, el Espíritu «debe ser considerado como una individualización dentro del Espíritu o *ruah* corporativo de la extendida personalidad de Yahweh»[14]. La «Palabra» de Dios debe ser explicada de la misma manera. Ella sale de la boca de Dios y lleva a cabo lo que le agrada (Is 55, 11). Y del mismo modo el «Nombre» de Dios y el «Arca» de Dios son tratados como si ellos fuesen el mismo Dios[15].

---

[9] Gn 44, 4 ss., en el cual los hermanos de José se dirigen a su mayordomo como *«mi señor»*; Jc 11, 12-13, donde a los mensajeros de Jefté se les habla en segunda persona del singular; cf. JOHNSON, *ibid.*, pp. 8-10.
[10] Cf. JOHNSON, *ibid.*, p. 7.
[11] *Ibid.*, pp. 17-26.
[12] *Ibid.*, p. 20.
[13] Jc 14, 6. 19; 15, 14; 6, 34. Cf. JOHNSON, *ibid.*, p. 19.
[14] JOHNSON, *ibid.*, p. 20, cf. 1 Re 22, 19 ss.
[15] Para «Nombre» ver Nm 6, 22-7; Sal 20, y para «Arca» ver Nm 10, 35 s.; 1 Sm 4, 5-8; 6, 7-9, 20.

Johnson sostiene también que los hebreos creían que la personalidad podía ser «colectiva». Palabras que describían personas particulares eran usadas también para describir un grupo social. Por ejemplo: *nephesh*, que se traduce «vida» o «aliento» o «alma», hace referencia al principio vital en el individuo, sin el cual no puede vivir. Pero esta palabra se aplica del mismo modo a un grupo de personas, lo mismo que al individuo. Según esta cita de Nm: «El *nephesh* del pueblo estaba desalentado a causa del camino»[16].

La palabra *leb* significa «corazón» y se usa también tanto en sentido individual como colectivo. El sentido individual es el más empleado, pero hay varios ejemplos en los que la palabra «corazón» describe la actitud o los sentimientos de un grupo de personas. «El corazón del pueblo desmayó, según Jos 7, 5, y llegó a ser como agua».

Algunas veces «Israel», nación, es considerada como una entidad única, singular; un modismo que de ninguna forma es exclusivo de la lengua hebrea[17]. La actitud frente a este modismo puede ser responsable del modo en que las leyes del Deuteronomio van oscilando de la segunda persona del singular a la segunda persona del plural[18].

La misma idea de personalidad colectiva ve Johnson en la palabra *'elohim* (Dios), que es plural en la forma, pero singular por su significado en la mayor parte de los casos. La forma plural podría explicarse como una reliquia de politeísmo. Pero el hecho de que los judíos la conservaran también en la era monoteísta probablemente indica algo fundamental en su concepción de Dios. Más todavía; hay varios pasajes en el Antiguo Testamento en los cuales Dios habla, refiriéndose a sí mismo, en plural. «Tal forma de hablar, escribe Johnson, pudo llegar a ser al fin una mera cuestión de lenguaje y perder entonces su fuerza original»[19]. Pero lo que Johnson quiere decir es que en los tiempos primitivos de la historia de Israel es posible que mantuviese su fuerza original.

La argumentación de Johnson tiene sus limitaciones. Habría que aplicarla a la mayor parte del pensamiento preexílico. Las perícopas que proporcionan la mayor parte de las pruebas probablemente hay que volver a buscarlas en una fecha anterior al destierro. Sus argumentos no nos dan información alguna sobre la actitud judía a propósito de la unidad de Dios

---

[16] Johnson, *op. cit.*, pp. 11-12.
[17] *Ibid.*, pp. 13-17.
[18] P. e. Deut 27, 2-7.
[19] *Op. cit.*, p. 32, n. 1.

en el tiempo del nacimiento de Jesús. Él ha mostrado que, por lo menos en tiempos primitivos, la concepción hebrea del Dios único era susceptible de una sutil modificación. Pero para descubrir si esta idea hebrea tuvo algún efecto directo en el pensamiento cristiano primitivo, sería necesario examinar la postura del judaísmo más tardío y del más temprano cristianismo, confrontándola con los pasajes cruciales del Antiguo Testamento.

Primero, sin embargo, vamos a examinar las opiniones de G. A. F. Knight, que en muchas cuestiones está de acuerdo con Johnson, pero aduce algunos argumentos que le son peculiares. Con un argumento que es llamativo, pero no muy convincente, defiende que el «principio activo Padre-Filiación» es parte de la esencia de Dios y debe permanecer siempre[20]. Dios intentó revelar esta relación (suya) dando a la nación de Israel el estatuto de filiación; e Israel fue llamado «Hijo de Dios». Esta revelación «fracasó por la propia voluntad pecadora y el espíritu rebelde de un pueblo obstinado»[21]. Hay una grieta en su argumento. Si el «principio Padre-Filiación» es parte de la esencia de Dios, solamente puede ser comprendida a través de la extensión de la personalidad divina. Y no hay pruebas de que Israel fuese considerado de este modo. Aunque Dios cotejara a su pueblo con profetas particulares y ángeles, la nación, como conjunto, no fue considerada como una extensión de la personalidad de Dios. La descripción de Israel como «Hijo de Dios» no nos descubre el «principio Padre-Filiación», sino solamente el «principio Padre» dentro de la Divinidad.

Knight lanza un violento ataque contra la teología de los Setenta, a la que acusa de oscurecer la verdadera doctrina hebrea de Dios con un velo de ideas griegas. Los primitivos Padres cristianos fueron conducidos sin remedio y equivocadamente por los Setenta, y la equivocación ha persistido hasta los tiempos actuales. Sin embargo ahora, después de siglos de oscuridad, parece que los teólogos son capaces, con la benéfica ayuda de los investigadores semitas, de entender la verdadera doctrina de Dios[22]. No es necesario replicar aquí al ataque general contra los Setenta, pero en la próxima sección serán discutidos algunos hechos que manifiestan la escasa consistencia de los ataques de Knight. Culpa a los

---

[20] Knight, *op. cit.*, pp. 66-73.
[21] *Ibid.*, p. 73.
[22] Knight, pp. 2-9.

Setenta duramente de haber oscurecido la idea de la pluralidad en la Divinidad. Bajo la influencia griega se puso tan de relieve la unidad de Dios que fue imposible admitir la modificación que era característica del pensamiento hebreo primitivo. Esto es verdad solo en parte. Los Setenta manifiestan una clara tendencia a eliminar insinuaciones hacia el politeísmo, pero conservan mucho que no armoniza fácilmente con la más rígida forma de monoteísmo. La forma plural de los verbos en el Génesis y en Isaías se conserva. Y no se eliminan las oscilaciones del singular al plural en Génesis 18 y en el Deuteronomio. Y, cosa bastante extraña, la más cercana aproximación a la doctrina de la Trinidad en el judaísmo está fundada en los escritos de Filón, que fue influenciado por el pensamiento griego, aún más profundamente que lo fueron los traductores de los Setenta.

INDICIOS DE CIERTA PLURALIDAD EN DIOS EN EL ANTIGUO TESTAMENTO, Y SU INFLUENCIA EN EL CRISTIANISMO DEL NUEVO

Nuestro problema central es saber si los judíos del primer siglo d. C. se encontraban preparados por la tradición para aceptar la noción de un Dios que encerrara pluralidad dentro de su unidad. Examinemos ahora aquellos pasajes que se han considerado pruebas de esta doctrina, e intentemos llegar a la interpretación que se les dio en un judaísmo tardío y un cristianismo primitivo. Las interpretaciones que se van a exponer son aceptadas difícilmente por los modernos escritores, pero se analizarán aquí porque pueden ayudar a indicar el medio en que se desarrollaba el pensamiento en tiempo del Nuevo Testamento.

El grupo primero de pasajes es: Gn 1, 26; 3, 22; 11, 7 e Is 6, 8. En estos pasajes Dios habla de sí mismo en plural. Esto se ha explicado frecuentemente como un plural mayestático[23]. Johnson hace notar que aun en el estrictamente monoteísta Korán se trata en plural mayestático a Allah[24]. Por otra parte, a los judíos les parece que estos pasajes necesitan explicación.

---

[23] S. R. DRIVER, *Génesis*, p. 14.
[24] *Op. cit.*, p. 32, n. 1. GESENIUS, *Hebrew Grammar*, p. 398, arguye que Gn 1, 26 es un caso de autodeliberación.

Estos pasajes son:

«Dijo entonces Dios: "Hagamos al hombre a nuestra imagen y semejanza"» (Gn 1, 26).

«Dijo Yavé Dios: "He ahí al hombre hecho como uno de nosotros, conocedor del bien y del mal"» (Gn 3, 22).

«Bajemos, pues, y confundamos su lengua de modo que no se entiendan unos a otros» (Gn 11, 7).

«Y oí la voz del Señor, que decía: "¿A quién enviaré y quién irá de nuestra parte?"» (Is 6, 8).

La interpretación estrictamente monoteísta aparece en el Libro de Jubileos, escrito en la segunda mitad del siglo II a. C. Este libro ofrece una narración de la historia del Génesis, en la cual las exposiciones dogmáticamente defectuosas se cambian o se omiten. La historia de la creación está contada de tal manera que se prescinde del plural del verbo de Gn 1, 26. La creación del hombre se describe así: «Y después de esto creó al hombre; hombre y mujer los creó Él» (Jub 2, 14). Omite las palabras de Dios en Gn 1, 26. No hay versículo que incluya la expulsión de Adán y Eva del Paraíso, correspondiente a Gn 3, 22. Y en la historia de la torre de Babel, el autor de Jubileos afirma que cuando Dios dijo: «Bajemos...», se estaba dirigiendo a los ángeles. Los ángeles no son considerados como una extensión de su personalidad, puesto que ellos le llaman «el Señor Dios» (Jub 10, 22).

Los comentarios de Filón a estos pasajes dejan ver las dificultades que le presentan. En su exposición de Gn 1, 26, afirma que, aunque Dios fue el único agente en la creación de las demás cosas, Él fue asistido por poderes subordinados en la creación del hombre. Cuando dijo: «Hagamos al hombre», se estaba dirigiendo a poderes subordinados, inferiores a Él, que no dañaban su unicidad[25].

Parecida explicación nos ofrece Filón al tratar del plural del verbo en Gn 11, 7. Dios está rodeado por potencias, aunque Él mismo es «uno». Cuando Él dice «nosotros», se está refiriendo a estas potencias. «Ahora, y en primer lugar, debemos dejar bien asentado, escribe Filón, que a ninguna cosa existente corresponde igual honor que a Dios y que no hay más que un solo soberano, legislador y rey, y que Él solo puede dirigir y disponer de todas las cosas... Dios es uno, pero tiene alrededor de sí

---

[25] *De Op. Mund.*, p. 75.

innumerables potencias, todas las cuales asisten y protegen al ser creado»[26]. Fueron estas potencias las que bajaron para confundir las lenguas de los hombres que estaban construyendo la torre de Babel, puesto que no le sentaba bien a Dios infligir por Sí mismo un castigo, que es un mal.

Filón es un típico representante del judaísmo helénico. Judíos de tradición palestina comentaron también estos pasajes. Según Papías, un rabino que vivió al final del primer siglo d. C., Gn 3, 22, significaba que Adán había llegado a ser parecido a un ángel[27]. En el Talmud de Jerusalén se argumenta que si Gn 1, 27 se refiere a un solo Dios y nada más, entonces también 1, 26 tendrá que referirse a un solo Dios[28]. El Talmud no aporta pruebas ciertas con relación al judaísmo del primer siglo, y pudo ser influenciado por el deseo de una generación posterior de defender su fe contra el cristianismo. Pero no hay una razón de peso que nos haga suponer que en esta materia no sea fiel con el espíritu del judaísmo del primer siglo.

Los Targums nos muestran también la perplejidad causada por estos pasajes. El más primitivo de los Targums, el de Onkelos, está de acuerdo con el original hebreo en 1, 26 y 11, 7. Pero en el 3, 22 lee de esta manera: «Y el Señor Dios dijo: "He aquí que el hombre ha llegado a ser único en el mundo por sí mismo"».

El Targum Palestino intenta explicar el plural de los verbos suponiendo que Dios se estaba dirigiendo a los ángeles; y en 3, 22 el Targum de Jerusalén ofrece una interpretación parecida.

Las exposiciones judías dejan ver el deseo de interpretar los pasajes de tal manera que se mantenga la doctrina de la unidad de Dios. Pero estos mismos pasajes no se emplean en el Nuevo Testamento con relación a la doctrina de Dios. Se reconoce, es verdad, la importancia teológica de Gn 1, 26. Pablo llama al hombre «la imagen y la gloria de Dios», y Juan habla de los hombres «que son hechos a semejanza de Dios»[29]. Pero no hay una alusión al plural del verbo «hagamos»... Aunque Pablo y Juan y el autor de la Carta a los Hebreos enseñan que Cristo fue agente en la creación, no citan Gn 1, 26 como prueba. Y era no mucho antes de que los escritores cristianos se apoyaran en ese versículo para probar

---

[26] *De Conf. Ling.*, pp. 170-71 (Tr. F. H. Colson).
[27] Cf. Montefiore y Loewe, *Rabbinic Anthology*, p. 664.
[28] Berakoth, IX; cf. Oesterley y Box, *Religion and Worship of the Synagogue*, p. 180.
[29] 1 Co 11, 7; Jo 3, 9.

la actividad de Cristo en la creación. Esta clase de argumento aparece primeramente en la carta de Bernabé, y después en el *Diálogo con Trifón*[30], de Justino. Ireneo decía que Dios estaba hablando a sus dos manos, el Hijo y el Espíritu, cuando decía: «Hagamos al hombre»[31]. Tiempo después, estos versículos llegaron a ser conocidos textos-prueba para la doctrina de la Trinidad. Pero no existen indicios de que esta clase de interpretación fuera usada por los cristianos en tiempos del Nuevo Testamento.

Isaías 6, 8 no atrajo la atención tanto como los pasajes del Génesis. El Targum, sin embargo, elimina el plural del pronombre y lee: «¿A quién enviaré a profetizar y quién irá a predicar?»[32]. Para el Nuevo Testamento y para los Padres Apostólicos este versículo no suena a doctrina trinitaria, pero es posible que Orígenes haya sacado de aquí una interpretación trinitaria, como hizo en los versículos 3-6 del mismo capítulo[33].

La narración del encuentro de Abraham con los tres hombres en Mambré ha provocado una gran cantidad de teorías. En dicha narración se dan varias fluctuaciones del singular al plural, que ofrecen un razonable soporte para la doctrina de la Trinidad. La narración comienza con una afirmación: «El Señor (Yavé) se apareció a Abraham» (18, 1). Pero cuando Abraham miró vio a tres hombres de pie enfrente de él (18, 2). Y Abraham se dirigió a sus visitantes en singular diciendo «mi Señor» (18, 3); pero en el siguiente versículo les habló en plural. Estas misteriosas fluctuaciones continúan a través del relato. En el capítulo 19 solamente aparecen dos ángeles, y en el versículo 18 Lot se dirige a ellos diciéndoles «Señor».

Aunque el Targum de Onkelos se adhiere fuertemente al sentido del Hebreo, el Targum Palestino trata de explicar la extraña variación entre el singular y el plural. Los tres hombres eran ángeles, y fueron enviados tres en lugar de uno, porque un ángel solamente puede ser enviado para un único cometido al mismo tiempo. Un ángel vino para anunciar el

---

[30] Bernabé 5, 5; Justino, *Diál.* 62; 1 Clem 33, 5 cita Gn 1, 26 y siguientes, pero no hace comentario sobre el plural del verbo.
[31] *Contr. Omn. Haer.* IV, Pról. 4, XX. 1; V, 1. 3, VI, 1, XXVIII 4.
[32] J. F. Stenning, *The Targum of Isaiah*, pp. 22-3.
[33] Orígenes, *In Is. Hom.* IV, 1, dice que la expresión «Santo, Santo, Santo» se refiere a la Trinidad. Sostiene que Cristo era el serafín que tomó la brasa del altar (*Hom.* V, 4). Aunque nada dice sobre las palabras «a quién enviaremos» en el versículo 8 (ver *Hom.* VI. 1), describe a Dios rodeado de serafines antes de proponer la llamada de Isaías. Probablemente da por supuesto que Dios incluyó al serafín en «nosotros» cuando dijo: «¿A quién enviaremos?».

nacimiento del hijo de Sara; el segundo, para librar a Lot del fuego y del azufre; y el tercero, para destruir Sodoma y Gomorra. No se hace ningún comentario sobre el hecho de que Abraham se dirigiera a ellos diciendo «mi Señor»; pero probablemente dieron por supuesto que él estaba hablando solamente a uno de los hombres. De todos modos, en el versículo 10 queda explicado detenidamente que solamente uno de los ángeles habla a Abraham. Y en el versículo 20 claramente se establece que «el Señor» no ha de ser identificado con los tres hombres, por lo que el Targum comienza el versículo así: «Y el Señor dijo a los ángeles, sus ministros».

Filón da una interpretación diferente del suceso. Afirma que la triple visión tiene en realidad un solo objeto[34]. Dios, como un objeto que proyecta dos sombras al mismo tiempo, puede tener una triple apariencia. Los tres hombres que visitaron a Abraham eran una triple manifestación del único Dios.

> «El lugar central está ocupado por el Padre del Universo, llamado en las Sagradas Escrituras "El que Es", como su nombre propio; mientras que a ambos lados de Él están los más antiguos poderes, los más propios de Él: el creativo y el regio. El título, por razón del primero, es Dios; puesto que hizo y ordenó todo: el título, por razón del segundo, es Señor, puesto que es derecho fundamental del hacedor gobernar y controlar cuanto ha traído a la existencia. Así el Ser central, con cada uno de sus poderes como séquito, se da a conocer a la mente, que ve a veces la apariencia de uno y a veces la de tres»[35].

Sostiene Filón que el Ser central se manifiesta a Sí mismo como uno a las mentes sumamente purificadas. Pero se manifiesta como tres a aquellos otros que no están iniciados en los más altos misterios. A la más elevada clase de personas se da a conocer como el eternamente existente, el Padre; a una segunda clase, aunque Él es tres, se le presenta como un Dios bondadoso; y a una tercera, como el Señor que gobierna la creación. Estas últimas clases no adoran a Dios por causa de Él mismo, sino para recibir sus bendiciones o evitar los castigos.

---

[34] *De Abrahamo*, pp. 119-31.
[35] *De Abrahamo*, pp. 121-22 (traducción de F. H. Colson, Loeb Library, *Philo*, VI, pp. 63-5).

El Ser supremo por sí mismo solo es causa del bien, y deja la tarea de infligir castigos a los poderes. En consecuencia, solamente dos ángeles tomaron parte en la destrucción de Sodoma. El Padre se abstuvo de esta desagradable tarea[36].

La exposición de Filón no es del todo coherente. Los poderes se comparan a las sombras del Ser Supremo, y sin embargo, dice que realizan acciones, concretamente el castigo, que el Ser Supremo no hará por Sí mismo. Paradojas de esta naturaleza son difíciles de evitar en la doctrina trinitaria. Según el Trinitarismo cristiano, aunque el vínculo de unión entre las tres personas es más fuerte que cualquiera que pueda existir entre seres humanos; y aunque hay una completa armonía de voluntad y de acción, la vida encarnada era una actividad que se le adjudicaba solamente al Hijo. La creencia de Filón de que solamente los poderes subalternos eran aptos para infligir castigo es un ejemplo característico de la paradoja trinitaria.

Las teorías de Filón sobre la naturaleza de Dios no se deben mirar, sin embargo, como típicamente judías. Era un escritor helenístico, fascinado por Platón. De dos maneras su doctrina no está de acuerdo con la admitida tradición judía. Primeramente insinúa él que Dios y el Señor están subordinados al Ser Supremo. Y además dice que el Ser Supremo no castiga por sí mismo a los hombres pecadores.

Como en el Nuevo Testamento no se comenta Génesis 18 y 19, no parece que las primeras y pocas generaciones de cristianos aceptaran la interpretación dada por Filón. Algunos de los Padres, sin embargo, consideraron importante Génesis 18 y 19. Justino Mártir y Orígenes dieron una interpretación cristológica, diciendo que los tres hombres eran Cristo y dos ángeles[37]. Cuando Abraham dijo «mi señor» usaba el verbo en singular porque estaba hablando a Cristo. En los escritos de Ambrosio[38] y de Agustín[39] se da una interpretación trinitaria. La más amplia relación nos la da Agustín, quien dice que a Abraham se le aparecieron las tres personas de la Trinidad, pero solamente el Hijo y el Espíritu Santo a Lot.

---

[36] *Ibid.*, pp. 119-30.

[37] Justino, *Diál.* 56, cf. 86. La postura de Orígenes no es suficientemente clara. No es cierto, pero sí probable, que *dominus* (*in Gn. Hom.* IV) se refiere a Cristo. En este caso Abraham ve a Cristo. De todas formas, para Orígenes los otros dos hombres eran sencillamente ángeles.

[38] Ambrosio, *De Spiritu Sancto*, 11, Intro. 4; *De excessu fratris Satyri*, pp. 11, 96; cf. *De Fide*, 1, XIII. 80; *De Officiis Ministrorum*, 11, XXI. 16.

[39] Agustín, *De Trinitate*, pp. 111, 25.

Agustín aborda un tipo de exégesis, preconizado por Justino y Orígenes. Si un escritor del siglo segundo hubiese sacado una interpretación trinitaria de la narración, habría dado motivo para suponer que era heredada de los tiempos del Nuevo Testamento. Pero no hay pruebas de que los cristianos usaran la narración antes del siglo cuarto para apoyar la doctrina de la Trinidad.

Aunque la mayor parte de los pasajes del Antiguo Testamento que hemos discutido no parece haber influido en el pensamiento de los cristianos en tiempos del Nuevo Testamento, sin embargo, tres importantes ideas hebreas las hicieron suyas los cristianos para expresar sus creencias sobre la singular relación del Hijo con el Padre. Son Espíritu, Sabiduría y Palabra. Estas ideas sentaron un precedente para el Binitarismo más bien que para el Trinitarismo, porque solamente se las encuentra separadas. Siempre se trata de la cuestión de la relación del Espíritu con Dios, o de la Sabiduría con Dios, o de la Palabra con Dios. Son importantes, no porque evidencien la idea de la «dualidad» en la Divinidad, sino porque apoyan la idea de la pluralidad en la Divinidad. Distintos factores contribuyeron al éxito de estos términos en la expansión de la nueva doctrina. Todos ellos estaban enraizados en la tradición hebrea. Todos ellos eran palabras clave en la filosofía griega. Y eran lo suficientemente flexibles como para posibilitar a los cristianos la formulación de una altísima concepción de Cristo sin caer en el politeísmo.

EL ESPÍRITU

Relación del Espíritu con Dios

Al Espíritu se le consideraba de origen divino y, frecuentemente, se afirmaba que venía de Dios y que era el Espíritu Santo[40]. En ciertos pasajes el paralelismo entraña una identificación del Espíritu con Yavé[41]. En la mayor parte de los casos, sin embargo, no se identifica con Dios, pero se encontraba íntimamente unido a Él, como si fuera parte suya. Él es el

---

[40] Cf. Jc 13, 25; Is 32, 15; 42, 1; 59, 21.
[41] Cf. Sal 139, 7: «¿Dónde podría alejarme de tu Espíritu? ¿A dónde huir de tu presencia?».
En este versículo, «Espíritu» equivale a «Presencia», término usado en el judaísmo como circunlocución para decir Dios.

divino poder de Dios, el aliento de Dios que da vida a los hombres, los guía, los impulsa a la acción[42]. Pero en ningún pasaje del Antiguo Testamento es identificado explícitamente con Dios[43].

¿Se consideró persona al Espíritu?

Los hebreos describían al Espíritu con términos antropomórficos: «Enojaban al Espíritu»[44]. «El Espíritu guiaba a los hombres»[45] y «los instruía»[46], «les invitaba al descanso»[47] o «se apoderaba de ellos»[48]. Hay razones para creer que este lenguaje es más que metafórico. Kirk hace notar que hay una analogía entre espíritus malignos y Espíritu de Dios[49]. Tanto los espíritus malignos como el Espíritu de Dios podían dominar las acciones del ser humano. A los espíritus malignos se les concibe personalmente, y esto hace razonable suponer que el Espíritu de Dios es también concebido personalmente. Kirk sostiene también que el Espíritu en el Antiguo Testamento tiene la característica de iniciativa al elegir, que es lo que distingue lo personal de lo impersonal.

«El Espíritu no es lo mismo para todos; se trate de una "cosa" o de un estimulante, escoge sus receptores entre los hombres, como a él (o a Yavé) le place. Es digno de atención el hecho de que los cuatro evangelistas, al comparar el Espíritu al viento, escogen como punto de comparación un rasgo en el que justamente el viento es menos impersonal (aunque la verdad es que de ninguna manera constituye una característica suya): su entera libertad de iniciativa. En lo tocante a los hombres, por consiguiente, no iremos más allá de la

---

[42] Ez 37, 9; Jc 3, 10, etc.
[43] En tiempos posteriores hubo tendencia hacia una más íntima identificación del Espíritu con Dios. Con todo, nunca se llegó a una estricta identificación. Cf. BÜCHSEL, *Der Geist Gottes im N. T.*, p. 35, y E. F. SCOTT, *The Spirit in the N. T.*, p. 43, quien escribe: «Con su desarrollado sentido de que el Creador debe permanecer aparte de su Creación, de que su verdadera actitud hacia Él debe ser la de un temor reverencial y adoración, los pensadores hebreos echaron mano de la idea de un poder intermediario».
[44] Is 63, 10.
[45] Sal 143, 10.
[46] Neh 9, 20.
[47] Is 63, 14.
[48] Jc 14, 6; 15, 14; 1 Sm 11, 6.
[49] K. E. KIRK, *Essays on the Trinity and the Incarnation*, p. 187.

evidencia, si decimos que el Espíritu en el Antiguo Testamento se comporta con respecto a ellos como persona»[50].

Está claro, sin embargo, como admite Kirk, que en general la iniciativa en los actos del Espíritu es la iniciativa de Yavé. Dice que en un más tardío judaísmo al Espíritu se le adjudicaba «carácter hipostático» en relación a Yavé; y cita Ag 2, 5: «Cuando vosotros salgáis de Egipto, y mi Espíritu more entre vosotros»[51]. Pero aún en este ejemplo no existe insinuación de interacción entre Yavé y su Espíritu. La acción es en una sola dirección, Dios actuando a través del Espíritu.

La palabra *ruah*, que se traduce «espíritu», significa «viento» o «aliento», y esto sugiere que al espíritu se le consideraba como algo material o físico[52]. En un judaísmo posterior al Espíritu se le consideraba como una clase de luz, o como un sonido, o como un objeto que tiene peso[53]. Pero, aunque el Espíritu sea considerado como físico en cierto sentido, no se sigue que el Espíritu deba ser impersonal[54]. Las cualidades personales del Espíritu son la capacidad de guiar, de enseñar, de apenarse, cualidades que no son propias del viento, del aliento, de la luz, del sonido o de los cuerpos sólidos como tales. Pero no existen indicios de que los judíos considerasen al Espíritu como personal hasta tal punto que pudiera comprometer su monoteísmo.

El Espíritu y el Mesías

En dos pasajes del Antiguo Testamento al Espíritu se le ha vinculado al Mesías. El primero de estos pasajes profetiza la venida de un descendiente de David que será bendecido con el séptuplo espíritu:

«Y brotará una vara del trono de Jesé, y retoñará de sus raíces un vástago, sobre el que reposará el espíritu de Yavé, espíritu de sabiduría y de inteligencia, espíritu de consejo y de fortaleza, espíritu de entendimiento y de temor de Yavé» (Is 11, 1. 2).

---

[50] *Ibid.*, p. 187.
[51] *Ibid.*, p. 188.
[52] Cf. N. H. SNAITH, *Distinctive ideas of the Old Testament*, p. 143.
[53] W. D. DAVIES, *Paul and Rabbinic Judaism*, pp. 183-85.
[54] K. E. KIRK, *op. cit.*, p. 186.

El segundo pasaje no es claramente mesiánico, aunque contenga la palabra «ungido»[55]:

«El espíritu del Señor, Yavé, descansa sobre mí, pues Yavé me ha ungido y me ha enviado para predicar la buena nueva a los abatidos» (Is 61, 1).

La actividad moral del Espíritu

En los más antiguos documentos aparece el Espíritu como causa de comportamientos estáticos y violentos. Se precipitó sobre Sansón y le capacitó para matar a los treinta hombres de Ascalón. Arrebató poderosamente a Saúl y le hizo capaz de cortar en pedazos una yunta de bueyes[56]. El Espíritu era un regalo intermitente que se iba tan rápidamente como había venido. En escritos posteriores la idea del Espíritu como posesión permanente llegó a destacarse más y más. El Espíritu de juicio, de consejo, de poder, Espíritu de gracia y de súplica llega a ser un don durable[57].

La antigua idea de un don intermitente del Espíritu no desapareció, pero dejó de ser su característica. En la medida en que al Espíritu se le consideró más y más como realidad permanente, posesión no-extática, su cometido moral se fue poniendo cada vez más de manifiesto. Él guio a toda clase de hombres por los caminos de la justicia y de la honradez. Esta faceta de la actividad del Espíritu fue más ampliamente puesta de relieve en el Nuevo Testamento y se desarrolló la idea de que el conjunto de la vida era adoración y sacrificio que podía ofrecerse a Dios en el Espíritu[58].

Expectación del Espíritu

Era una tradición judía que el Espíritu abandonó a los judíos después de la muerte de los profetas Zacarías y Malaquías. Con esta tradición

---

[55] En Is 42, 1: «He aquí a mi siervo, a quien sostengo yo, mi elegido, en quien se complace mi alma. He puesto mi espíritu sobre él», el Espíritu está enlazado al siervo. Pero no hay una buena prueba de que el siervo fuera ligado al Mesías antes de Cristo; cf. S. Mowinckel, *He That Cometh*, pp. 410-15.
[56] Jc 14, 13; 1 Sm 11, 6 ss.
[57] Is 11, 2; Zac 12, 10; cf. E. F. Scott, *op. cit.*, p. 20.
[58] Cf. Rom 12, 1; Hb 13, 15-16.

estaba relacionada una profecía: que habría un futuro don del Espíritu. La profecía se encuentra en Jl 2, 28 ss., y los cristianos creyeron que había tenido su cumplimiento en Pentecostés.

Estos cinco aspectos de la doctrina del Espíritu tuvieron gran influencia sobre la doctrina cristiana. La idea del Espíritu preparó un clima en el que era concebible la pluralidad dentro de la divinidad. No condujo directamente a la doctrina sobre la persona de Cristo, porque los conceptos de Sabiduría y Palabra fueron preferidos en cristología, y el Espíritu era considerado como una persona distinta de Cristo. Aunque esta distinción no fue admitida por completo en el Nuevo Testamento, si exceptuamos el cuarto Evangelio, la experiencia cristiana del Espíritu era tan plena que al Espíritu se le consideraba, no como una idea, que podía explicar la naturaleza de Cristo, sino como una más amplia manifestación de la naturaleza de Dios, que requiere por sí misma una explicación.

SABIDURÍA

Un importante sector de la literatura judía contiene la idea de la Divina Sabiduría, a la que se describe como una emanación de la gloria de Dios, como un poder que procede de Él, que existe por sí misma. Puede discutirse si la idea de Sabiduría es real, o usada como una poética metáfora[59]. Pero algunas formas de hablar que se usan parecen ser más que una metáfora. Según el Libro de los Proverbios, la Sabiduría grita alto en las calles y da voces en las amplias plazas. Es capaz de amar y de odiar. En la creación estaba al lado de Dios como arquitecto[60]. En el Libro del Eclesiástico se dice de ella que se alaba a sí misma y se gloría en la presencia del poder de Dios[61]. La Sabiduría de Salomón la describe como «artífice de todas las cosas»[62]. Estas descripciones de la Sabiduría, sin embargo, revelan más arte poético consciente que las del Espíritu. Aunque la Sabiduría es descrita como criatura, que asiste a Dios en su obra, no da la impresión de ser un irresistible poder que impulsa a los hombres a la acción. Ella da a los hombres conocimiento y consejo, y es más pacífica en su actividad que el Espíritu.

---

[59] Cf. O. S. Rankin, *Israel's Wisdom Literature*, pp. 222-64, y H. Ranston, *The Old Testament Wisdom Books and their Teaching*, pp. 75-81.
[60] Prov 8, 1. 2. 13. 17. 30.
[61] Eclo 24, 1. 2.
[62] Sab 7, 22; cf. 8, 5; 14, 2.

La relación de la Sabiduría con Dios es muy íntima. Esto se manifiesta vivamente en las palabras de la Sabiduría, 7, 25 ss.:

«Porque es un hálito del poder divino,
y una emanación pura de la gloria de Dios omnipotente,
por lo cual nada manchado hay en ella.
Es el resplandor de la luz eterna,
el espejo sin mancha del actuar de Dios,
imagen de su bondad».

Y a pesar de esta unión tan fuerte, la Sabiduría es distinta de Dios, porque hace a los hombres amigos de Dios, y vive con Dios, y es amada por Él[63]. Según el Libro de los Proverbios fue formada por Dios y actuó con Él y se solazó ante Él[64]. Así pues, la Sabiduría es más que un efluvio de Dios, y tiene una vida consciente en sí misma. Es una extensión de la divina personalidad, una extensión sugerente de la pluralidad en la Divinidad.

La doctrina de la Divina Sabiduría se popularizó en los últimos cuatro siglos antes de Cristo. Fue un intento de satisfacer una necesidad profunda en el pensamiento judío a propósito de Dios. Después del destierro fueron dando una importancia progresiva a la trascendencia de Dios. Él era de un orden distinto a todas las cosas que habían sido creadas. El hombre no podía mirarlo y seguir viviendo. Todo debe estremecerse de reverencia ante Él. Esta idea de trascendencia llegó a ser tan fuerte que los judíos encontraban difícil explicar la presencia de Dios en el mundo y su interés en sus asuntos. No podían conciliar la divina inmanencia con la divina trascendencia. Aunque no estaban influenciados por la teoría de Aristóteles de que un Dios perfecto no está interesado por un mundo imperfecto, ellos tuvieron que afrontar la dificultad de Aristóteles. Encontraron difícil de explicar la actividad de Dios en el mundo. Aristóteles llegó a la conclusión de que Dios movía el mundo solamente por atracción. La sublimidad de Dios no se desfiguraba por el pensamiento de los hombres o por las cosas de la tierra. Los judíos rechazaron esta solución porque creían en un Dios personal, que actuaba en el mundo. Intentaron resolver su problema

---

[63] Sab 7, 27-8.
[64] Prov 8, 22. 30.

suponiendo que un poder intermediario había tomado parte en la creación y seguía ocupado en la conservación del universo. La Sabiduría era precisamente ese poder.

La idea de la Sabiduría la hicieron suya los pensadores cristianos para explicar la relación de Cristo con Dios. Aunque no estaba especialmente relacionada con el Mesías en tiempos del Antiguo Testamento o en el más tardío judaísmo, era muy apropiada para la adaptación por parte de los cristianos, que deseaban explicar la naturaleza de Cristo. No es de admirar que el lenguaje literario de la Sabiduría lo usara Pablo, como también el autor de Hebreos, para ilustrar su pensamiento sobre la persona de Cristo[65].

LA PALABRA

Una tercera idea importante en el judaísmo era «Palabra». Cuando Dios deseaba comunicarse con los hombres, les hablaba. Moisés oyó su voz desde la zarza que se quemaba (Ex 3, 2 ss.). Comunicó su palabra a los profetas[66]. Cuando fue creado el mundo, este llegó a la existencia al conjuro de su palabra.

«Por la palabra de Yavé fueron hechos los cielos,
y todo su ejército por el aliento de su boca...
Dijo Dios y se hizo;
Él mandó y así fue enseguida» (Sal 33, 6, 9; cf. Gn 1, 3. 6).

Sin embargo, en el Antiguo Testamento la «Palabra» no está personificada. Describe la manera que tiene Dios de ejecutar su propósito. No es ella en sí misma un ser existente. Ni siquiera en los escritos apócrifos se encuentra personificada realmente. Lo más aproximado se encontraría en Sab 18, 15. 16:

«Tu palabra omnipotente se lanzó de los cielos... llevando por aguda espada tu decreto irrevocable; e, irguiéndose, todo lo llenó de muerte; y caminando por la tierra tocaba el cielo».

---

[65] 1 Co 1. 24. 30; Col 1, 15-17; 2, 3; Hb 1, 1-3.
[66] Cf. Is 2, 1; Jr 1, 4; Ez 2, 1; Os 1, 1; Am 3, 1, etc.

El lenguaje fantástico parece más metafórico que literal, y aporta una prueba no segura de la personificación de la idea.

Se ha discutido si el concepto *Memra* («Palabra») se personificaba en los Targums. *Memra* se usó como un sustituto reverencial de Dios, y por este motivo frecuentemente se dice que realiza actividades personales y que tiene personales sentimientos. Pero desde el momento en que esta palabra y otras fueron empleadas como sustitutos del divino nombre de Yavé, no hay motivo para dar por sentado que *Memra* fuera personificada[67].

Filón hace uso frecuente del término λόγος («palabra»), de tal manera que a veces sugiere tratarse de una persona. C. H. Dodd comenta: «A pesar de toda personificación, Filón no piensa realmente en un guía personal y compañero»[68]. El «Logos» es el mundo de las ideas. Y, con todo, es difícil borrar la impresión de que Filón considera al Logos como persona, pues dice que sostiene el mundo y a sus habitantes, y lo describe como un sumo sacerdote, un ángel, un capitán y un piloto[69]. Aunque su explicación del λόγος no siempre es consecuente, en muchos lugares escribe como si el λόγος fuese un ser consciente.

Λόγος está destacado en el primer capítulo del cuarto Evangelio, donde se le usa como un título de Cristo. Este capítulo manifiesta la influencia de la historia de la creación del Génesis. W. F. Howard ha dicho que los evangelistas sacaron la idea del λόγος del Antiguo Testamento y de la tradición rabínica[70]. Pero esto no tiene que ver a propósito de si el término se usa en un sentido personificado. El uso hecho por Juan del λόγος en un sentido personal se explica muy bien por la influencia de Filón, o de los desconocidos predecesores de Filón. A través de la tradición helenística la idea de «Palabra», como las ideas de «Sabiduría» o de «Espíritu», ayudó a preparar el camino a la teología cristiana.

Otros dos términos influyentes son «Ley» y «Gloria». La palabra «Ley» en el pensamiento judío está relacionada con «Sabiduría» y «Palabra». El Eclesiástico 24 identifica «Ley» con «Sabiduría». Y en el Salmo 119 «Palabra» y «Ley» son usadas recíprocamente. Según la tradición rabínica, la «Ley» existía antes de la creación del mundo y fue instrumento en la creación[71].

---

[67] G. F. Moore, *op. cit.*, p. 416 y ss.
[68] C. H. Dodd, *Interpretation of the Fourth Gospel*, p. 69.
[69] *Ibid.*, p. 68.
[70] *Christianity according to Saint John*, pp. 47-53.
[71] W. D. Davies, *op. cit.*, pp. 170-72. En Pirke Aboth 3. 23, la Ley es descrita como «un precioso instrumento por medio del cual fue creado el mundo». Cf. Sifre Deut en 11. 10.

Shekinah («Gloria») se aplicó, lo mismo que *Memra*, como sustituto reverencial al nombre divino. No hay indicios de que los rabinos la considerasen persona[72].

Tanto «Ley» como «Gloria» estuvieron fuertemente relacionadas con Cristo en el Nuevo Testamento. Era Él mismo la personificación de la nueva Ley del Espíritu[73]. Él era el mediador de la nueva alianza, que contrastó su ley con la ley de Moisés. Él estuvo en posesión de una gloria que manifestó en diversas ocasiones durante su vida terrenal con milagros y en su transfiguración. En su estado de resucitado reinó con gloria junto al Padre[74].

Ya hemos dejado expuesto que los judíos posteriores al exilio tuvieron una idea de pluralidad dentro de la Divinidad; idea que expresaron principalmente a través de conceptos como Espíritu, Sabiduría y Palabra. Esta idea de pluralidad no se encontrará en todos los escritos judíos, pero aparece en ciertas partes del Antiguo Testamento, en algunos de los libros apócrifos y en las obras de Filón.

Teniendo en cuenta que los antiguos (escritores) judíos hablaban de los ángeles como si fueran extensiones de la personalidad divina, los viejos conceptos de Sabiduría, Espíritu y Palabra eran naturalmente menos personales. El lenguaje de los escritores frecuentemente implica que estas entidades tenían una existencia independiente, y pensamiento y sensaciones como los hombres. Pero Sabiduría, Espíritu y Palabra no aparecen en forma humana. Ellas pertenecen más bien al orden de las emanaciones, conscientes en sí mismas, de Dios. Los judíos creían en los ángeles; pero los ángeles eran criaturas de rango inferior a Dios. La Sabiduría, aunque era una criatura, tenía un rango de especial elevación a causa de su conexión con Dios.

Los puntos generales expuestos por Johnson y Knight son verdaderos. El concepto de pluralidad en la Divinidad no es extraño a los judíos. Es, pues, concebible que una doctrina trinitaria hubiera podido crecer en suelo judío. Mientras que el pensamiento helenístico contribuyó en gran manera a la expresión de la doctrina, la idea de pluralidad dentro de la unidad estaba ya implícita en la teología judía.

---

[72] Cf. G. F. Moore, *op. cit.*, pp. 437-38.
[73] Cf. W. D. Davies, *op. cit.*, pp. 169-75. Nótese cómo diciendo «toma mi yugo sobre ti», contrasta su persona con el *yugo* del *torah*.
[74] Cf. Jn 1, 14; 2, 11; Lc 9, 32; 2 P 1, 16, 17; 2 Co 3, 18.

Extensión e interacción de personalidad

La extensión de la divina personalidad no fue el principal problema para los intérpretes de la doctrina cristiana de Dios. La doctrina de la Sabiduría y del Espíritu era generalmente admisible para los judíos. Rígidos monoteístas no encontraron en ella un obstáculo insuperable para su fe. El problema presentado por la fe cristiana en Cristo era de un orden diferente. Porque Cristo no era una emanación de la Divinidad; no era un concepto personificado, una idea invisible que pensaba como un hombre o sentía como un hombre. Cristo no parecía un hombre; era un hombre. Y, porque era un hombre, sus relaciones con Dios no eran enteramente pasivas. No podía responder a los designios de Dios como un muñeco. Era capaz de cuestionar los mandatos divinos, de orar para evitar el sufrimiento y de dar oído a expresiones de desesperación en el momento de la muerte[75]. Cuando se comunicaba con el Padre, era una auténtica comunicación. La conversación entre Jesús y su Padre no era unilateral. El tránsito de pensamiento circulaba en las dos direcciones. Aunque Jesús fuera una extensión de la divina personalidad, manifestó ser más que extensión. En su trato con su Padre había una interacción dentro de la personalidad divina. Había un diálogo dentro de la Divinidad.

¿Era esta interacción el rasgo distintivo de la concepción cristiana de Dios? ¿O puede ser encontrado en los escritos hebreos y judíos? Existen pocas pruebas de ello en el Antiguo Testamento; solamente se pueden hallar borrosas huellas en pasajes que describen la actividad del Espíritu, la Sabiduría y la Palabra.

En 1 Re 22, 21 y ss., el espíritu mentiroso que entró dentro de Sedecías habla a Dios en conversación:

> «Pero vino un espíritu a presentarse ante Yavé y dijo: "Yo, yo le induciré". "¿Cómo?", preguntó Yavé. Y él respondió: "Yo iré y seré un espíritu de mentira en la boca de todos sus profetas"».

Pero desde el momento en que este espíritu no era el Espíritu Santo, sino un espíritu mentiroso, este no es un ejemplo de interacción dentro de la personalidad divina.

---

[75] Mc 14, 36; 15, 34.

Se ha dicho que la Sabiduría vive con Dios (Sab 8, 3), que hace a los hombres amigos de Dios, y que abre su boca en la asamblea del Altísimo (Eclo 24, 2), pero su conversación ante Dios es de un género puramente formal. Ella obedece los mandatos de Dios y se gloría en su presencia. No hay insinuación alguna de que tenga diálogo personal con Él.

No tenemos pruebas convincentes de genuina interacción entre la Palabra y Dios. La afirmación de que la palabra de Dios no volverá a Él vacía (Is 55, 11) no implica una relación personal.

En el Antiguo Testamento existen pocos rastros de la idea de interacción dentro de la personalidad divina. La actitud de los cristianos frente a Jesús, sin embargo, comienza con el hecho de la interacción, ya que Jesús se presentó ante sus seguidores como hombre. Primeramente lo encontraron como alguien que iba con ellos a la sinagoga y al templo. Le vieron retirarse a la montaña para rezar. Le oyeron invocar a Dios como a su Padre. Aún más, les habló de que había algo —en concreto el día del Hijo del Hombre— que su Padre sabía y que Él ignoraba (Mc 13, 32). La narración de Getsemaní nos muestra a Jesús suplicando a su Padre. Y las palabras pronunciadas desde la cruz nos lo presentan perdiendo la esperanza en su Padre. Cuando fue levantado, se creyó que hacía de intercesor ante el Padre[76]. No era una mera extensión de la personalidad divina. Era una persona independiente con vida propia.

Para un judío ortodoxo lo difícil de Cristo no radicaba en el hecho de que fuese considerado como una extensión de la personalidad divina, sino en que se creyera que se había encarnado. De tratarse solamente de un concepto y nada más, no habría obstáculo serio para los judíos. Lo que contrariaba a los judíos era la combinación de creencias: por una parte, su estado de exaltación y por otra, haber vivido una vida de carne y sangre. Nada parecido a esto existía en el judaísmo. Aunque se usaran conceptos judíos en un intento de explicar la relación de Jesús con el Padre, estos conceptos no bastaban para tal propósito. El pensamiento judío no admitía semejante pluralidad dentro de la Divinidad. No había un lugar para una segunda persona dentro de la Divinidad; una segunda persona que, no solamente hacía la voluntad del Padre, sino que tenía trato con Él, se aconsejaba de Él y le suplicaba. Si Jesús hubiese sido nada más que un mensajero de Dios, su apariencia terrena hubiese sido tolerable, porque hubiese podido ser descrito como un ángel. Pero Él

---

[76] Rom 8, 34; Hb 7, 25; 1 Jn 2, 1.

había recabado para sí las divinas funciones de juicio y de salvación. Después de su exaltación había sido considerado por sus seguidores por lo menos igual que la Divina Sabiduría. Aunque el judaísmo proporcionara algunos conceptos, la realidad era demasiado grande para poder ser explicada con ideas del pasado. Quizá por esta razón en la cristología de Colosenses Pablo hizo caso omiso del término «Sabiduría», aunque usaba un lenguaje que estaba asociado a Sabiduría. Quizá fue también por esta razón por lo que la Iglesia buscaba ansiosamente ayuda de los metafísicos griegos y sicólogos. La idea de extensión de personalidad divina es hebrea. La idea de interacción dentro de la personalidad extendida no es ni hebrea ni griega, sino cristiana.

Capítulo III

UN SOLO DIOS Y PADRE

Los judíos creían en un solo Dios, a quien llamaban Padre. También le daban otros títulos, y frecuentemente le nombraban con perífrasis tales como «el nombre», «el lugar», «los cielos». Pero, para una comprensión del desarrollo de la doctrina de la Trinidad, el título de «Padre» reviste una importancia especial, porque en la Trinidad una de las personas es Dios Padre. En este capítulo se expondrá cómo los escritores del Nuevo Testamento expresaron su fe en la unidad de Dios y le describieron como Padre.

En los siguientes pasajes se nos presenta a Dios como uno:

«Nadie es bueno, sino solo Dios» (Mc 10, 18).

«El Señor, nuestro Dios, es el único Señor» (Mc 12, 29, una cita del Dt 6, 4).

«Ni llaméis padre a nadie sobre la tierra, porque uno solo es vuestro Padre, el que está en los cielos» (Mt 23, 9).

«...puesto que no hay más que un solo Dios» (Rom 3, 30).

«Sabemos que el ídolo no es nada en el mundo, y que no hay más Dios que uno solo» (1 Co 8, 4).

«Para nosotros no hay más que un Dios y Padre...» (1 Co 8, 6).

«El mediador no es de una persona sola, y Dios es uno solo» (Ga 3, 20).

«...un Dios y Padre de todos» (Ef 4, 6).

«Al Rey de los siglos, inmortal, invisible, único Dios, el honor y la gloria por los siglos de los siglos» (1 Tm 1, 17).

«Porque uno es Dios, uno también el mediador entre Dios y los hombres» (1 Tm 2, 5).

«¿Tú crees que Dios es uno? Haces bien» (St 2, 19).

«Uno solo es el legislador y el Juez, que puede salvar y perder» (St 4, 12).

«El solo Dios, salvador nuestro por Jesucristo nuestro Señor, sea la gloria, la magnificencia, el imperio y la potestad desde antes de los siglos, ahora y por todos los siglos» (Jds 25).

«¿Y no buscáis la gloria que procede del Único?» (Jn 5, 44). (Algunos manuscritos dicen «solo Dios» en vez de «Único»).

«Esta es la vida eterna, que te conozcan a ti, único Dios verdadero, y a tu enviado Jesucristo» (Jn 17, 3).

En ocho de estos quince pasajes (Mc 10, 18; Mt 23, 9; Co 8, 6; Ga 3, 20; Ef 4, 6; 1 Tm 2, 5; Jds 25; Jn 17, 3) a Dios se le distingue explícitamente de Jesucristo. Y en tres Dios es llamado Padre: Mt 23, 9; 1 Co 8, 6; Ef 4, 6; como también en el contexto de Jn 17, 3.

Es evidente que a Dios se le consideraba uno, y se creyó que este Dios único era el Padre del Señor Jesucristo. Afirmaciones de esta naturaleza difícilmente parecen poder proporcionar una tierra abonada para el crecimiento o desarrollo de una doctrina de la Trinidad. Sin embargo, cuando se las toma en unión de otros testimonios en que se afirma o se implica la divinidad de Cristo, entonces conducen inmediatamente al problema trinitario.

El título de «Padre» se diferencia de la mayor parte de los títulos y funciones de Dios en que este no se le dio nunca a Cristo. En otro capítulo veremos cómo en el Nuevo Testamento el mismo título de Dios se le da ocasionalmente a Cristo. Normalmente, sin embargo, se refiere al Padre de Cristo. El título de Señor, que en el Antiguo Testamento se daba a Dios, en el Nuevo se aplicó tanto a Dios Padre como al Hijo Cristo. Las tareas de juzgar, de crear y de salvar se adjudican, como se dirá más tarde, tanto al Padre como al Hijo. Pero hay un título que nunca se le da a Cristo, el Hijo, y que como se puede suponer, es el de «Padre». No hubiera sido imposible dar a Cristo el título de «Padre», puesto que en Is 9, 6 el futuro rey es llamado «Padre Eterno». Le hubiera caído bien a un ungido rey llamarse el «Padre de su pueblo». Pero, de hecho, el título «Padre» se reservó para aquel que era el Padre de Cristo.

La idea de Dios como Padre no es monopolio del cristianismo, ni siquiera de la tradición hebreo-cristiana. La encontramos en muchas antiguas religiones. En la primitiva religión india se creía que la vegetación era hija de la unión de la Tierra, que era su madre, y el Cielo, o Dyaus, que era su padre[1].

---

[1] Schrenk, *TWNT*, V, p. 951.

En la religión griega, Zeus, el principal de los dioses, regularmente era invocado como «Padre Zeus»; Homero le llama «Padre de los hombres y de los dioses»[2]. Las religiones mistéricas enseñaron a los hombres a creer en el Padre divino que podía hacerles renacer de nuevo. Mithras fue llamado el «Padre de los creyentes». De Osiris se decía que era el padre de Horus; y en el culto de Cibeles los hombres invocaban a Atis como Padre[3].

La doctrina de la Paternidad de Dios se encuentra también en los escritos de los filósofos griegos, especialmente en los influenciados por Platón. En su *República,* Platón da el título de «Padre» a la Idea del Bien, que creyó era la realidad suprema y la condición necesaria para la existencia de otras ideas y del universo físico[4]. En otro diálogo, el *Timeo,* da el nombre de «Padre» al Demiurgo que, según él, es el creador del mundo[5]. La descripción de Dios como Padre se encuentra también en la más tardía filosofía griega. El estoico Epitecto llama a Dios el «Padre de los hombres»[6], y los más tardíos platónicos Neumenio y Porfirio dicen que es el «Padre del Cosmos»[7].

La creencia cristiana en la Paternidad de Dios, sin embargo, no tiene su origen en la tradición griega, sino que es tributaria más bien de la ideología hebrea. Aunque «Padre» no sea un título comúnmente aplicado a Dios en el Antiguo Testamento, aparece en muchos y diferentes escritos; y se le encuentra en muchas escenas de la historia hebrea. Como Padre, Dios es el creador del hombre.

«Y con todo, ¡oh Yavé!, tú eres nuestro Padre; nosotros somos la arcilla y tú el alfarero; todos somos obra de tus manos» (Is 64, 8).

El título se emplea sobre todo en relación con la elección de la nación. Él es el Padre de Israel (Jr 31, 9; cf. Ml 2, 10). Las gentes son sus hijos (Is 1, 2; 30, 1; Jr 3, 22; Is 45, 11) y el pueblo, como nación, es su hijo (Os 11, 1; Ex 4, 22). Él es también el Padre del ungido rey (2 Sm 7, 14; Sal 2, 7; 89, 27).

En el judaísmo posterior, a Dios se le miró como Padre, tanto del individuo en particular como de la nación, pero poniendo de relieve la

---

[2] Od 1. 28, II. 1.544; cf. *TWNT,* V, pp. 952-53.
[3] *TWNT,* V, pp. 953-54.
[4] Rep. VI. 506e.
[5] Tm 41a.
[6] *TWNT,* V, p. 956.
[7] *Ibid.,* p. 955.

paternidad sobre la nación. Encontramos esta idea en el Targum, en Midrás y en los escritos seudoepigráficos. En un pasaje del Midrás se le nombra como «el Padre de todo el mundo»; pero tal descripción es excepcional[8]. La Paternidad de Dios queda explicada por su cuidado protector para con la raza judía[9].

En los escritos apócrifos la Paternidad de Dios va unida frecuentemente a su condición de Señor; y los títulos de «Padre» y «Señor» se hallan usados con gran afinidad (Eclo 23, 1. 4; 51, 10; Tob 13, 14; 3 M 5, 7). Una frase favorita rabínica era «Padre del cielo». No decían esto para dar importancia a la trascendencia de Dios, sino para distinguirle de los padres de la tierra. La expresión se usaba a menudo en el culto, y a Dios se le invocaba generalmente como Padre (cf. Eclo 23, 4; Sab 14, 3; 3 M 6. 3, 8).

El título aparece tanto en la religión hebrea como en otras religiones, pero el pensamiento y el culto cristiano le dieron un contenido característico. Se encuentra en las enseñanzas del mismo Jesús, como se recoge en los Evangelios de los sinópticos. Normalmente se da por supuesto que uno de los principales rasgos de la doctrina de Jesús era su insistencia en la importancia de la Paternidad de Dios. Si aceptamos el cuarto Evangelio como un relato veraz de las palabras de Jesús, veremos que las enseñanzas sobre la Paternidad de Dios son fundamentales. Pero en los Evangelios de los sinópticos el cuadro es diferente. Por cierto que las fuentes que ofrecen mayor garantía de autenticidad contienen poca doctrina sobre la Paternidad de Dios. En el Evangelio de San Marcos, a Dios se le llama Padre solamente cuatro veces. En Q, material común de Lucas y Mateo, Jesús le llama Padre ocho veces (cuatro de las cuales se encuentran en un solo pasaje), y en el material propio de Lucas Jesús llama Padre a Dios en siete ocasiones. Un cuadro totalmente distinto, sin embargo, nos presenta Mateo. En el material propio de Mateo, Jesús llama Padre a Dios veintidós veces. Por añadidura hay ocho pasajes sinópticos en los cuales Mateo introduce el nombre de «Padre» donde en los paralelos está ausente. Esto pone de manifiesto la tendencia de Mateo a introducir el título. Por lo demás, las pruebas más fidedignas las encontramos en los relatos de Marcos, Lucas y Q.

Marcos llama Padre a Dios en los siguientes pasajes:

---

[8] *Midr. Prov.* X. 1; cf. Schrenk, *op. cit.*, p. 978.
[9] Cf. 3 M 7, 6: «El Dios del cielo ha defendido fuertemente a los judíos, como el padre que siempre lucha por sus hijos».

«Porque si alguien se avergonzare de mí y de mis palabras ante esta generación adúltera y pecadora, también el Hijo del Hombre se avergonzará de él cuando venga en la gloria de su Padre con los santos ángeles» (8, 38).

«Cuando os pongáis de pie para orar, si tenéis alguna cosa contra alguien, perdonadlo primero, para que vuestro Padre, que está en los cielos, os perdone a vosotros vuestros pecados» (11, 25).

«Cuanto a ese día o a esa hora, nadie la conoce, ni los ángeles del cielo, ni el Hijo, sino solo el Padre» (13, 32).

«Abba, Padre, todo te es posible» (14, 36).

T. W. Manson hace notar que todos estos ejemplos tienen lugar después de la confesión de Pedro del mesianismo de Jesús junto a Cesarea de Felipo[10]. Pero al existir poca certidumbre sobre el orden cronológico de los dichos de Jesús, no se puede sacar una conclusión segura de las observaciones de Manson.

Dos importantes observaciones vamos a hacer sobre estos cuatro pasajes. Primera: en ninguno de ellos Jesús habla de Dios como padre suyo y de los discípulos al mismo tiempo. Dios es Padre de Jesús (8, 38) o Padre de los discípulos (11, 25). El simple «Padre» en 13, 32 está tan fuertemente unido al «Hijo» que queda claro que, en ese versículo, Dios es considerado como Padre de Jesús.

Segunda: la palabra aramea 'abba, que se retiene en el texto griego de 14, 36, nos muestra la íntima relación entre Jesús y Dios. 'Abba era un modismo familiar de lenguaje, reservado para el padre de uno. Cuando la gente se dirigiera a Dios como Padre, tendría que usar el más formal de 'abuna (padre nuestro); pero dirigiéndose al propio padre se tendría que emplear la manera simple del nombre, que es 'abba. Los judíos no usaban esta forma absoluta para dirigirse a Dios, porque implicaba demasiada familiaridad. Cuando Jesús decía la palabra 'abba aplicándosela a Dios, estaba haciendo una pasmosa innovación[11]. Él clamaba por una relación con Dios más íntima que la hasta entonces soñada por ninguno de sus paisanos. Clamaba por la única forma de filiación.

De los dichos comunes de Lucas y Mateo, los siguientes hacen referencia a Dios como Padre:

---

[10] *Teaching of Jesus*, p. 101.
[11] T. W. MANSON, *Sayings of Jesus*, p. 168; DALMAN, *op. cit.*, pp. 191-92.

«Sed, pues, perfectos, como perfecto es vuestro Padre celestial» (Mt 5, 48).

Que es semejante a:

«Sed misericordiosos, como vuestro Padre es misericordioso» (Lc 6, 36).

«Yo te alabo, Padre, Señor del cielo y de la tierra, porque has ocultado estas cosas a los sabios y prudentes y las revelaste a los pequeños... Todo me ha sido entregado por mi Padre, y nadie conoce al Hijo sino el Padre, y nadie conoce al Padre sino el Hijo y aquel a quien el Hijo quiera revelárselo» (Lc 10, 21-2 = Mt 11, 25-7).

«Padre nuestro, que estás en los cielos, santificado sea tu nombre» (Mt 6, 9).

Que es paralelo a:

«Padre, santificado sea tu nombre» (Lc 11, 2).

«...cuanto más vuestro Padre, que está en los cielos, dará cosas buenas a quien se las pide?» (Mt 7, 11; Lc 11, 13 es lo mismo excepto que pone «Espíritu Santo» por «cosas buenas»).

«Pero bien sabe vuestro Padre que de todo eso tenéis necesidad» (Lc 12, 30 = Mt 6, 32).

En cinco de estos pasajes el título «Padre» se aplica a Dios cuatro veces en uno de ellos y una vez en cada uno de los otros cuatro. En estos pasajes, como en Marcos, Jesús, cuando llama a Dios Padre, nunca se engloba a sí mismo con otros hombres. En Lc 10, 21. 2 dice es «mi Padre» o «el Padre». En otros pasajes es «vuestro Padre». Una excepción es la «Oración del Señor», que tiene dos formas: «Padre» en Lucas y «Padre nuestro» en Mateo. Si la versión de Lucas es original, como es probable que sea, es otro ejemplo de la forma íntima del trato 'abba; y Jesús trata de instruir a sus discípulos en el uso de este modo de hablar. Si aceptamos el «Padre nuestro» de Mateo, «nuestro» no incluye a Jesús, sino que se refiere a sus discípulos. «Cuando vosotros oréis, decid «Padre nuestro». «Vosotros» se refiere solamente a los discípulos.

Otro punto de importancia en estos pasajes es que Mateo en 5, 48 y 6, 32 dice «vuestro Padre celestial» por «vuestro Padre» de Lucas. Es este un ejemplo de la afición de Mateo por la forma «vuestro Padre celestial»; más tarde mostraremos más ejemplos de lo mismo.

En lo tocante a lo peculiar de Lucas tenemos los siguientes ejemplos del título de «Padre», aplicado a Dios:

«...tengo que preocuparme de las cosas de mi Padre» (2, 49).
«...porque vuestro Padre se ha complacido en daros el reino» (12, 32).
«Y yo dispongo del reino en favor vuestro, como mi Padre ha dispuesto de él en favor mío» (22, 29).
«Padre, si tú quieres, aparta de mí este cáliz» (22, 42).
«Padre, perdónalos porque no saben lo que hacen» (23, 34).
«Padre, en tus manos encomiendo mi espíritu» (23, 46).
«Pues, he aquí que os envío la promesa de mi Padre» (24, 49).

De estos siete dichos, 2, 49 pertenece a las narraciones de la infancia; 24, 49 a la de la resurrección; 23, 34 no se encuentra en los más fidedignos manuscritos. Se ha cuestionado a menudo la autenticidad de 23, 46, porque no forma parte de las palabras en la cruz, conservadas en otras narraciones de la Pasión. De los tres restantes dichos que se citan, dos provienen de las enseñanzas de Jesús y otro de la narración de Getsemaní. En tres de estos dichos Jesús se dirige a Dios como «Padre», probablemente una traducción de 'abba. Y los adjetivos pronominales en los otros dichos son «mi» y «vuestro».

En Lc 15 el punto más importante de la parábola del Hijo Pródigo es la comparación de la misericordia de Dios con la del padre, y ningún lector dejará de comparar al padre de la parábola con Dios. Sería artificial limitar el punto de comparación a la actitud bondadosa tanto de Dios como del padre del pródigo, y no extenderla al hecho de que tanto Dios como el padre también cumplen un cometido paternal.

A Dios se le da el título de «Padre» cuarenta y cuatro veces en Mateo, dieciséis o diecisiete en Lucas y cuatro en Marcos. Si los ejemplos se dividen según las fuentes indicadas por los Cuatro Documentos Hipótesis, son (como dice T. W. Manson)[12] Mc 4; Q. 8 o 9; Mt 22 o 23, posiblemente, y Lc 6. Esta estadística muestra una gran diferencia entre Mateo y los otros Evangelios sinópticos en el uso del título. La naturaleza de las pruebas da a entender que el evangelista propendía a introducir el título donde no estaba presente en la tradición original. Mateo da ocho veces el título «Padre», donde los sinópticos paralelos no lo aplican (Mt 5, 45; 6, 26; 7, 21; 10, 20. 29; 12, 50; 20, 23; 26, 29). Es posible que Jesús profiriera dos dichos semejantes con pequeñas variantes. Pero las pruebas mencionadas no pueden explicarse de esta manera, porque, sin

---

[12] *Teaching of Jesus*, p. 99.

cotejo posible, Lucas emplea el título «Padre» cuando falta en Mateo y Marcos; y Marcos no emplea el título cuando está ausente de Mateo y Lucas. A causa de esta clara tendencia a introducir el título, las veintidós constancias de «Padre» en materia peculiar de Mateo no pueden ser consideradas como prueba segura del normal uso del título por parte de Jesús.

Por otra parte, el pequeño número de ejemplos de empleo del título en Marcos y Lucas indica que la tradición es fidedigna. El testimonio de Marcos y de Lucas no implica que Jesús casi nunca llamara Padre a Dios. Ciertamente implica que el uso del título no impresionó a los discípulos de tal manera que lo recalcaran o pusieran de relieve en la tradición primitiva. Además, el uso de la palabra *'abba* por parte de Jesús resalta como un elemento permanente en la tradición. La versión del Padrenuestro dada por Lucas sugiere que Jesús enseñó a sus discípulos a dirigirse a Dios como *'abba*. Al mismo tiempo, las expresiones «Padre nuestro» y «mi Padre» se usan para hacer una clara distinción entre la relación de Jesús con Dios y la relación de los discípulos con Dios. Se da la impresión de que los hombres pueden valerse de la Paternidad de Dios a través de su calidad de discípulos de Jesús, el cual llama *'abba* a Dios.

La importancia de la Paternidad de Dios queda recogida en los escritos de Pablo, quien frecuentemente usa frases como esta: «El Dios y Padre de Nuestro Señor Jesucristo», y parecidas, como en Rom 15, 6; 2 Co 1, 3; 11, 31; Ef 1, 3; Col 1, 3. Se le llama a Dios «Padre nuestro» en 1 Co 1, 3; 8, 6; 2 Co 1, 2; Ga 1, 4; Ef 1, 2; Flp 1, 2; 4, 20; Col 1, 2; 1 Tes 1, 3; 3, 11. 13; 2 Tes 1, 1; 2, 16; Flm 3.

Aunque generalmente se le considera o como Padre de Cristo o de los creyentes cristianos, en Ef 4, 6 es descrito como «un Dios y Padre de todos, que está sobre todos, por todos y en todos». Pero esta idea no es tema dominante en los escritos de Pablo.

Lo mismo que los evangelistas, Pablo conserva el *'abba* arameo. Así, en Ga 4, 6, escribe: «Y por ser hijos envió Dios a nuestros corazones el Espíritu de su hijo que grita: ¡Abba, Padre!». Y en Rom 8, 15: «...habéis recibido el espíritu de adopción por el que clamamos: ¡Abba, Padre!».

Está de acuerdo con la versión de Lucas del Padrenuestro, al permitir a los creyentes cristianos emplear la forma familiar de dirigirse a Dios.

A Dios se le da el título de Padre dos veces en la Carta a los Hebreos: 1, 5; 12, 9. En Hb 1, 5 el escritor cita 2 Sm 7, 14, que aduce como prueba de que Dios es el Padre del Mesías. Y en 12, 9 se nos presenta a Dios como Padre de los espíritus.

Raramente se encuentra el título en las Cartas Pastorales (1 Tm 1, 2; 2 Tm 1, 2; Tt 1, 4). Se le aplica a Dios en Santiago tres veces (1, 17. 27; 3, 9), en una de las cuales (1, 17) es llamado «Padre de las luces». Se dan tres casos en 1 P (1, 2. 3. 17) y uno en 2 P (1, 17), uno en Judas (versículo 1), cinco en el Apocalipsis (1, 6; 2, 27; 3, 5. 21; 14, 1) y solamente tres en los Hechos de los Apóstoles (1, 4. 7; 2, 33).

Encontramos muy frecuentemente el título en los escritos de Juan, tanto en el Evangelio como en las cartas. De ordinario a Dios se le llama «el Padre», y puede haber algún indicio del *'Abba* arameo detrás de ello, pues el conjunto pudo ser traducido al griego con el nombre y el artículo definido. Jesús frecuentemente se refiere al Padre; en una ocasión dijeron los judíos discutiendo con Jesús: «Nosotros tenemos un solo padre, Dios» (Jn 8, 41). Jesús describe a Dios como «vuestro Padre» solamente en un dicho (Jn 20, 17): «Subo a mi Padre y Padre vuestro». La frase hace distinción entre Dios, el Padre de Jesús, y Dios, el Padre de los cristianos; una distinción que se encuentra ya en los dichos sinópticos de Jesús, confirmada por la contraposición de Juan entre Jesús, el Hijo unigénito de Dios, y sus seguidores, que son hijos de Dios.

Los testimonios aducidos manifiestan que, aunque el título «Padre» se empleó frecuentemente en tiempos precristianos, su uso, sin embargo, en el Nuevo Testamento, particularmente en los dichos de Jesús y en los escritos de Pablo y Juan, recalca que Dios es el Padre de Jesucristo. Al título se le da un sentido claramente cristiano. Raramente se hace alusión a que Él sea el Padre de todas las cosas. A menudo se nos presenta como el Padre de los creyentes cristianos. Pero se pone un énfasis característico tratándose de su paternidad con respecto a Cristo. Esto hizo posible que los cristianos pudieran concebir la relación Padre-Hijo dentro de la divinidad, y descubrir una pluralidad dentro de la unidad de Dios.

2
LA DIVINIDAD DE CRISTO

Capítulo IV

JESUCRISTO ES DIOS

El problema central de la Trinidad: la divinidad de Cristo y su relación con el Padre. Este será el tema del presente capítulo y de los seis siguientes. Trataremos primero de analizar los nombres de «Dios» y «Señor» en cuanto se relacionen con Cristo. Después aportaremos pruebas de la adoración de que fue objeto Jesús y su conexión con las divinas funciones de juicio, creación y salvación. Y seguiremos con el examen de los intentos del Nuevo Testamento para explicar las relaciones entre el Padre y el Hijo; esta será la finalidad del capítulo último de esta parte.

En el decurso de la exposición nos saldrán al paso varios de los títulos de Jesús: «Dios», «Señor», «Hijo de Dios», «Hijo del Hombre», «Sabiduría», «Palabra». En esta enumeración no aparece «Cristo» o «Ungido»; la razón es porque este título no implica que aquel a quien se le aplica sea divino. «Ungido» en el Antiguo Testamento, que se traduce al griego χριστὸς, puede referirse al rey de Israel, al Sumo Sacerdote o a un conquistador extranjero, a Ciro, por ejemplo. En tiempos posteriores se refirió también al Mesías escatológico, pero de ninguna manera connota divinidad. El uso de este título, refiriéndolo a Jesús, no suscita el problema de la Trinidad; y, por lo mismo, no es pertinente a esta cuestión. Los nombres y títulos que discutiremos serán aquellos que implican que Jesús es Dios y desempeña funciones exclusivamente divinas; o aquellos que se emplean para ilustrar la intimidad de las relaciones entre Dios, el Padre, y el Señor Jesucristo.

El primer título que nos proponemos estudiar es «Dios». Los judíos creían en un solo Dios, y esta misma fe fue mantenida por los primeros cristianos. El mismo Jesús citó las palabras de la Ley: «El Señor nuestro Dios es el único Señor» (Mc 12, 29, tomadas del Dt 6, 4). Esta afirmación, repetida por los cristianos de los tiempos del Nuevo Testamento, nunca fue puesta en tela de juicio.

Sin embargo, en varios versículos del Nuevo Testamento parece que a Jesús se le presenta como Dios. El significado de la mayor parte de estos versículos ha sido objeto de discusión. Su interpretación reviste una crucial importancia para entender la actitud de los primeros cristianos con respecto a Cristo. Cada uno de ellos será discutido detalladamente; y en una nota adicional examinaremos otros pasajes en los cuales es posible, aunque improbable, que Cristo sea llamado Dios.

LAS CARTAS PAULINAS

«...ἐξ ὧν ὁ χριστὸς τὸ κατὰ σάρκα ὁ ὢν ἐπὶ πάντων θεὸς ευλογητὸς εἰς τοὺς αἰῶνας, ἀμήν» (Rom 9, 5).

Si no hay un punto hasta el final del pasaje (ἀμήν), a Cristo se le llama Dios, y se puede traducir así:

«...de quienes procede Cristo según la carne, el cual está por encima de todas las cosas, Dios bendito por los siglos. Amén».

Si el punto está colocado después de σάρκα («carne»), o de ἐπὶ πάντων («por encima de todas las cosas»), entonces el pasaje no implica que Cristo sea Dios, y puede ser traducido de una de las siguientes maneras:

a) «...de quienes procede Cristo según la carne. Aquel que es Dios por encima de todas las cosas sea bendito por los siglos. Amén».

b) «...de quienes procede Cristo según la carne. Aquel que está por encima de todas las cosas es Dios bendito por los siglos. Amén».

c) «...de quienes procede Cristo según la carne, el cual está por encima de todas las cosas. Dios sea bendito por los siglos. Amén».

Como no hay signos de puntuación en el texto original, la traducción del pasaje no puede resolverse con argumentos de puntuación[1]. Por lo

---

[1] La mayoría de los Padres defienden la opinión de que el primer punto tiene que estar al final del pasaje. Pero la puntuación de algunos de los más antiguos manuscritos unciales ofrece una ligera prueba en favor del punto después de σάρκα («carne»). El Códice Vaticano trae dos puntos, insertados probablemente por una mano posterior; y el Código de Efraim tiene un punto en este sitio del pasaje. Para un estudio más amplio y completo véase SANDAY y HEADLAM, *Romans*, pp. 233-34.

Se hizo un intento de corrección del texto. Si ὧν ὁ fuera sustituido por ὁ ὢν, el pasaje podría traducirse: «...de quienes procede Cristo según la carne, de quienes está Dios por encima de todo, bendito por los siglos». No hay prueba alguna de manuscrito que sostenga esta enmienda, a la que no podemos considerar como acertada.

tanto, debemos examinar lo gramatical del pasaje; y ello favorece la opinión de que Cristo es llamado Dios. Tres consideraciones la apoyan.

a) Si el versículo termina con una doxología a Dios Padre, deberíamos esperar que εὐλογητός («bendito») ocupara el principio de la frase. Este es casi siempre el orden de palabras de la doxología en el griego bíblico. Solamente por una razón especial se cambiaría el orden. Pero si la doxología va dirigida a Cristo, εὐλογητός no podría colocarse al principio de la cláusula; sino que como es natural vendría más tarde[2].

Además, en los escritos de Pablo las doxologías se dirigen normalmente a alguien de quien antes se hizo mención. El nombre de Dios no aparece en Rom 9 hasta el final de versículo 5; a Cristo se le nombra varias veces. De seguirse en Rom 9, 5 el ritmo general de las doxologías paulinas, el versículo tendría que ir dirigido a alguien de quien se había hecho mención en las frases precedentes; en este caso, el único antecedente posible, Cristo[3].

b) Las palabras ὁ ὤν («que está») también presentan un problema. Si la doxología es una frase separada, la palabra ὤν estaría de más y hubiera sido suficiente decir ὁ ἐπὶ πάντων θεός («Dios por encima de todas las cosas»). La colocación de ὁ ὤν sugiere que está conectada con un antecedente. Existen ejemplos de parecidos usos relativos del artículo y el participio, que no hacen referencia a un antecedente[4], pero, como puntualizan Sanday y Headlam, «en este caso, como hay un nombre que le precede inmediatamente y a quien las palabras naturalmente habrán de referirse, como no hay señal de cambio de sujeto y no hay tampoco verbo personal en la frase siguiente, un lector corriente consideraría que las palabras ὁ ὤν ἐπὶ παντων θεός se *refieren* a lo que precede, a no ser que presenten tan gran antítesis a su mente que no pudiera referirlas a Cristo»[5].

c) Las palabras τὸ κάτα σάρκα («según la carne») parecen esperar una antítesis. Aunque la más probable antítesis sería τὸ κατὰ πνεῦμα («según

---

[2] Co 11, 31 ...ὁ ὤ εὐλογτός εἰς τοὺς αἰῶνας es un ejemplo de εὐλογητός en una colocación similar. Para una discusión de la colocación de εὐλογητός ver LAGRANGE, *Epître aux Romains*, p. 227; SANDAY y HEADLAM, *op. cit.*, p. 236; LIETZMANN, *Römerbrief*, p. 90; CULLMANN, *Christologie*, p. 321.

[3] Otros ejemplos de doxologías que se refieren a antecedentes son Rom 1, 25; Ga 1, 5. Ver también LAGRANGE, *op. cit.*, p. 227.

[4] Jn 3, 31; Rom 8, 5. 8.

[5] *Op. cit.*, pp. 235-36.

el espíritu»), hay ejemplos en que θεός es contrastada con σάρξ[6]. La frase τὸ κατὰ σάρκα no requiere estrictamente una antítesis. Como Baur ha señalado, puede defenderse que se introdujo la frase, no para contraponerla a θεός, sino para evitar hacer una concesión a los cristianos judaizantes. Cristo pertenece a los judíos, pero solamente en cuanto se refiere a la carne[7]. Sin embargo, se leería el pasaje con más naturalidad si hubiera algo así como una antítesis.

Los argumentos gramaticales sostienen la opinión de que a Cristo se le llamaba Dios. Pablo no habría de cambiar su giro, aun inconscientemente, a no ser que estuviese haciendo una declaración importante y llamativa. Pero aquellos que desean dar una interpretación rara al lenguaje no dicen que Pablo haya dicho algo importante y llamativo.

En la discusión de este versículo se ha acudido tanto a argumentos gramaticales como sicológicos. Los estudiosos juzgan que es improbable, por no decir imposible, que Pablo pudiera identificar a Jesús con Dios, porque tal identificación es inconsecuente con la línea de su pensamiento.

Un ejemplo de esta manera de razonar lo encontramos en *Christianity according to St. Paul*, de Anderson Scott. Según Anderson Scott el monoteísmo judío estaba tan profundamente arraigado en la mente de Pablo, que no hubiera podido identificar a Jesús con Dios. «Lo que nosotros creemos ver es el ser del apóstol presionado por su experiencia y urgido por su convicción hasta el punto de reconocer que Cristo es Dios, pero finalmente tratando de evitar hacer tal confesión a causa de su monoteísmo hereditario»[8]. En este terreno, Anderson Scott se opone a la opinión de que Rom 9, 5 incluya una identificación de Cristo con Dios.

Por una razón semejante Kirk rechaza la identificación: «Entendido así se trata de una declaración curiosamente cruda de una gran verdad, y muy diferente de la manera de tratar S. Pablo semejantes cuestiones profundas. Es difícil imaginar que si le hubiese gustado hablar tan claramente aquí, no hubiese obrado de la misma manera en cualquier otra parte de sus cartas, donde se le presentaron incontables oportunidades en tal sentido»[9].

---

[6] Lc 3, 6; 1 Co 1, 29; Col 3, 22; Flm 16; 2 Cr 32, 8; Sal 56, 4; Jr 17, 5; Dan 2, 11. Ver SANDAY y HEADLAM, *op. cit.*, p. 235.
[7] F. C. BAUR, *Paulus*, p. 624.
[8] *Christianity According to St. Paul*, p. 274.
[9] *Romans*, pp. 103-4.

Otros estudiosos llevan adelante argumentos parecidos[10]. La razón para insistir la da el hecho de que Pablo era un hombre de un carácter especial, educado en un medio ambiente particular, que le imposibilitaba el declarar que Cristo era Dios. Y, de haber hecho esta declaración, la hubiera repetido.

Estos argumentos no logran convencer. No estamos en situación de decir de una manera tajante lo que era sicológicamente imposible para Pablo. Ciertamente no podemos decir que fuese incapaz de contradicciones. Los trabajos que de él se han conservado son pocos en cantidad. Si uno o dos pensamientos contenidos en ellos no parecen armonizar con el resto, no deberíamos pensar enseguida que la aparente disconformidad solamente puede solucionarse encontrando una interpretación diferente en el griego. Quizá no nos hemos hecho del todo a la manera de pensar de Pablo, pues a causa de la pequeña cantidad de escritos suyos conservados hasta nosotros, tenemos limitadas oportunidades de estudiarlo. Creencias que se mencionan de una manera breve en las cartas conservadas pudieron ser expuestas con mayor extensión en los trabajos que se perdieron. Algunos pensamientos, que tuvieron gran influencia en su enseñanza privada y en su vida de piedad, han podido ser encubiertos deliberadamente en las cartas. Es bastante probable, por ejemplo, que él creyera que Cristo era Dios y que comunicara privadamente esta creencia a sus seguidores; pero que fuera remiso para darle cabida en sus cartas, a causa de no haberlo compaginado en el pensamiento con su monoteísmo judío. Otros hombres han hecho suyas creencias que no podían explicar racionalmente.

Sanday y Headlam afirman que las palabras «que es Dios sobre todas las cosas» caen bien dentro del desarrollo de pensamiento en Romanos 9: «San Pablo enumera los privilegios de Israel, y como el más alto y el último recuerda a sus lectores que fue de esta estirpe judía, después de todo, de donde procede Cristo en su naturaleza humana; y después, para ponderar esto, hace hincapié en la elevada personalidad de Aquel que vino, según la carne, como Mesías judío»[11].

Esta explicación no tiene por qué oponerse a la renuencia de Pablo a llamar a Cristo «Dios» en otras partes de sus escritos. Sanday y Headlam han mostrado cómo Rom 9, 5 puede caer bien a su contexto. Ellos no han

---

[10] Cf. BAUR, *op. cit.*, p. 624; DODD, *Romans*, p. 152.
[11] *Op. cit.*, p. 236.

demostrado cómo compaginarlo con los otros aspectos del pensamiento del apóstol. Si deseaba introducir esta clara proclamación de la divinidad de Cristo en sus cartas, ¿por qué no lo hizo más frecuentemente? ¿Por qué no desarrolla y explica la idea, en lugar de interrumpir bruscamente y pasar inmediatamente a otras cuestiones? En el capítulo noveno de la Carta a los Romanos nada más se dice de la Persona de Cristo, nada de su relación con el Padre, nada sobre su poder, nada de su tarea en la obra de la creación. Podemos suponer que Pablo presentó a Cristo como Dios en otros escritos que no se han conservado; pero la suposición de desconocidas cartas no explica la precipitación con que deja este importante testimonio de la divinidad de Cristo, sin desarrollar y sin explicar.

La clave del pasaje quizá pueda ser encontrada en las emociones de Pablo. Cuando se le presenta la ocasión de decir que «Cristo según la carne» pertenece a los judíos, podría haber procedido a hacer una declaración sobre «Cristo según el Espíritu». En lugar de seguir la esperada marcha de pensamiento, prorrumpe en una descripción de la gloria de Cristo. Se permitió apuntar aquello que, en la intensidad del culto, estaba dispuesto a decir; pero que se negaba a escribir en sus cartas. Reconocía que Jesús era θεός («Dios») y que era εὐλογητός («bendito»). Su profundo sentimiento ante el rechazo de Cristo por parte del pueblo judío le llevó a dar a Cristo los honores plenos de la divinidad. La cláusula final de Rom 9, 5 no es parte de la continuación de pensamiento en el párrafo. Es una interjección, un desahogo en oración, que el apóstol permitió que permaneciera en la carta, quizá porque, cuando repasó lo que había escrito, se dio cuenta de que lo había hecho bajo la inspiración divina.

LA CARTA A LOS HEBREOS

«Πρὸς δὲ τὸν υἱόν,
ὁ θρόνος σου ὁ θεὸς εἰς τὸν
αἰῶνα τοῦ αἰῶνος» (Hb 1, 8).

Esta es una cita de la versión de los Setenta del Sal 45, 6. Hay dos posibles traducciones:

«...pero a su Hijo le manifestó: "Tu trono, ¡oh Dios!, subsistirá por los siglos de los siglos"».

«...pero a su Hijo le manifestó: "Dios es tu trono por los siglos de los siglos"».

(O bien: «Tu trono es Dios por los siglos de los siglos»). (Sugerencia de Westcott).

El significado y el texto del hebreo han sido discutidos, pero como el autor de la Carta a los Hebreos citaba a los Setenta, estos problemas no son pertinentes a la interpretación del pasaje.

Las palabras ὁ θεός podrían ser nominativo o vocativo, ya que el nominativo de θεός normalmente hace las veces de vocativo. La traducción preferida por Westcott no expresa el sentido más natural del griego. La frase εἰς τὸν αἰῶνα τοῦ αἰῶνος («por los siglos de los siglos») se encuentra en una desmañada colocación si ὁ θεός no es vocativo: ὁ θρόνος σου εἰς τὸν αἰῶνα τοῦ αἰῶνος ὁ θεός vendría mejor para la traducción de Westcott.

Opina Peake que la objeción más seria a la primera traducción es que el uso de θεός y el artículo definido referidos a Cristo es algo totalmente único en el Nuevo Testamento[12]. Y, sin embargo, se da un buen paralelismo en Jn 20, 28, donde Tomás se dirige a Jesús como ὁ θεός μου («Dios mío»). Este es también un ejemplo del nominativo usado como vocativo.

Sugiere también Westcott que una descripción de Cristo como Dios oscurecería el pensamiento del pasaje[13], puesto que la intención del escritor es hacer hincapié en la naturaleza eterna de la potestad de Cristo, en contraposición con la mutabilidad de los ángeles. De hecho, sin embargo, la descripción de Cristo como Dios no oscurece el pensamiento del pasaje, sino que da fuerza al contraste entre Cristo y los ángeles. La traducción que implica la divinidad de Cristo es fiel al sentido más natural del griego, y se debe preferir a la de Westcott.

La idea de que Cristo es Dios no cuenta con un ulterior desarrollo en la Carta a los Hebreos. Hay indicios de que se le tributa adoración[14]; pero, aunque nos lo describen como Hijo, Sumo Sacerdote y agente en la Creación, no hay un intento mantenido por hacer una declaración de su divinidad. No es conveniente pasar por alto Hb 1, 8, aunque no parezca compaginar bien con la cristología del conjunto[15] de la carta. Una razonable explicación de su presencia es que, siendo cita de un salmo, se hizo uso de ella en el culto cristiano. Se la introdujo como

---

[12] *Hebrews*, p. 87.
[13] *Hebrews*, p. 26.
[14] Hb 1, 6, y posiblemente 13, 21.
[15] Ver F. SCHEIDWEILER en *ZNTW*, XLIX (1958) pp. 262-63.

si se tratara de algo familiar a los lectores. Esta familiaridad con ella provendría posiblemente de oírla en citas de sermones o de cantarla ellos mismos en el salmo. El escritor da por supuesto que Cristo es considerado como objeto legítimo de adoración. Y sus lectores no se sentirían sorprendidos al oír dirigirse a Cristo como a Dios; aunque pudiera resultar insólito dejar constancia de la creencia por escrito. El escritor no desarrolla su declaración. No era su intención discutir la divinidad de Cristo. Su objetivo en este versículo se concretiza en dejar establecida la superioridad de Cristo sobre los ángeles. A la divinidad de Cristo, que viene a propósito, pero no es necesaria para la exposición, se alude solamente de paso.

EL CUARTO EVANGELIO

«ἐν ἀρχῇ ἦν ὁ λόγος, καὶ λόγος ἦν πρὸς τὸν θεόν, καὶ θεὸς ἦν ὁ λόγος, οὗτος ἦν ἐν ἀρχῇ πρὸς τὸν θεόν» (Jn 1, 1-2).

«Al principio era el Verbo, y el Verbo estaba en Dios, y el Verbo era Dios. Él mismo estaba al principio en Dios».

La traducción «la Palabra —el Verbo— de Dios» sugiere que Cristo era considerado Dios. Sin embargo, se pone una objeción frecuente a esta cláusula y es que θεὸς aparece sin un artículo, y entonces es adjetivo y significa «divino». Pero, si se hubiese querido poner un adjetivo, podría haberse empleado[16] la palabra θεῖος, que aparece tres veces en el Nuevo Testamento (Hch 17, 29; 2 P 1, 3. 4).

En el Nuevo Testamento la palabra θεός se usa con o sin artículo indiscriminadamente. En el prólogo del cuarto Evangelio nunca tiene artículo, excepto en los versículos 1 y 2. En los versículos 6, 12 y 13 y 18 está sin artículo. Sin embargo, los versículos 1 y 2 presentan un problema, porque θεός sin un artículo se encuentra entre dos ejemplos de θεός con el artículo. No hay razón alguna para suponer que se haya buscado intencionalmente la contraposición. No hay artículo porque θεός es predicativo, ὁ θεός ἦν ὁ λόγος significaría «Dios era el Verbo». El evangelista quiso poner de relieve la palabra θεός. De

---

[16] Orígenes fue el primero en sugerir que θεός era adjetivo. Ver *Comm. in Joan*. 11, 3.

aquí que la pusiera al principio de la cláusula. Pero para mostrar que se trataba de un predicativo tuvo que omitir el artículo[17]. La cláusula debería traducirse: «el Verbo era Dios», mejor que «el Verbo era divino»[18].

«μονογενὴς θεὸς ὁ εἰς τόν κόλπον τοῦ πατρός, ἐκεῖνος ἐξηγήσατο» (Jn 1, 18).

«Dios unigénito, que está en el seno del Padre, ese nos lo ha dado a conocer».

No hay duda de que estas palabras identifican a Cristo con Dios. Pero se dan varias interpretaciones del texto. (ὁ) μονογενὴς θεὸς («Dios unigénito») es lo defendido por las autoridades de más peso[19] (ὁ) μονογενής υἱός («unigénito Hijo») se encuentra en el Texto Admitido —*textus receptus*—. Su más antiguo apoyo se encuentra en el Texto Occidental y también en la traducción del Antiguo Siríaco. Μονογενής («unigénito») sin un nombre se nos presenta en algunos códices de la Vulgata y en el Diatésaron.

Lagrange y Bousset se inclinan por el simple μονογενής, («unigénito»), y sostienen que los nombres fueron añadidos después[20]. Barret pretende que υἱός («Hijo») «parece ser exigido necesariamente por la cláusula siguiente para estar en conformidad con el modo de expresarse de Juan»[21]. Westcott y Hort están conformes con la forma μονογενὴς θεός («unigénito Dios»). Dicen que la sustitución de las palabras «unigénito Hijo» por «unigénito Dios» sería algo obvio, y que la sustitución inversa «es inexplicable por algún motivo achacable a los copistas»[22]. Cullmann señala que el corrector que cambió «Hijo» por «Dios» debería haber omitido la frase «en el seno del Padre»[23].

---

[17] E. C. Colwell (*JBL*, LII [1933] p. 12 y ss.) formula la regla de que «los predicados determinados nombres, que preceden al verbo, normalmente carecen de artículo». Su opinión es discutida por C. F. D. MOULE en *An Idiom Book of New Testament Greek*, p. 115 y ss.

[18] Este versículo contiene una paradoja que se extiende a través del cuarto Evangelio. Jesús es uno con el Padre y, sin embargo, el Padre es más grande que Él. El Verbo es Dios, y con todo el Verbo está con Dios. Cf. BULTMANN, *Das Ev. des Johannes*, pp. 17-19.

[19] Incluyendo el Códice Sinaítico, el Códice Vaticano, Ireneo, Clemente y Orígenes.

[20] LAGRANGE, *St. Jean, ad loc.*: BOUSSET, *Kyrios Christos*, 1.ª ed. p. 302.

[21] *The Gospel according to St. John*, p. 141.

[22] *New Testament*, 11, p. 74.

[23] *Christologie*, p. 317.

Los más fuertes argumentos están a favor de que se lea μονογενής θεός («unigénito Dios»)²⁴. En la primera de sus *Two Dissertations*, Hort ha justificado el hecho de este insólito título en el prólogo del cuarto Evangelio. Afirma que se da un cuidadoso progreso de pensamiento en el prólogo. La introducción de las palabras «unigénito Hijo» habría sido brusca, ya que el título «Hijo» no había sido mencionado previamente. Pero la palabra «unigénito» y la palabra «Dios» habían sido ya expresadas (Jn 1, 14; y Jn 1, 1). Las palabras «unigénito Dios» dan al prólogo rotundidad de forma. «Dice el primer versículo que el Verbo existía "en el principio"; el versículo 14 afirma que el Verbo, cuando se hizo Carne, fue visto con gloria como de μονογενής; el 18 muestra cómo la unión de sus dos atributos le capacitan para conectar el abismo que mantenía a la Divinidad fuera del conocimiento de los hombres»²⁵.

«ἀπεκρίθη Θωμᾶς καὶ εἶπεν αὐτῷ ὁ κύριός μου καὶ ὁ θεός μου» (Jn 20, 28).

«Respondió Tomás y dijo: "¡Señor mío y Dios mío!"».

Las palabras de Tomás van dirigidas a Cristo. Casi seguro que se trata de un caso de nominativo usado con sentido de vocativo. Teodoro de Mopsuestia opina que se trata de una acción de gracias que Tomás dirigió a Dios Padre. El contexto favorece la opinión de que esas palabras fueron dirigidas a Jesús²⁶.

Emplea Tomás los dos nombres de Dios más comúnmente usados en el Antiguo Testamento: «Dios» y «Señor», y aplica los dos a Cristo. No es necesario, como hace Bousset, buscar origen a este dicho en el deseo de la Iglesia de oponerse al culto del emperador de la segunda mitad del primer siglo²⁷. Pero es probable que el suceso fuera usado más tarde para oponerse a las exigencias de los emperadores. Su forma actual pudo haberse configurado bajo la influencia de las necesidades litúrgicas²⁸.

---

²⁴ No convence la afirmación de Burney de que el original arameo quiera decir «unigénito de Dios», como es también inverosímil que el traductor hubiera equivocado el significado. Ver M. BLACK, *Aramaic Approach to the Gospels and Acts*, 2.ª ed., p. 10.
²⁵ HORT, *Two Dissertations*, p. 15.
²⁶ Véase HOSKYNS, *Fourth Gospel*, p. 548.
²⁷ Ver BOUSSET, *op. cit.*, p. 301, y BULTMANN, *op. cit.*, p. 538, como también HOSKYNS, *op. cit.*, p. 548. Las palabras «dominus et deus noster», usadas por Domiciano (SUET., *Domit.* 13), pueden haber sublimado el significado de este pasaje.
²⁸ BARRET, *op. cit.*, p. 477.

Tomás pudo haber empleado en realidad estas palabras. Pero no es probable que el título θεός le fuera dado a Cristo inmediatamente después de la Resurrección. «Jesús es el Señor», no «Jesús es Dios», fue la más importante confesión de la Iglesia primitiva. Y sin embargo, la posibilidad de que Tomás diera plenos honores divinos a Jesús no se puede excluir del todo. Los evangelistas pudieron muy bien recoger la escena en la que Tomás hizo suya la verdad de la divinidad de Cristo «en la exaltación, de su repentina liberación de su obstinada oscuridad, hacia una fe radiante»[29].

La confesión de Tomás desempeña un papel importante en la estructura del cuarto Evangelio. El prólogo del Evangelio es una relación de la Encarnación del Verbo de Dios. «El Verbo», dice el evangelista, «era Dios» (Jn 1, 1). Más tarde, en Jn 1, 18, Jesús es llamado «el unigénito Dios». En consecuencia, el cuarto Evangelio comienza con una declaración de la divinidad de Cristo. Hasta el capítulo veinte no hay otra abierta declaración de su divinidad. Se dicen muchas cosas que implican que Él es divino; pero no es llamado Dios. Y en el capítulo veinte es cuando Tomás le llama claramente Dios. El Evangelio parece irnos conduciendo hasta esta final confesión de la divinidad de Cristo. Puesto que probablemente el capítulo veintiuno es un apéndice del Evangelio original, la relación del suceso de Tomás concluiría la versión más antigua del Evangelio. Por lo tanto, el evangelista comenzó y terminó su obra con la confesión de que Cristo era Dios.

LAS CARTAS PASTORALES

«...προσδεκόμενοι τήν μακαρίαν ἐλπίδα καί ἐπιφάνειαν τῆς δόξης τοῦ μεγάλου θεοῦ καὶ σωτῆρος ἡμῶν Ἰησοῦ Χριστοῦ» (Tt 2, 13).

Dos posibles traducciones:

«Con la bienaventurada esperanza en la venida gloriosa de nuestro gran Dios y Salvador Cristo Jesús».

O bien: «Con la bienaventurada esperanza en la venida gloriosa del gran Dios, y nuestro Salvador Jesucristo».

La cuestión crucial es el significado de τοῦ μεγάλοῦ θεοῦ καὶ σωτῆρος ἡμῶν. Si θεοῦ («Dios») y σωτῆρος («Salvador»), los dos, se refieren a

---

[29] WILLIAM TEMPLE, *Readings in St. John's Gospel*, p. 391.

Cristo, entonces en este versículo Cristo es llamado Dios y la primera traducción ha de ser preferida. La colocación de ἡμῶν («nuestro») une «Dios» y «Salvador», requiriendo la traducción «nuestro gran Dios y Salvador». Si el autor hubiese querido dejar claro que él estaba hablando de dos personas, «el gran Dios» y «nuestro Salvador», habría introducido un segundo artículo determinado delante de σωτῆρος («Salvador»)[30].

La mejor traducción es la primera, que dice que Jesucristo es «nuestro gran Dios y Salvador»[31]. Como sucede que Cristo no es llamado Dios en ninguna otra parte de las Cartas Pastorales, ¿cómo explicar la presencia de este pasaje en la carta a Tito? En primer lugar, una sola declaración en una tan corta colección como las Cartas Pastorales no debería causar sorpresa alguna. Y en segundo lugar, tanto Dios como Cristo son llamados Salvador independientemente en estas cartas. Un escritor, que pudo dar este título al Padre y al Hijo, habría sido capaz también de dar el título de «Dios» a Cristo. Tercero, la frase «gran Dios» (μέγας θεός) no solo se da en los Setenta[32], sino que parece que había sido ampliamente usada en el mundo helenístico[33]. Dibelio sugiere la posibilidad de que μέγας θεός καὶ σωτήρ («gran Dios y Salvador») sea una fórmula que los judíos de la Dispersión aplicaban a Dios, y que los cristianos transfirieron a Cristo[34]. Y cuarto: si la carta fue escrita bajo el Imperio de Trajano, como P. N. Harrison convincentemente ha defendido[35], pertenece al mismo período que las cartas de Ignacio, en las cuales frecuentemente a Cristo se le llama Dios. Estas razones son las que explican por qué Cristo sería llamado Dios en las Cartas Pastorales.

---

[30] La ausencia de un segundo artículo no se puede explicar con suponer que el autor usaba una fórmula del Credo σωτήρ Ἰησοῦς Χριστός («Jesucristo es Salvador»). No consta que estas palabras adquirieran el estatus de una fórmula, como κύριος Ἰησοῦς Χριστός («Jesucristo es Señor»). Ver PARRY, *Pastoral Epistles*, p. 81.

[31] En su *Epistle of James*, Hort es partidario de la traducción: «...Con la bienaventurada esperanza y la aparición de la gloria de nuestro gran Dios y Salvador, cuya gloria es Cristo Jesús». Pero el orden de las palabras favorece el punto de vista de los que hacen referir la palabra «Dios» a Cristo, y dicen que el título de «Salvador» ya se había aplicado a Cristo en Tit 1, 4.

[32] E. g. Dt 10, 17; Sal 85, 10; Is 26, 4; Jr 39, 19; Dan 2, 45.

[33] Ver GRUNDMANN en *TWNT*, IV, p. 546, y DEISSMANN en *Light from the Ancient East*, p. 269, n. 3.

[34] M. DIBELIUS, *Pastoralbriefe*, p. 92.

[35] P. N. HARRISON, *The Problem of the Pastoral Epistles*.

LA CARTA SEGUNDA DE PEDRO

«...ἐν δικαιοσύνῃ τοῦ θεοῦ ἡμῶν καὶ σωτῆρος Ἰησοῦ» (2 P 1, 1).

Se dan dos posibles traducciones[36]:

«...por la justicia de nuestro Dios y Salvador Jesucristo»,
«...por la justicia de nuestro Dios y el Salvador Jesucristo».

La fórmula es casi la misma que en Tt 2, 13. Y, como en Tt 2, 13, solamente hay un artículo determinado uniendo los dos títulos: «Dios» y «Salvador». El significado claro del texto es «...por la justicia de nuestro Dios y Salvador Jesucristo»[37], y la presencia de esta presentación de Cristo en una carta, que casi seguro pertenece al segundo siglo, no necesita explicación.

En este examen de las pruebas se ha sostenido que hay siete pasajes en el Nuevo Testamento en los cuales Jesucristo es llamado Dios. Son los siguientes:

«...de quienes según la carne procede Cristo, que está por encima de todas las cosas, Dios bendito por los siglos. Amén» (Rom 9, 5).

«...pero del Hijo: "Tu trono, oh Dios, subsistirá por los siglos de los siglos"» (Hb 1, 8).

«Al principio era el Verbo, y el Verbo estaba en Dios, y el Verbo era Dios. Él estaba al principio en Dios» (Jn 1, 1-2).

«El Dios unigénito, que está en el seno del Padre, ese nos lo ha dado a conocer» (Jn 1, 18).

«Respondió Tomás y dijo: "¡Señor mío y Dios mío!"» (Jn 20, 28).

«...con la bienaventurada esperanza en la venida gloriosa del gran Dios y Salvador nuestro, Jesucristo» (Tt 2, 13).

«...por la justicia de nuestro Dios y Salvador Jesucristo» (2 P 1, 1).

---

[36] Aunque la referencia a Dios ha sido omitida por algunas de las versiones y por la uncial P, la integridad del texto no ha sido cuestionada seriamente.

[37] Mientras que en Tit 2, 13 ἡμῶν sigue a σωτῆρος en 2 P 1, 1 sigue a θεοῦ. Pero esto no quiere decir que en 2 P 1, 1 «Dios» y «Salvador» se refieran a diferentes personas. Más tarde en el mismo capítulo (2 P 1, 11) viene una frase similar: τοῦ κυρίου ἡμῶν καὶ σωτῆρος Ἰησοῦ Χριστοῦ, en la que ambos títulos se refieren claramente a Cristo.

Aunque la interpretación de la mayor parte de estos pasajes ha sido tratada seriamente[38], los argumentos lingüísticos apoyan el punto de vista de que en cada uno de ellos Jesucristo es llamado Dios. Los pasajes son lo suficientemente numerosos como para descargar la perplejidad de esos críticos que son incapaces de aceptar un ejemplo, cuando parece ser el único en el Nuevo Testamento. Ellos no querrán subestimar un ejemplo, que va acompañado de otros seis, tan fácilmente como uno que se irguiera solitario.

Al comienzo del segundo siglo hay ya una gran variedad de pruebas extracanónicas de que Jesús era llamado Dios. En la Didajé 10, 6, las palabras ὡσαννά τῷ θεῷ Δαβίδ («Hosanna al Dios de David») van dirigidas a Cristo. Plinio escribe en una de sus cartas (Carta X, 96, 7) que los cristianos acostumbraban a «cantar un himno a Cristo como Dios» («Carmen Christo quasi deo dicere»).

Ignacio frecuentemente le llama Dios[39]. Esta forma de hablar, este modo de descripción, no es probable que irrumpiera de golpe en la existencia cristiana al comienzo del segundo siglo. La posibilidad de ejemplos anteriores del uso no es sorprendente. Su escasez, no su existencia, es motivo de sorpresa. Habría que suponer que Jesús era llamado Dios antes del tiempo de Plinio y de Ignacio, puesto que ambos escritores dan pie para pensar que este modo de hablar es perfectamente natural. Por cierto que se podía haber esperado que el predicativo θεός se le aplicara a Jesús mucho más frecuentemente en las páginas del Nuevo Testamento.

Ahora nos proponemos explicar por qué se hacen estas alusiones en el Nuevo Testamento y por qué son tan cortas en número. Hay una característica importante que algunas de ellas —quizás todas— poseen en común: sus antecedentes litúrgicos. Romanos 9, 5 es una corta tributación de plegaria a Cristo. Su vocabulario es el típico de una doxología (εὐλογητός εἰς αἰῶνας, ἐπί πάντων).

Se ha insinuado la idea de que Pablo escribió estas palabras bajo la influencia de una profunda emoción. Son una expresión de sus recónditos pensamientos, más que parte integral del argumento. Es posible que escribiera palabras que acostumbraba a usar en su oración privada; o que citara una doxología, usada en el culto público.

---

[38] Por ejemplo, Bultmann en *Essays Philosophical and Theological*, p. 276, dice que Jn 20, 28 es el único caso seguro en el Nuevo Testamento en el que se le aplica el título de «Dios» a Jesucristo.

[39] Cf. Ef 1, 1; 15, 3; 18, 2; 19, 3; Sm 1, 1; Tr 7. 1.

Hebreos 1, 8 es una cita de un salmo. El autor da por supuesto que las palabras son perfectamente conocidas por sus lectores, que aceptarán de buena gana la alusión a Cristo. El salmo, al menos en parte, debió usarse en la liturgia cristiana; a los cristianos va dirigida la carta. En sus actos de culto cantaban: «Tu trono, oh Dios, es para siempre». La fe en la divinidad de Cristo no es la clave de la cristología de la Carta a los Hebreos. El autor está preocupado principalmente en exponer el concepto del Sumo Sacerdocio de Cristo y su Filiación única. La alusión a la divinidad de Cristo en 1, 8 no forma parte integral de la teología de la carta. Ella suministra, sin embargo, una valiosa prueba sobre el fundamento litúrgico del cristianismo primitivo. Aunque el escritor no incluya la divinidad de Cristo dentro del esquema de pensamiento que presenta en la carta, el uso que hace de esta cita del salmo 45 muestra que él mismo, y la Iglesia a la que se dirigía su escrito, estaba dispuesto a reconocer en su culto religioso que Jesús era Dios.

En las Cartas a los Romanos y a los Hebreos el reconocimiento de la divinidad de Cristo no es tampoco parte integrante del pensamiento, pero proporciona una clave del fundamento litúrgico. Pero, sin embargo, alusiones de Juan a Jesús como Dios son esenciales al pensamiento del escritor. El prólogo comienza con la declaración de que el Verbo era Dios, para terminar con la descripción del Verbo Encarnado como «Unigénito Dios». La más antigua edición del Evangelio termina con el suceso de la confesión de Tomás de que Jesús era su Dios y su Señor. Los evangelistas presuponen que el creyente cristiano es capaz de percibir que el Cristo Resucitado es Dios. La presencia de estos pasajes al principio y al final del Evangelio prueba que no son meramente alusiones de paso que han sido introducidas casualmente. Su colocación en el Evangelio está planeada deliberadamente.

No son estos los únicos pasajes importantes para una buena comprensión de la teología del cuarto Evangelio. Por lo menos uno de ellos (Jn 20, 28) parece haber sido usado litúrgicamente[40]. La estructura de la perícopa en que está incluida la confesión: «Mi Señor y mi Dios» (Jn 20, 19-29) sugiere que el pasaje puede haber tenido un origen litúrgico. C. K. Barrett defiende que existe una considerable abundancia de pruebas para esta opinión: «Los discípulos se juntan el Día del Señor; se da la

---

[40] También el prólogo, según se ha sostenido, se redactó en forma poética. Pero debió haber sido revisado antes de incluirlo en el Evangelio. Las partes del prólogo que describen a Cristo como Dios son teológicas más bien que litúrgicas.

bendición: Εἰρήνη ὑμῖν. El Espíritu Santo desciende sobre los adoradores, y se pronuncian las palabras de absolución (cf. v. 23). El mismo Cristo se hace presente (esto sugeriría la Eucaristía y la pronunciada Palabra de Dios) llevando las señales de su Pasión; se le reconoce como Señor y Dios»[41]. Los argumentos de Barrett tienen un apoyo en el uso frecuente de la fórmula κύριος καὶ θεός («Señor y Dios») en el Antiguo Testamento griego y en la literatura e inscripciones paganas. Y si la fórmula era conocida tan perfectamente, los cristianos pudieron adoptarla con toda facilidad para su culto.

Las alusiones a Cristo como Dios en Tito y en 2 Pedro pudieron también haber tenido su origen en la liturgia. En un tiempo en que Ignacio describía con frecuencia a Cristo como Dios, estas formas de invocación y de confesión probablemente eran ya empleadas en muchas Iglesias[42].

Las pruebas recogidas favorecen la opinión de que Jesucristo fue llamado Dios en el culto cristiano durante los tiempos del Nuevo Testamento. Pudiera ser que no siempre se le invocara en estos términos en cada una de las Iglesias de la cristiandad, pero tuvieron este honor las Iglesias unidas a Pablo, a los autores del cuarto Evangelio, de Hebreos, de las Cartas Pastorales y de la 2 Pedro. Los escritores del Nuevo Testamento parecen haberse mostrado renuentes a dejar constancia por escrito de su fe en la divinidad de Jesús. La renuencia de Pablo y del autor de la Carta a los Hebreos pudiera haber tenido como causa su incapacidad para explicar cómo podía conjugarse esta confesión con el monoteísmo judío al que ellos continuaban adscritos. Su fe dejaba atrás su razón y eran capaces de dar alegre expresión a una fe que no podían explicar. Pero cada uno de estos escritores, en alguna ocasión, se permitió expresar esta creencia, fuertemente enraizada, y darle cabida en el texto de un lenguaje epistolar que, normalmente, se limitaba al culto público y privado.

El autor del cuarto Evangelio vinculó esta creencia a su pensamiento. El Verbo, encarnado en Jesucristo, era Dios. Después de la Resurrección, los discípulos de Jesús eran capaces de percibir la divinidad al mirar al Señor resucitado. Como Pablo y como el autor de Hebreos, el evangelista estaba en contacto con la tradición litúrgica en la cual Jesús era saludado como Señor y Dios. Quizá, al colocar la confesión de Tomás al final del Evangelio, él sugería que solamente en el momento de la ado-

---

[41] *Op. cit.*, p. 477.
[42] Ver Dibelius, *op. cit.*, p. 92.

ración los hombres son capaces de comprender que Jesús es Dios. Como Tomás, solamente cuando se postraron con reverencia y fe ante su resucitada majestad, pudieron conocer quién era Él.

NOTA:

*Pasajes que aportan pruebas
de dudoso valor*

Hay también distintos pasajes en los cuales podría afirmarse que Cristo es llamado Dios, pero cuyos argumentos no son convincentes.

1. «...κατὰ τὴν χάριν τοῦ θεοῦ ἡμῶν καὶ κυρίου Ἰησοῦ Χριστοῦ» (2 Tes 1, 12).

Son dos las posibles maneras de traducirla:

«...según la gracia de nuestro Dios y Señor Jesucristo».
«...según la gracia de nuestro Dios y el Señor Jesucristo».

La mayoría de los traductores y comentaristas prefieren la segunda traducción. La principal razón a su favor es que la frase κύριος Ἰησοῦς Χριστός sale al paso con tanta frecuencia en las cartas de Pablo que sería normal introducirla, aun en este contexto, sin un artículo determinado. Realmente, κύριος Ἰησοῦς Χριστός parece haber sido una de las creencias cristianas más antiguas[43].

Otros dos factores podrían apoyar la segunda traducción. Primero, la colocación de la palabra ἡμῶν unida a θεοῦ parece dar a entender que θεοῦ y κυρίου no se refieren a la misma persona[44]. Este no es un argumento abrumador, definitivo, puesto que en 2 P 1, 11, y en 3, 18 (τοῦ κυρίου ἡμῶν καὶ σωτῆρος Ἰησοῦ Χριστοῦ), las palabras κυρίου y σωτῆρος se refieren ambas a Jesucristo a pesar de la presencia de ἡμῶν después de κυρίου.

Segundo, dice Frame que la frase ὁ θεὸς ἡμῶν más bien que θεὸς πατὴρ ἡμῶν es característica de las Cartas a los Tesalonicenses[45]. Esto explicaría

---

[43] CULLMANN, *Earliest Christian Confessions*, p. 41.
[44] Este punto es tenido muy en cuenta por STAUFFER en *TWNT*,111, p. 106 (n. 265).
[45] *Thessalonians*, p. 242.

por qué Pablo une dos títulos, uno de los cuales tiene el artículo y otro carece de él. La frase θεὸς ἡμῶν sin artículo se encuentra también en las Cartas a los Tesalonicenses[46], pero los ejemplos con artículo sobrepasan en número fácilmente a esta cita solitaria[47]. A causa de la frecuencia de la frase ὁ θεὸς ἡμῶν en las Cartas a los Tesalonicenses y, sobre todo, porque κύριος Ἰησοῦς Χριστός era una fórmula del Credo, la segunda traducción, en la que a Jesucristo no se le llama Dios, debe ser preferida.

2. «...εἰς ἐπίγνωσιν τοῦ μυστηρίου τοῦ Θεοῦ Χριστοῦ» (Col 2, 2).

Estas palabras podrían ser traducidas así: «...y conozcan el misterio de Dios Cristo». Pero la mejor traducción es esta: «...y conozcan el misterio de Dios, unido a Cristo». Pablo quiere decir que Cristo es el misterio de Dios, no que Él es Dios. Y una cláusula en el versículo 3, «en quien se hallan escondidos todos los tesoros de la sabiduría y de la ciencia», explica cómo es Él el misterio de Dios.

3. «αὕτη δέ ἐστιν ἡ αἰώνος ζωή, ἵνα γινώσκωσιν σὲ τὸν μόνον ἀληθινόν θεὸν καὶ ὅν ἀπεστειλας, Ἰησοῦν Χρίστον» (Jn 17, 3).

Sugiere Bousset que este párrafo debiera ser traducido de tal modo que diera a entender que Jesús es Dios[48]:

«Y esta es la vida eterna, que te conozcan a ti como el único Dios verdadero, y a Jesucristo, a quien enviaste, como el único Dios verdadero».

Para hacer aceptable la traducción de Bousset, la frase τὸν μόνον ἀληθινόν θεὸν tendría que ser colocada al final del período. La única traducción satisfactoria del versículo es la que trata a Dios y a Jesucristo como personas separadas:

«Y esta es la vida eterna, que te conozcan a Ti, único Dios verdadero, y a quien enviaste, Jesucristo».

4. «οἴδαμεν δέ ὅτι ὁ υἱός τοῦ θεοῦ ἥκει, καὶ δέδωκεν ἡμῖν διάνοιαν ἵνα γινώσκομεν τὸν ἀληθινόν καὶ ἐσμέν ἐν τῷ ἀληθινῷ ἐν τῷ υἱῷ αὐτοῦ Ἰησοῦ Χριστῷ, οὗτός ἐστιν ὁ ἀληθινὸς θεὸς καὶ ζωὴ αἰώνιος» (1 Jn 5, 20).

---

[46] 2 Tes 1, 1.
[47] 1 Tes 1, 3; 2, 2; 3, 9. 11. 13; 2 Tes 1, 11. 12; 2, 16.
[48] BOUSSET, *Kyrios Christos*, 1.ª ed., p. 301.

La *Revised Version* traduce así:

«Y sabemos que el Hijo de Dios vino y nos dio inteligencia para que conozcamos al que es Verdadero, y nosotros estamos en Él, que es Verdadero, y también en su Hijo Jesucristo. Él es el verdadero Dios y la vida eterna»[49].

Algunos estudiosos piensan que οὗτος («este») se refiere a Cristo[50]. En este caso Jesús sería «el Dios verdadero y la vida eterna». Esta opinión se apoya en la descripción de Jesús como «la Vida», que aparece en Jn 11, 25 y en Jn 14, 6.

Por otra parte, Dodd cree que en la última cláusula el escritor está recapitulando todo lo que ha estado diciendo sobre Dios en la carta. οὗτος se refiere, no a las palabras que le preceden inmediatamente, sino a las enseñanzas sobre Dios a través de toda la carta[51].

Hay, sin embargo, una más natural interpretación. οὗτος se refiere a τῷ ἀληθινῷ («al que es verdadero»), ἐν τῷ υἱῷ no se opone a ἐν τῷ ἀληθινῷ sino que limita el conjunto de la cláusula. «Estando en su Hijo Jesucristo» es la condición con la que somos capaces de conocer y de estar en el Verdadero, que es Dios. En este versículo, por lo tanto, a Jesús no se le llama Dios. El versículo debería traducirse:

«Y sabemos que el Hijo de Dios vino y nos dio inteligencia para que conozcamos al que es verdadero, y nosotros estamos en el Verdadero, estando en su Hijo Jesucristo. Él es el verdadero Dios y la vida eterna».

5. «‹Ἰάκωβος θεοῦ καὶ κυρίου ‹Ἰησοῦ Χριστοῦ δοῦλος» (St 1, 1).

De dos formas podemos traducir estas palabras:

«Santiago, siervo de Dios y del Señor Jesucristo».
«Santiago, siervo del Dios y Señor Jesucristo».

Lingüísticamente se pueden defender ambas traducciones. Pero puesto que el autor habla poco de Cristo en la carta, no hay una sólida prueba a favor de la traducción que dice que Jesús es Dios. Es posible que Cristo sea descrito como la gloria divina en St 2. 1, pero no contamos con una

---

[49] Hay diversas variantes del texto, que se proponen facilitar la interpretación del versículo, pero se puede prescindir de ellas.
[50] BOUSSET, *op. cit.*, pp. 301-2. WINDISCH-PREISKER, *Katholische Briefe*, p. 135. CULLMANN, *Christologie*, p. 318.
[51] C. H. DODD, *The Johannine Epistles*, p. 140.

prueba suficiente que avale el uso de este versículo como apoyo para la creencia de que los cristianos del Nuevo Testamento llamaron Dios a Jesús.

6. «καὶ καλέσουσιν τό ὄνομα αὐτοῦ Ἐμμανουήλ, ὅ ἐστιν μεθερμηνευόμενον μεθ'ἡμῶν ὁ θεός» (Mt 1, 23).

Dos formas de traducirlo:

«Y le pondrán por nombre Emmanuel; que quiere decir "Dios con nosotros"».

«Y le pondrán por nombre Emmanuel; que quiere decir "Dios está con nosotros"».

El griego μεθ'ἡμῶν ὁ θεός es una traducción literal del hebreo *'immanu 'el* (Is 7, 14), que lo mismo puede significar «Dios con nosotros», que «Dios está con nosotros». El orden de las palabras en griego da a entender que «con nosotros» es adverbial y que la frase quiere decir «Dios está con nosotros». Pero a Mateo le interesaba mucho más dar una traducción literal del hebreo que evitar la ambigüedad. No se sabe si quiere decir «Dios con nosotros» o «Dios está con nosotros». Quizá ni él mismo estaba seguro.

La traducción «Dios con nosotros» implica que Jesús es Dios. La traducción «Dios está con nosotros» puede no significar otra cosa, sin embargo, sino que la venida de Jesús es un ejemplo de la actividad de Dios entre los hombres. A causa de su ambigüedad este pasaje no puede aducirse como prueba de que Jesús fuera llamado Dios.

7. «Τῷ δε βασιλεῖ τῶν αἰώνων, ἀφθάρτῳ ἀοράτῳ μόνῳ θεῷ, τιμή καὶ δόξα εἰς τούς αἰώνας τῶν αἰώνων ἀμήν» (1 Tm 1, 17).

«Al Rey de los siglos, inmortal, invisible, único Dios, sea el honor y la gloria por los siglos de los siglos, amén».

C. C. Oke afirma que se trata de una doxología dirigida a Cristo. Señala que θεῷ no tiene artículo determinado en este versículo, y que θεός sin artículo en Jn 1, 1 se refiere a Cristo. Dice que en 1 Tm 1, 17, θεῷ es adjetivo y en lugar de «el único Dios» lo traduce «el único divino». Su argumento no logra convencer.

Primeramente, la palabra θεῖος significa «divino» y pudo haberse usado en lugar de θεός si el escritor hubiera intentado usar un adjetivo.

En segundo lugar, la doxología de 1 Tm 6, 15 y siguientes, en los cuales se emplea el mismo lenguaje, va dirigida a Dios Padre.

Por último, el mismo lenguaje del pasaje sugiere que el Rey en 1 Tm 1, 17 se distingue de Jesucristo en 1 Tm 1, 16.

Con toda probabilidad, entonces, esta doxología se dirige a Dios y no a Cristo[52].

---

[52] Hay tres pasajes cuyas discutidas lecturas implicarían que Jesús es Dios.
1. «ὃ δέ νῦν ζῶ ἐν σαρκί, ἐν πίστει ζῶ τῇ τοῦ υἱοῦ τοῦ θεοῦ ἀγαπήσαντός με καὶ παραδόντος ἑαυτόν ὑπέρ ἐμοῦ» (Ga 2, 20).
«Y esta vida que ahora vivo en la carne, vivo en la fe del Hijo de Dios, que me amó y se entregó por mí».
Diversas autoridades, incluyendo el Papiro de Chester-Beatty, el Vaticano, el Claramontano y la mayor parte de las traducciones del Latín Antiguo apoyan la lectura τοῦ θεοῦ καὶ χριστοῦ en lugar de τοῦ υἱοῦ τοῦ θεοῦ. Son posibles dos traducciones: «Dios y Cristo», indicando que los dos están separados; y «el Dios y Cristo», indicando que los dos son uno.
Es más probable que τοῦ θεοῦ καὶ χριστοῦ fuera sustituido por τοῦ υἱοῦ τοῦ θεοῦ que el que se siguiera el proceso opuesto. Y, a pesar del fuerte apoyo del texto, la diversa lectura ha de ser desechada.
2. «ὅς ἐφανερώθη ἐν σάρκι, ἐδικαιώθη ἐν πνεύματι» (1 Tm 3, 16).
«Aquel que se ha manifestado en la carne, justificado en el Espíritu».
Hay una variante en la lectura θεός por ὅς. Pero esta variante es casi seguro una interpretación posterior. El apoyo del manuscrito no es fuerte (ver Westcott y Hort, *New Testament*, 11, pp. 132-34).
3 «...ποιμαίνειν τὴν ἐκκλησίαν τοῦ θεοῦ, ἣν περιεποιήσατο διὰ τοῦ αἵματος τοῦ ἰδίου» (Hch 20, 28).
«...para apacentar la Iglesia de Dios, que Él adquirió con su propia sangre (o la sangre de sí mismo)».
Existe una variante κυρίου por θεοῦ y la sostiene fuertemente el texto «Occidental». Pero θεοῦ tiene un muy fuerte apoyo de manuscritos, incluyendo el Sinaítico y el Vaticano. La lectura κυρίου καὶ θεοῦ es, naturalmente, conflictiva. Hay otras diversas lecturas con una base muy pobre (ver Ropes, *Beginnings of Christianity*, 111, pp. 197-99; y Westcott y Hort, *New Testament*, 11, pp. 98-100).
En favor de κυρίου se ha argumentado que la expresión «Iglesia del Señor» es inusitada y en consecuencia tiene muchas garantías de ser auténtica. Pero, aunque inusitada, no es forzada. Si bien es concebible que θεοῦ fuera sustituida en provecho del Patripasianismo, es más probable que κυρίου fuera sustituido por θεοῦ para preservar el texto de herejía. Además, el testimonio del manuscrito favorece a θεοῦ.
Si aceptamos la lectura θεοῦ, ¿significa el versículo que Dios compró la Iglesia con su propia sangre? Es difícil de imaginar que la divinidad de Cristo hubiera sido expuesta de una tan ruda manera. Dos explicaciones pueden ayudar a solucionar la dificultad. J. H. Moulton (*Prolegomena*, p. 90 y ss.) piensa que ἴδιος puede haber sido un título de Cristo y traduce así: «Por la sangre de sí mismo». Hort insinúa que el texto original pudo haber sido τοῦ ἰδίου υἱοῦ. A su vez, es posible que Cristo sea entendido como el sujeto del verbo «adquirió» sin que de hecho se le mencionara. De todas formas, este versículo no puede ser citado como prueba de que Jesús fuera llamado Dios.

Capítulo V
JESUCRISTO ES SEÑOR

En el Nuevo Testamento se da el título de «Señor» tanto a Dios Padre como a Jesucristo. En la predicación, en la plegaria y en la confesión doctrinal Jesús fue invocado como «Señor»; y desde el primer siglo hasta hoy día se le ha venido aplicando el título a Cristo con gran frecuencia a través de toda la cristiandad. Durante los últimos setenta años se ha dedicado una enorme cantidad de literatura a la historia del mismo. La controversia sobre su origen y significado ha ocupado las energías de muchos estudiosos. En Gran Bretaña se tiende a aceptar la opinión tradicional; es decir, que el título se le dio ya a Jesús durante su vida en la tierra o durante los primeros años de la existencia de la Iglesia en Palestina. Fácilmente se da por sentado que los conservadores han demostrado lo que se proponían. Y, sin embargo, la opinión radical, de que el título fue usado primeramente en círculos helenísticos, continúa teniendo influyentes defensores[1].

A causa del tratamiento exhaustivo dado al asunto, no es necesario detenerse en todos los detalles del problema. Intentaremos indicar las dificultades que hasta aquí han impedido y quizá sigan obstaculizando una solución satisfactoria. El error de los líderes de los dos campos de la controversia ha sido la facilidad con que se imaginaron que ellos habían abierto por fin la puerta de la verdad. Ciertamente habían abierto puertas, ya que hicieron importantes descubrimientos. Examinaron una gran cantidad de pruebas, iluminaron la historia del cristianismo y de muchas otras religiones. Pero no proyectaron mucha luz en el ámbito de la historia que se extiende entre el término del ministerio de Jesús y el comienzo del ministerio de Pablo.

---

[1] E. g. BULTMANN en *Theology of the New Testament*, 1, pp. 121-28.

El más importante problema es la historia del origen del título y su uso en el cristianismo primitivo. ¿Se le dio el título a Jesús primeramente en la comunidad de habla aramea de Palestina, que tenía su centro en Jerusalén, o en la comunidad bilingüe de Siria, cuyo cuartel general se encontraba en Antioquía? ¿Adquiriría el título su significado cristiano bajo la influencia de la tradición hebrea o de las religiones mistéricas helenísticas y orientales? Como preludio a lo más importante de la discusión, examinaremos brevemente los diferentes modos en que se usó en el mundo antiguo. La palabra «Señor» tiene una gran flexibilidad de significado y ello explica su importancia para la Iglesia, puesto que en los círculos judíos podía llevar a la idea de la divinidad de Cristo sin una abierta negación de la atesorada doctrina del monoteísmo.

Primeramente, la palabra κύριος («Señor») fue usada con sentido *posesivo* en el griego, tanto clásico como helenístico, con la idea de «tener poder sobre». Se usó también como nombre significando «poseedor». En este sentido, la palabra podía referirse al dueño de una casa o al propietario de una viña. También podía describir al amo en contraposición a sus siervos[2]. La palabra correspondiente hebrea 'adon podía usarse para describir al propietario de una casa (v. gr., Ex 21, 15). En arameo, *mar* y *rab* se aplicaban a los amos humanos. *Mar* es el título más próximo a κύριος. Se refiere al hombre que posee o tiene algo. Dalman cita pasajes en que a un hombre se le llama «señor» de esclavos y también «señor» de una perla o de una deuda[3].

Un segundo uso de la palabra «Señor» era el *cortés*. El vocativo griego κύριε era frecuentemente el equivalente del inglés «sir», presuponiendo respeto sin especial reverencia[4]. El hebreo 'adoni se usaba de un modo semejante. Por ejemplo, describe a un marido (Gn 18, 12) o a un profeta (1 Re 18, 7). El arameo *man* («mi señor») y *maran* («nuestro señor») pudieron tener también este significado cortés[5], y existen pruebas en los Evangelios de que el término se aplicaba en sentido cortés a Jesús y a sus apóstoles[6].

---

[2] Ver W. Bauer, *Wörterbuch zum Neuen Testament*, p. 270.

[3] Dalman, *Words of Jesus*, p. 325.

[4] E. Von Dobschütz, en *ZNTW*, XXX, pp. 108-9. A. Deissmann, *Light from the Ancient East*, p. 179, cita una carta del segundo siglo d. C., en la cual un soldado egipcio saluda a su padre como κύριε; ver Epicteto, Dis. 11.15.15, y Séneca, Ep. 111. 1., que dice que los extranjeros son saludados como «señor». Ver Moulton y Milligan, *Vocabulary of the New Testament*, p. 365.

[5] Dalman, *op. cit.*, p. 325. En los LXX el vocativo κύριε se usa para dirigirse a Labán (Gn 31, 35) y Moisés (Nm 11, 28).

[6] V. G. Mt 8, 2. 6. 8; Lc 5, 12; 7, 6; Jn 12, 21.

El título de «Señor» tuvo, en tercer lugar, un uso *cortesano*, aplicándose entonces a reyes, príncipes y gobernadores[7]. Κύριος o *dominus* era un título preferido por los emperadores romanos[8], y a los reyes hebreos se les trataba de '*adoni*[9]. El equivalente inglés es «my Lord» («mi Señor») o «your Majesty» («vuestra Majestad»). Pero la antigua actitud ante los reyes era distinta a la moderna. En las sociedades que oficialmente profesaban el politeísmo la gente no encontraba dificultad en dar culto a sus reyes. El título «Señor», cuando se le aplicaba a un rey, tenía un contenido mucho más religioso que el inglés «Majesty» o «Lord».

Un cuarto empleo era *religioso*. Cuando se otorgaba el título a un rey entraba, como hemos visto, dentro de la esfera de lo religioso. Pero el contenido religioso se encontraba principalmente en la adjudicación del mismo a los dioses y a los héroes[10], así como a las deidades cúlticas de las religiones mistéricas[11]. En este sentido empleaba «Señor» el Medio Oriente. Aparecía en el culto a Baal de Canaán y Siria, en la religión de Attis y Adonis, en la religión egipcia y en los cultos locales de Arabia[12].

El título '*adonai* («Señor») llegó a ser en el judaísmo el sustituto del nombre divino en la lectura de las Escrituras; los Setenta usaron κύριος como equivalente griego.

Hemos expuesto cuatro empleos diferentes de la palabra «Señor»; el posesivo, el cortés, el cortesano y el religioso. Solamente hemos enumerado algunas clases, pero dan idea de la flexibilidad del título. El aspecto de su significado religioso será el tema fundamental de las siguientes páginas.

Aunque κύριος y sus equivalentes latinos y semíticos fueron empleados durante muchos siglos antes del nacimiento de Cristo, la mayor parte de las pruebas de su uso como título no van más allá del primer siglo a. C., que es lo suficientemente temprano como para darnos una idea del modo de emplearlos en los tiempos del Nuevo Testamento.

---

[7] Jdt 2, 14; Mt 27, 63; Act 25, 26, etc.
[8] Plinio, *Ep.* X. 26; Filón, *In Flacum*, 36 y ss.
[9] V. g. 1 Sm 22, 12.
[10] W. Foerster, en *TWNT*, 111, pp. 1045-56.
[11] Foerster, *op. cit.*, p. 1049.
[12] Ver D. Nielsen, *Der Dreieinige Gott in religionshistorischer Beleuchtung*, 1, pp. 93-103, 108 y Baudissin, *Kirios*, 11, p. 258.

Κύριε tenía un sentido cortés en griego, y κύριος aparece a menudo con un genitivo calificativo; pero no hay un ejemplo vivo del κύριος absoluto antes del primer siglo a. C.[13]. El más temprano testimonio conservado del uso absoluto proviene de Egipto. Se llama κύριος al dios Soknopaios y κύρια[14] a la diosa Isis. De Egipto nos viene también el testimonio de la aplicación de κύριος en el primer siglo a. C. a Tolomeo XIII. Al darle el título a Tolomeo, se le unía la idea de divinidad, porque se le trataba como «Señor Rey Dios»[15]. Una o dos generaciones más tarde describían en Egipto al emperador Augusto como «Dios y Señor Emperador». Durante los reinados de Nerón y Domiciano se aplicaron tales formas aún más ampliamente. En este contexto, el título irá unido al sentido de divinidad. Se había empleado ya para calificar a dioses y héroes cúlticos. Se asoció en ese momento al culto del emperador. A pesar de la ordinaria aparición de θεός en compañía de κύριος, Foerster ha sostenido que κύριος no se refería a la divinidad del César[16]. Afirma que no hay pruebas para defender que el título en sí mismo expresara divinidad. Semejante discusión tiene mucho de quisquillosa. Si κύριος era usado regularmente en unión de θεός y ya era reconocido en Oriente como un título cúltico de deidad, en el ámbito de la corte y de los templos conduciría a la idea de la divinidad del Emperador[17].

También los sirios emplearon el título κύριος en este sentido al comienzo del primer siglo d. C.[18]. Es probable que el título tuviera en este país una larga historia. En el Antiguo Testamento tropezamos con el Real cananita, y un título semejante aplicaban en Siria[19]. Pero no podemos estar seguros de que el título tuviera una fuerte influencia en la religión popular al comienzo de la era cristiana. El empleo más llamativo de la palabra κύριος lo encontramos en los Setenta, donde, según von Dobschütz, aparece 8.400 veces. De ellas solo 400 veces se refiere a seres humanos, y a Dios las 8.000 restantes. De estas 8.000, 6.700 son sustitutivas del tetragrama Y-H-W-H. Los cristianos educados en los

---

[13] FOERSTER, *op. cit.*, p. 1048.
[14] *Ibid.*, p. 1048. Entre otras inscripciones tomamos nota de esta: τῷ θεῷ καικυριῳ Σοκνοπαίῳ (Ditt. Or. 655, 24 A. C.) y προσκυνήσας τὴν κυρίαν θεὰν Ἴσιν (CIG 4936, 81 A. C.).
[15] *Ibid.*, p. 1048.
[16] FOERSTER, *op. cit.*, pp. 1054-56.
[17] O. CULLMANN, *Christologie*, p. 204.
[18] *Ditt. Or.* 606, ver FOERSTER, *op. cit.*, p. 1048.
[19] VON DOBSCHÜTZ, *ZNTW*, XXX, p. 98.

Setenta asociarían naturalmente el título κύριος al único Dios del judaísmo[20].

La relación del griego κύριος con el hebreo 'adonai es poco probable. Eventualmente 'adonai llegó a ser el normal sustituto del nombre divino en la lectura de las Escrituras durante el culto en la sinagoga. Como hace notar von Dobschütz, el uso de κύριος en lugar de Yahweh en los salmos de Salomón y en la Asunción de Moisés, y el carácter general de la tradición oral del judaísmo, que favorece la reverente sustitución, hace posible que 'adonai entrara en uso bastante pronto[21].

Hemos examinado el fundamento judío y pagano del título. Las manifestaciones son variadas; están tomadas de muchos países y de muchas religiones. A veces son fragmentarias y a veces tan completas como pueda desearse. Cuando la Iglesia cristiana nació, el título era ya popular tanto en la religión judía como en las paganas. Solamente una política de deliberada exclusión podría haber evitado el adoptarlo más pronto o más tarde por parte de la Iglesia cristiana. Era evidente que se le aplicaría a Dios Padre. Hubiera sido posible, sin embargo, evitar el aplicárselo a Cristo. Un judío, impuesto en los Setenta, instintivamente desearía reservar el título para Dios Padre. Pero a pesar de ello, los judíos que escribieron el Nuevo Testamento se lo aplicaron a Cristo.

El docto alemán Bousset afirma que κύριος se usó primeramente aplicándoselo a Cristo en la Iglesia siria que tenía su centro en Antioquía[22], la ciudad de donde Pablo partió hacia sus correrías misioneras. Antioquía era un importante y populoso centro comercial donde se mezclaban las formas de vivir griega y oriental. Fue la primera gran ciudad helenística donde penetró el cristianismo. De aquí que el pro-

---

[20] Von Dobschütz, *ZNTW*, XXX, p. 98. Dalman, *Der Gottesname Adonaj*, p. 59, sostuvo que el tetragrama Y-H-W-H fue reproducido en la más antigua edición de los Setenta (ver Von Dobschütz, *op. cit.*, p. 102), pero Baudissin (pp. 12-15) ha afirmado de una forma convincente que κύριος fue usado en lugar del tetragrama antes de comenzar la era cristiana. Prueba su argumentación mostrando que el título está presente en la Carta de Aristeas, 155, y en ciertos escritos de Filón (v. g. *De Vita Mosis*, 11, 5-7). Además, el uso de κύριος en las citas del Nuevo Testamento de los Setenta (Act 2, 21, Roma 10, 13) muestra que el dicho título reemplazó al tetragrama para los judíos de habla griega antes del nacimiento del cristianismo.

[21] *ZNTW*, XXX, p. 103. En el uso ordinario se acostumbraba emplear *hammaqom* («el lugar») o *hasshem* («el nombre») como sustitutos del nombre divino. Es posible, sin embargo, que 'adonai fuera empleado como sustituto tanto en la conversación normal como en el culto. De otra manera es difícil explicar cómo fue aceptada como un sustituto litúrgico. Ver Cullmann, *op. cit.*, p. 206.

[22] *Kyrios Christos*, 2.ª ed., pp. 76-104.

blema de interpretación del Evangelio para un mundo no judío se sentía agudamente. Los cristianos tuvieron que decidir si se desmembraban de la civilización pagana que les rodeaba por todas partes o hacían las paces con el mundo gentil sin echar a perder su fe. Desde Antioquía viajaron Pablo y Bernabé a Jerusalén para hacer la defensa de su actitud liberal para con la ley judía. En Antioquía la Iglesia cristiana tuvo que decidir primeramente si había que salir del parroquialismo de Palestina y afrontar las cuestiones de la circuncisión y hacer mesa común con los gentiles. Bousset afirma que la Iglesia de Antioquía, o por lo menos alguna de Siria, fue la primera en invocar a Cristo con el título de κύριος.

Y dice también que la práctica comenzó antes de que Pablo escribiese sus cartas. Rawlinson[23] ataca las teorías de Bousset, pero Bultmann[24], con alguna modificación, las acepta. El tema de discusión no queda zanjado, y los argumentos requieren una consideración más prolongada.

Nadie pone en duda que el título κύριος se le aplicó a Cristo en Antioquía. La libertad con que Pablo emplea el título es una prueba suficiente. Sin embargo, Bousset trata de mostrar que el título no fue empleado de esta manera en las enseñanzas de Jesús o de la primera Iglesia palestina. Trata de acabar con la prueba de los Evangelios sinópticos, en los cuales sorprendentemente existen pocos ejemplos de κύριος. De las alusiones en el Evangelio de Marcos una (Mc 5, 19) se refiere a Dios Padre; otra (Mc 7, 28), en la que la mujer sirofenicia habla a Jesús como Señor, probablemente es solo una forma de cortesía; y todavía otra (Mc 11, 3), en la que los discípulos enviados por Jesús en busca de un asno, dicen: «El Señor lo necesita», es un ejemplo con sentido posesivo, una referencia a la relación de amo-siervo[25].

La cita del Sal 110, 1, que Jesús hace en Mc 12, 35-7, presenta un problema más difícil. Las Palabras de Jesús son las siguientes:

«¿Cómo dicen los escribas que el Mesías es hijo de David? David mismo, inspirado por el Espíritu Santo, ha dicho: "Dijo el Señor a mi Señor: 'Siéntate a mi diestra hasta que ponga a tus enemigos debajo de tus pies'". El mismo David le llama Señor; ¿de dónde, pues, viene que sea hijo suyo?».

---

[23] *The New Testament Doctrine of the Christ*, p. 237.
[24] *Op. cit.*, 1, pp. 51-3.
[25] Ver CULLMANN, *op. cit.*, p. 210. V. TAYLOR, *St. Mark*, p. 146, sugiere que ὁ κύριος se refiere al propietario del pollino que pudo haber estado con Jesús.

Si este es un genuino dicho de Jesús, entonces Jesús mismo describe al Mesías como Señor de David, y esto apoyaría la teoría de que el título fue usado por la Iglesia de Jerusalén. No es sorprendente que la autenticidad del dicho haya sido puesta en tela de juicio. Sostiene Bultmann que estas palabras son un rechazo de la unión entre el Mesías y una filiación davídica, y que si Jesús profirió el dicho, Pablo no habría sido capaz de describirlo como «nacido de la estirpe de David según la carne» (Rom 1, 3)[26]. Por esta razón, él rechaza la autenticidad del dicho. Pero Mc 12, 35-7 no implica que el Mesías no pueda ser hijo de David. Más bien quiere decir que «hijo de David» no es una adecuada descripción del mesianismo de Jesús. El Mesías es no solamente hijo de David, sino también Señor de David. Él posee una autoridad que es más grande que la de David. De aquí que el principal argumento contra la genuinidad del dicho no es convincente[27].

El título κύριος aparece raramente en los dichos de Jesús en Mateo y Lucas. Deberían observarse los dos pasajes que siguen:

«No todo el que dice: ¡Señor, Señor! entrará en el reino de los cielos» (Mt 7, 21).

«¿Por qué me llamáis "Señor, Señor", y no hacéis lo que os digo?» (Lc 6, 46).

Aunque estos versículos prueban que los discípulos llamaron a Jesús «Señor», no nos prueban que el mismo Jesús diera alguna importancia al título. Probablemente los discípulos usaban el título en un sentido cortés o semicortesano. La poca frecuencia de ejemplos de κύριος es prueba de su autenticidad. Si Lucas, que emplea κύριος regularmente en los trozos narrativos de su Evangelio, hubiera querido recalcar el origen del título en la enseñanza de Jesús, hubiera caído en la tentación de introducirlo en muchas más ocasiones.

Bousset rechaza la prueba de los Hechos de los Apóstoles a causa del temprano uso de κύριος en la tierra en la que el libro fue escrito,

---

[26] *Geschichte der synoptischen Tradition*, 3.ª ed., p. 146. Para otros puntos de vista ver BULTMANN, *op. cit.*, *Ergänzungsheft*, p. 21. CULLMANN, *op. cit.*, p. 132 y ss., dice que Jesús no está desviando o rechazando una filiación davídica, sino la idea de un Mesías político.

[27] J. KNOX, *The death of Christ*, p. 41, desecha el dicho porque la cita del salmo solo habría sido necesaria cuando fuera requerida para dejar establecido el mesianismo de Jesús. Pero es razonable suponer que el mismo Jesús exigió su mesianismo, y esta cita fue usada para proclamar el evangelio tanto como para defenderlo.

y dice que los discursos son composiciones editoriales[28]. Esta actitud hacia los Hechos no es tan favorable como solía ser. En su libro —*The Apostolic Preaching and its Developement*— C. H. Dodd ha afirmado que los discursos atribuidos a Pedro, en la primera parte de los Hechos, son un fiel resumen del contenido de la primitiva predicación cristiana[29]. Aunque estos discursos tempranos no siguen exactamente el mismo modelo, presentan cierta uniformidad de enseñanza y de orden de presentación, que indica que son variaciones de una armazón del kerigma de la Iglesia primitiva. La temprana fecha del tal kerigma está apoyada por la naturaleza nada sofisticada de la teología, que no deja ver rastro de la influencia de Pablo, y por la presencia de arameísmos en el texto. Pero esta prueba no es tan fuerte como a menudo se ha imaginado[30]. Aun los discursos que se atribuyen al mismo Pablo, apenas manifiestan algún conocimiento de los aspectos originales y característicos de su pensamiento. Por otra parte, la ausencia de la influencia paulina puede ser un signo no de una fecha temprana, sino de las limitaciones de la inteligencia del autor. Lo mismo que los arameísmos son pocos, y puede deberse a la mentalidad semítica del redactor y a su fuente. Ellos en sí mismos no prueban que los pasajes fueran compuestos en la primera década después de la resurrección de Cristo. El arameo continuó siendo una lengua importante después de que la Iglesia se extendió más allá de las fronteras de Palestina. Y los cristianos que viajaban de Palestina a un medio gentil continuarían pensando en arameo, aunque usaran el griego en la conversación ordinaria. El testimonio de los Hechos con respecto al pensamiento de la primitiva Iglesia debe ser tratado con circunspección. Debemos intentar distinguir entre el contenido de la primitiva predicación y la interpretación del redactor de los Hechos.

J. C. O'Neill ha demostrado que el redactor de los Hechos era aficionado a emplear el título κύριος, que aplicaba tanto a Dios Padre como a Jesucristo[31]. La inmensa mayoría de los ejemplos de O'Neill está tomada de la parte narrativa y no de los dichos. El testimonio de los dichos no es tan grande. Y precisamente de los dichos es de donde esperamos sacar las pruebas de la enseñanza cristiana más primitiva.

---

[28] *SJT*, VIII, pp. 155-74.
[29] Se aplica a Dios Padre en 3, 19. 22; 4, 26. 29.
[30] Compárese el mismo procedimiento en Lc 3, 3-6.
[31] Compárese el mismo procedimiento en Lc 3, 3-6.

En las alocuciones de los capítulos 3, 4, 5 y 6 no se le aplica el título de «Señor» a Jesús. Y, sin embargo, se le pone de relieve en la alocución de Pedro del capítulo 2. Afirma Pedro que en su exaltación, Jesús fue proclamado Señor y Cristo, citando las palabras del Sal 110, 1, que el mismo Jesús citó en Mc 12, 35-7. La idea de un Señor exaltado al cielo está muy por delante aún del uso cortesano del título. Pero ello no implica que Cristo sea Dios o sujeto de adoración.

El último versículo de la cita de Joel nos presenta un problema diferente. El versículo citado en Hch 2, 21 dice: «Y sucederá que todo el que invocare el nombre del Señor se salvará». Aunque los Setenta usan la palabra κύριος en lugar del hebreo Y-H-W-H, es cosa diferente que Pedro, al hacer esta cita, estuviera identificando al Cristo resucitado con Yavé. Pero ciertamente es posible que Pedro no citara este verso en concreto. El punto más importante de su cita tomada de Joel es el hecho de unir la profecía con el don del Espíritu. El redactor de los Hechos podía haber alargado la cita hasta donde llega este versículo para cubrir sus propias necesidades doctrinales. Por otra parte, las palabras de Hch 2, 21 no encuentran su cumplimiento en la última parte de la alocución, porque la culminación de la alocución es el anuncio de la exaltación de Jesús al Señorío Mesiánico del Sal 110 y no el Divino Señorío de Joel 2, 32. Y las palabras de Hch 2, 21 no encuentran cumplimiento en los subsiguientes acontecimientos, porque los convertidos eran bautizados en el nombre de Jesucristo y no en el del Señor (Act 2, 38)[32].

A pesar de las dificultades en la interpretación del discurso, no hay duda de que proporciona un conjunto de obstáculos a Bousset. La cita del Salmo 110 ofrece una conexión con la tradición del Evangelio. No es sorprendente que un título, que Jesús aceptó por deducción cuando citó este salmo, fuera aplicado al Cristo resucitado muy pronto en la historia de la Iglesia de Jerusalén. Pedro le aplica a Cristo el título de «Señor» en otra alocución suya. En un paréntesis de 10, 36 le presenta como «Señor de todas las cosas». Pero es sorprendente que el título sea empleado tan raramente en los discursos[33].

---

[32] La interpretación occidental, encontrada en D y en algunas versiones latinas y siríacas, es la siguiente: ἐν τῷ ὀνόματι τοῦ κυρίου (ἡμῶν) Ἰησοῦ Χριστοῦ. Se trata de una asimilación al 2, 21 y al 2, 36.

[33] En la narración de Pedro y Cornelio, Pedro dice: «No así, Señor» (10, 14). No está claro si el Señor es el Padre o el Hijo.

Las últimas palabras de Esteban son muy importantes para esta discusión. Cuando era lapidado gritó:

«Señor Jesús, recibe mi espíritu... Señor, no les tengas en cuenta este pecado» (7, 59. 60).

Para Esteban, Jesús era mucho más que el Mesías exaltado. Era el que recibía su plegaria. El título «Señor» se usa de la misma manera que en las religiones de misterio. No podemos desechar las palabras de Esteban como no auténticas. Fueron pronunciadas ante una multitud de gente, y seguramente impresionaron la mente de los presentes.

Esteban va más lejos que Pedro en el uso del título y revela una más alta concepción del estado y la función de Cristo. Él fue el primer cristiano de que tengamos memoria que dirigió una plegaria a Cristo. La explicación pueden darla los antecedentes helenísticos de Esteban. El nombre «Esteban» es griego. Esteban era judío, y no sería conocido por un nombre griego a no ser que tuviese una fuerte relación con el judaísmo helenístico. En todo caso, o procedía de la Dispersión o expresó abiertas simpatías para con la Dispersión. Todos los «siete», de los que Esteban era el jefe, tenían nombres griegos; y uno de ellos, Nicolás, es presentado como «prosélito de Siria» (Act 6, 5). Ninguno de los otros estaba relacionado con Antioquía, pero casi seguro que estaban relacionados con la Dispersión; porque su llamada para el oficio de administrar fue el resultado de las quejas de los judíos helenísticos. Pudieron haber visitado Antioquía, teniendo en cuenta que uno de entre ellos era antioqueno. Y probablemente conocerían más de las religiones helenísticas que los Apóstoles. El testimonio de las palabras de Esteban, pequeño y aislado como está, apoya la teoría de que Jesús llegó a ser sujeto de culto bajo influencia helenística. Pero respalda mejor un origen general helenístico que antioqueno.

El testimonio de los Hechos es incompleto, no digno de fiar en su conjunto, y un terreno de caza para la especulación[34]. Sería poco seguro construir una teoría sobre él sin apuntalarlo desde otra parte. Rawlinson y otros letrados sostienen que la prueba procede de los escritos de Pablo. El texto crucial es 1 Co 16, 22b: «Maranatha». Se trata de una frase aramea, cuyas letras se han cambiado en griegas en las cartas helenas.

---

[34] Lo que pretende O'Neill (*SJT*, VIII, p. 174) es que el título, al aplicarlo a Cristo, fue tomado desde un principio como el equivalente a Yavé; lo que no se puede sostener.

Significa «Señor nuestro, ven»³⁵. La opinión de Rawlinson es que la locución se empleó primeramente en la Iglesia palestina, y a causa de su santidad no se tradujo al griego. Bousset llama a este texto «la mejor carta de triunfo» de sus oponentes. Y él intentó por dos veces jugar una mejor carta. En la primera edición de *Kyrios Christos* defendió que la fórmula había sido importada de Antioquía y que era una traducción del griego. En *Jesus der Herr* sugirió que la locución era una imprecación judía con la que se invocaba a Dios para que viniera y diera el fallo³⁶. En la segunda edición de *Kyrios Christos* volvió a su teoría general con decreciente seguridad, presentándola como una posibilidad, que no podía ser ignorada³⁷. «En estas sugerencias», escribe V. Taylor, «uno escucha a un defensor desconcertado»³⁸. Pero el desconcierto no pertenece solamente a una parte en este docto debate. La escasez de argumentos desconcierta a cualquiera que intenta explicar el desarrollo del cristianismo en este período. Bousset se equivoca al excluir de un modo dogmático de la Iglesia palestinense ese título. Pero no hay una buena razón para suponer que en la más antigua Iglesia el título se le aplicara regularmente a Jesús y, aparte de Act 7, no hay constancia de que la plegaria fuese dirigida a Jesús, como Señor, antes del tiempo de la conversión de Pablo.

Defiende Bultmann que *maranatha*, aun concediendo que proviniera de la Iglesia palestina, se le aplicó primeramente a Dios, y solamente después y bajo influencia helenística³⁹ se extendió también a Cristo. Esto ciertamente es posible. Pero, puesto que Jesús había profetizado la «venida del Hijo del Hombre», y la Iglesia primitiva esperaba su rápida vuelta a la tierra⁴⁰, las palabras «Señor nuestro, ven» pudieron ajustadamente haber sido dirigidas a Cristo, lo mismo que al Padre. No hay duda de que van dirigidas al Hijo en 1 Co 16, 22. Pero puesto que la carta fue escrita alrededor de veinte años después de la conversión de Pablo, había mucho tiempo para que la práctica de la plegaria pudiese

---

[35] En arameo, sería lo mismo *maran 'atha* («Nuestro Señor viene») que *marana tha* («Señor nuestro, ven»). La segunda es más probable, porque la misma clase de invocación se encuentra en Ap 22, 20 («Ven, Señor»). La forma de *marana tha* se presenta también en 10, 6 al final de la plegaria eucarística.
[36] P. 22.
[37] P. 84.
[38] *Names of Jesus*, p. 49.
[39] *Op. cit.*, 1, pp. 121-28.
[40] Para un examen de la enseñanza del Nuevo Testamento sobre la vuelta de Jesús, ver pp. 130-42.

ser cambiada, y en el tiempo de la conversión de Pablo ciertamente puede haber sido dirigida al Padre más bien que al Hijo. De hecho, ningún argumento sobre el origen de *maranatha* es decisivo, pero es realmente posible que la invocación fuera dirigida a Cristo en la más antigua Iglesia palestina, que esperaba su vuelta a la tierra[41].

No hay otros indicios dignos de confianza del uso prepaulino de κύριος. La narración de la institución de la Cena del Señor en 1 Co 11, 23 incluye el título de «el Señor Jesús»[42]. Una narración similar en el Evangelio de San Marcos no tiene el título «Señor»[43], y por esta razón sería imprudente decir que la presencia de «Señor» en la versión de Pablo es un testimonio seguro de su uso por la primitiva Iglesia palestina.

Ciertos estudiosos creen que el himno de Flp 2, 5-11 es prepaulino. El himno termina con la afirmación de que «Jesucristo es Señor para gloria de Dios Padre». Lógicamente ha afirmado Lohmeyer que el himno es una traducción del arameo[44]. Esto, sin embargo, no prueba que él perteneciera a la Iglesia palestina, porque pudo haber sido escrito por Pablo en arameo. Aunque la misión de Pablo iba encaminada principalmente a las comunidades helenísticas, pasó una considerable parte de su vida en Palestina. Quizá mientras estaba en la prisión —y parece que escribió a los filipenses desde la prisión— él compuso un himno en arameo y lo tradujo al griego. Si se tratase de la traducción de un himno, no estaría obligado a usar su estilo de prosa normal, ni se preocuparía de conservar el estilo de los Setenta, al expresar las ideas del Antiguo Testamento. Es una gran equivocación suponer que alusiones de origen arameo vayan a proporcionar pruebas definitivas de un temprano origen.

Aunque Bousset no logró probar que el título «Señor» tenía su origen en Antioquía, queda claro que la historia del título en la Iglesia palestina permanece en la oscuridad. En tal situación, no hay otra alternativa que acudir a un argumento a priori. Van Dobschütz y Taylor razonan de la siguiente manera: la adopción de un título procedente de los cultos paganos hubiera contado con la hostilidad de los cristianos palestinos, quienes, de no haber admitido ya el título «Señor», no lo habrían acep-

---

[41] RAWLINSON, *New Testament Doctrine of the Christ*, p. 237; V. TAYLOR, *op. cit.*, p. 49.
[42] «...que el Señor Jesús, en la noche en que iba a ser entregado tomó pan» (1 Co 11, 23).
[43] Mc 14, 22-25.
[44] *Philipperbrief*, p. 90 y ss.; ver A. M. HUNTER, *Paul and his Predecessors*, pp. 45-61.

tado de la autoridad del cristianismo helenístico. Y no existe indicio alguno de una controversia teológica en la primera mitad del primer siglo de la historia de la Iglesia. Hay puntos de fricción en la cristología, y existe ya el germen de posteriores divisiones, pero no hay indicios de que se discutiera abiertamente la cristología[45]. Bousset, que trató de adelantarse a la mayor parte de las críticas que se pudieran levantar contra él, no cayó en la cuenta de este aspecto. Defiende que disimular el objeto de fe y adoración hubiera sido imposible en Palestina. La Iglesia de Jerusalén no podía otorgar honores divinos a otro que a Yavé. Con todo, Bousset nunca dice por qué la adoración a Cristo por parte del cristianismo helenístico no logró provocar críticas entre los judíos cristianos.

Ahora queda por esbozar el entorno que oscuramente pueda percibirse en este nebuloso período de la historia. Los primeros cristianos llamaron a Cristo *mar* o *maran*, título que se había dado frecuentemente a los rabinos. No era solamente el equivalente a «Sir» inglés, sino que estaba más cerca de «my Lord», «mi Señor». El mismo Jesús no rechazó el título; pero tampoco les alentó a que lo usaran, aunque sí citó el famoso comienzo del Salmo 110 y en consecuencia se aplicó el título a sí mismo. Después de Pentecostés los apóstoles emplearon este salmo, citado por Cristo, para defender su fe en su exaltación. El uso cortés de la palabra se transformó definitivamente en cortesano. Pero el homenaje, tributado a un Señor exaltado a los cielos, no puede permanecer fácilmente en cortesano. Por un natural desarrollo, el Señor del cielo llegó a ser objeto de plegaria y de adoración; Esteban, próximo a la muerte, oraba al ascendido Señor. Si fue o no de este modo como él influyó en la Iglesia de Antioquía no podemos saberlo. La Iglesia de Antioquía comenzó a existir muy pronto. Y es muy significativo el hecho de que un judío con lazos helenísticos fuera el primero en orar a Cristo.

Después de su conversión, Pablo, a quien Jesús se le manifestó como Señor, se dirigió a la región de Arabia. Esta limitaba con Damasco y no estaba lejos de Siria. Gálatas 1, 17-18 da a entender que Pablo estuvo bastante tiempo en Damasco y en Arabia. Es probable que en este período él se dejara influir por los cristianos de Siria más bien que por los de Palestina. En la Carta a los Gálatas recalca que había tenido poco trato con la Iglesia de Jerusalén. Fue no mucho antes de establecer su cuartel general en Antioquía, la ciudad que escogió como punto de partida para sus viajes.

---

[45] Von Dobschütz, *op. cit.*, p. 106. Taylor, *op. cit.*, p. 48.

Siria era una tierra mucho más propicia para el desarrollo de la doctrina de la persona de Cristo que Palestina. Y Bousset ha hecho una valiosa contribución a la historia cristiana recalcando este hecho. En Siria, no era un crimen para los cristianos presentar a Cristo con el título que se dirigía a las deidades de las religiones mistéricas y al emperador romano. Aplicando este título a Cristo, los cristianos helenísticos afirmaron que el Señor significaba para ellos tanto como las deidades de otras religiones para sus seguidores. El título ya estaba en uso en la Iglesia palestina. Pero es muy probable que en Siria su significado se extendiera en el sentido indicado por Esteban en su plegaria final. A través de los escritos de Pablo, la idea del Señor resucitado experimenta un gran desarrollo. Este hecho dice al Apóstol mucho más que cualquier idea correspondiente en las religiones mistéricas. Aunque las deidades cúlticas eran los principales objetos de adoración en sus religiones, no eran más que componentes de un panteón. Sin embargo, para Pablo había un Dios y un Señor Jesucristo.

En la Diáspora, que era donde más en uso estaba la traducción de los Setenta, κύριος era el sustituto de «Yavé». Si se le aplicara a Cristo en el culto, un judío pensaría que la doctrina del monoteísmo estaba amenazada. Hasta hay indicios de que los cristianos conscientemente transfirieron el título de Dios a Cristo, de tal manera que sugiriera que Cristo era casi idéntico a Dios.

Los Act 2, 21 y Rom 10, 13 citan a Jl 2, 32: «Y todo el que invocare el nombre del Señor se salvará». En el Antiguo Testamento el Señor es Yavé. En Act 2, 21, como hemos hecho ya notar, es incierto que Pedro identificase entonces al Señor, del que habla Joel, con Cristo. Pero está claro que Rom 10, 13 se refiere a Cristo, y este es el más claro testimonio de que el divino título se le aplicaba conscientemente a Cristo, donde los judíos normalmente se lo hubieran aplicado a Yavé[46].

Hay otros pasajes en que la conexión con Yavé está ligeramente velada. Son Flp 2, 9, Ef 4, 8 y Jn 12, 40.

1. «Por lo cual Dios también lo exaltó y le otorgó un nombre sobre todo nombre; para que al nombre de Jesús doble la rodilla cuanto hay en los cielos, en la tierra y en los abismos; y toda lengua confiese que Jesucristo es el Señor para gloria de Dios Padre» (Flp 2, 9-11).

---

[46] Puede también advertirse la influencia de Joel en 1 Co 1, 2 y en Tm 2, 22.

Este pasaje es dependiente de Is 45, 23: «Se doblará ante mí toda rodilla y por mí jurará toda lengua». Aunque en el texto hebreo no aparecen las palabras «Yavé» y «Dios», no hay duda de que Yavé es el objeto de la adoración. Los Setenta las aplican a Dios (θεός). Donde el profeta pensaba en Yavé Elohim, Pablo habla de Jesucristo. Además es probable que para Pablo el «nombre que está sobre todo nombre» fuera «Señor», el nombre del mismo Dios.

2. «Cuando Él subió a las alturas, llevó cautiva a la cautividad, repartió dones a los hombres» (Ef 4, 8).

El hebreo del Sal 68, 18, en el que se basa este versículo, no menciona a Yavé. Pero en la última cláusula del mismo salmo a Dios se le llama *yah 'elohim*. Palabras que se dijeron de Yavé en el salmo, en Efesios se aplican a Jesús.

3. «Él ha cegado sus ojos y ha endurecido su corazón; no sea que con sus ojos vean, con su corazón entiendan, y se conviertan y los sane» (Jn 12, 40).

Estas palabras están basadas en Is 6, 10, y el comentario del evangelista es el siguiente: «Isaías dijo estas cosas porque vio su gloria; y habló de Él» (Jn 12, 41). Quiere decir el evangelista que Isaías hablaba de Jesús. Con todo, Isaías estaba hablando del Señor Dios.

Las citas anteriores muestran la tendencia de los primeros cristianos a aplicar pasajes del Antiguo Testamento a Jesús, aunque originariamente hubiesen estado dirigidas a Yavé. Ellas nos proporcionan la prueba de que Jesús recibió honores que se habían dado en la tradición hebrea a Yavé.

Hay indicios de un similar proceso en el uso de las palabras ἐγώ εἰμι («Yo soy») en el cuarto Evangelio. ἐγώ εἰμι se emplea en los Setenta para traducir *'ani hu* («Yo soy Él»), que se aplica Yavé a sí mismo a veces[47]. Se da un fuerte paralelismo entre Is 43, 10: «...para que aprendáis y me creáis, y comprendáis que soy Él (ὅτι ἐγώ εἰμι)» y Jn 8, 24: «Porque si no creyereis que soy yo, moriréis en vuestros pecados». El fre-

---

[47] Ver Deut 32, 39; Is 41, 4; 43, 13; 46, 4; 48, 12. Ver Barret, *St. John*, pp. 282-83 y Bultmann, *Johannesevangelium*, p. 248.

cuente uso de ἐγώ εἰμι en el cuarto Evangelio da a entender que Jesús aparecía con autoridad y poder de Dios. Muy impresionante es el uso absoluto de ἐγώ εἰμι en 8, 24, citado arriba, y en 8, 58: «Antes de que Abraham existiera, existía yo». Otros dichos son: «Yo soy el pan de vida» (6, 35, ver 6, 41. 48); «Yo soy la luz del mundo» (8, 12; 9, 5); «Yo soy la puerta (del ganado)» (10, 7. 9); «Yo soy el buen pastor» (10, 11. 14); «Yo soy la resurrección y la vida» (11, 25); «Yo soy el camino, la verdad y la vida» (14, 6) y «Yo soy la (verdadera) vid» (15, 1. 5). Todos estos dichos acentúan la excepcional actividad de Jesús, y los evangelistas pudieron muy bien tener en su mente el hebreo 'ani hu'[48]. También pudieron estar pensando en Ex 3, 14, donde Dios se presenta a sí mismo como «Yo soy» (LXX ἐγώ εἰμι). Hay un parecido con los dichos «Yo» en Proverbios 8, en donde la Sabiduría habla de sí misma. Los dichos «Yo soy», sin embargo, no implican directamente en el cuarto Evangelio que Jesús esté unido con Yavé. Es más bien un caso de sugerencia indefinida[49].

Otro vínculo entre Jesús y Yavé es el uso de la imagen del novio. En varios pasajes del Antiguo Testamento, la relación de Yavé con Israel es comparada a la del novio con su novia. En Os 2, 20 Yavé dice: «Yo seré tu esposo en fidelidad y tú reconocerás a Yavé». Según Is 54, 5: «Porque tu Hacedor es tu marido, que se llama Yavé de los espíritus»[50]. Los dichos rabínicos relacionan el tiempo del matrimonio con la era Mesiánica[51]. En el Nuevo Testamento la misma metáfora del matrimonio se emplea para describir la relación de Cristo con la Iglesia[52]. La idea está basada en un dicho del mismo Cristo[53].

«¿Acaso pueden los compañeros del esposo ayunar mientras está con ellos el esposo? Mientras tienen con ellos al esposo no pueden ayunar. Pero días vendrán en que les arrebatarán al esposo; entonces ayunarán» (Mc 2, 19. 20).

---

[48] Ver también 8, 18: «Yo soy el que da testimonio de sí mismo», y 8, 23: «Yo soy de arriba». ἐγώ εἰμι aparece también en Mc 14, 62 como la respuesta de Jesús a la pregunta del Sumo Sacerdote sobre su mesianismo y su filiación divina.

[49] Ver BARRET, op. cit., pp. 242-43 para una consulta exhaustiva.

[50] Ver Is 62, 4. 5; Jr 2, 2; 3, 14; Ez 16, 8; Ml 2, 11.

[51] Ver TAYLOR, op. cit., p. 88.

[52] Id., pp. 87-8.

[53] La idea está implícita en las parábolas del banquete del matrimonio (Mt 22, 1-14) y las Vírgenes prudentes y necias (Mt 25, 1-13).

Y la idea está más ampliamente desarrollada en los siguientes pasajes:

«Pues os he desposado a un solo marido para presentaros a Cristo como virgen casta» (2 Co 11, 2).
«Vosotros, los maridos, amad a vuestras mujeres como Cristo amó a la Iglesia, y se entregó por ella» (Ef 5, 25).
«El que tiene esposa es el esposo; pero el amigo del esposo, que le acompaña y le oye, se alegra grandemente de oír la voz del esposo» (Jn 3, 29).
«Han llegado las bodas del cordero y su esposa está dispuesta» (Ap 19, 7. Ver Ap 21, 9 y 22, 17).

En estos pasajes, Cristo es el esposo y la Iglesia, o el pueblo cristiano, es la esposa. En Jn 3, 29 es comparado Juan el Bautista al amigo del esposo. Esta comparación de Cristo como el esposo es una prueba más de la tendencia a poner a Cristo en el lugar de Yavé.

Pese a la forma de ser denominado Jesús «el Señor», y a pesar de la tendencia a traspasar a Él ideas y citas que originalmente se referían a Yavé, no debemos dar por sentado que abierta y directamente se le identificara con Yavé. Otros pasajes acentúan la diferencia entre el Señor y Dios. Por ejemplo, los saludos de las cartas de Pablo incluyen esta fórmula: «El Padre Dios y el Señor Jesucristo», y en 1 Co 8, 5. 6 Pablo dice que, si en las religiones paganas hay «muchos dioses y muchos señores», los cristianos tenemos «un solo Dios y Padre... y un solo Señor, Jesucristo» (ver Ef 4, 5. 6).

Los escritores del Nuevo Testamento no identificaron continuamente a Cristo con Yavé. La prudencia les contuvo. En el culto probablemente dieron al título «Señor» los mismos atributos que al título «Dios». Los dos títulos se combinan en la confesión de Tomás: «¡Señor mío y Dios mío!» (Jn 20, 28), y harían suya tal confesión para usarla en el culto. Pero del mismo modo, el cuarto evangelista, que planeó su Evangelio de tal forma que la confesión de Cristo como Señor y Dios apareciera como la culminación, se controló a sí mismo. Se reservó la declaración de que Cristo era Señor y Dios hasta el capítulo veinte, porque creía que en el acto de culto sería captada la verdad en torno a Cristo. Los otros escritores del Nuevo Testamento se mostraron reacios a llamar a Jesús «Dios», y el título de «Señor» tenía la ventaja de su flexibilidad de significado. No podía ofender a un monoteísta de la misma manera que el título de «Dios». De aquí que Pablo haga una distinción entre el Señor Cristo y Dios Padre, y este énfasis equilibra aquellos pasajes en que parece que a Cristo se le identifica con Yavé.

Capítulo VI

EL CULTO A JESUCRISTO

En los dos últimos capítulos se ha afirmado que a Cristo se le dieron los títulos divinos de «Dios» y «Señor», y que fue objeto de adoración en la medida en que era invocado con estos nombres. Examinaremos ahora más amplios testimonios, muchos de los cuales confirmarán nuestra opinión de que Jesús fue adorado por los cristianos del primer siglo. Estos testimonios van a ser divididos en cuatro secciones: doxologías dirigidas a Cristo; plegarias a Cristo; citas del Antiguo Testamento que son transferidas de Yavé a Cristo; el uso de los equivalentes griegos de la palabra «adoración» en conexión con Cristo.

DOXOLOGÍAS DIRIGIDAS A CRISTO

En muchos pasajes de la Escritura se tributan a Dios alabanzas y bendiciones. Frecuentemente están redactadas en forma litúrgica y pudieron haber sido compuestas principalmente para usarlas en el culto. Se dan muchas de estas doxologías en el Nuevo Testamento. La mayor parte de ellas están dirigidas a Dios Padre, como por ejemplo, el gran himno de Rom 11, 33 y siguientes, el epílogo de Rom (16, 25-7), las doxologías de 1 P 1, 3-5, Jds 24-5, y muchos pasajes del Libro del Apocalipsis.

Hay dos claros ejemplos de doxologías en el Nuevo Testamento que están dedicados a Cristo. Son estos:

«Creced más bien en la gracia y en el conocimiento de nuestro Señor y Salvador Jesucristo. A Él la gloria así ahora como en el día de la eternidad» (2 P 3, 18).

«Al que nos ama y nos ha absuelto de nuestros pecados por la virtud de su sangre, y nos ha hecho reyes y sacerdotes de Dios, su Padre, a Él la gloria y el imperio por los siglos de los siglos, amén» (Ap 1, 5b. 6).

Encontramos otros ejemplos en Rom 9, 5 («Cristo... que está por encima de todas las cosas, Dios bendito por los siglos, amén»). En un capítulo anterior ya se ha analizado esta perícopa[1].

En otros dos pasajes no está claro, a primera vista, si la doxología es en honor del Padre o de Cristo[2].

«Y que el Dios de la paz, que sacó de entre los muertos, por la sangre de la alianza eterna, al gran pastor de las ovejas, nuestro Señor Jesús, os haga perfectos en todo bien para hacer su voluntad, cumpliendo en vosotros lo que es grato en su presencia, por Jesucristo, a quien sea la gloria por los siglos de los siglos. Amén» (Hb 13, 20-21).

Desde un punto de vista gramatical, la doxología es más probable que esté dirigida a Cristo que a Dios, puesto que el relativo «a quien» (ᾧ) sigue inmediatamente a la palabra «Cristo». Por otra parte si «Dios» es el sujeto del verbo principal «os haga perfectos», es posible que la doxología esté dirigida a Dios. Esta segunda consideración es más importante que la primera, y con toda probabilidad la doxología iba dirigida a Dios Padre.

«El Señor me librará de todo mal y me guardará para su reino celestial. A Él sea la gloria por los siglos de los siglos. Amén» (2 Tm 4, 18).

La interpretación depende de si «Señor» se refiere a Dios o a Cristo. En varios pasajes de las Cartas Pastorales, «Señor» se emplea claramente referido a Cristo[3]. En otros es posible que se refiera a Dios Padre[4], pero en todos estos ejemplos el título puede referirse también a Cristo. Una pauta para la interpretación nos la ofrece 2 Tm 4, 8 con la descripción del «Señor» como «justo juez»[5]. Este juez justo es Jesús, porque al principio del capítulo (2 Tm 4, 1) se alude a «Cristo Jesús, que ha de juzgar a vivos y muertos». Además, en 2 Tm 4, 1, «por su aparición y por su reino» se refiere a la aparición de Cristo y al reino de Cristo, y

---

[1] Ver pp. 68-72.
[2] En las pp. 86-7 se ha afirmado que la doxología de 1 Tm 1, 17 se refiere a Dios Padre y no a Cristo.
[3] 1 Tm 1, 2. 12. 14; 6, 3. 14; 2 Tm 1, 2. 8.
[4] 1 Tm 6, 15; 2 Tm 1, 16. 18; 2, 7. 14. 19. 22. 24; 4, 8. 14. 17. 18. 22.
[5] Ver 2 Tm 4, 14: «El Señor le dará la paga según sus obras».

ello sugiere que «su reino celestial» en 2 Tm 4, 18 significa «el reino celestial de Cristo». El testimonio de 2 Tm 4 como conjunto favorece el punto de vista de que la doxología de 2 Tm 4, 18 está dirigida a Cristo.

Como resultado de la discusión precedente, es posible decir que hay cuatro ejemplos de doxologías a Cristo en el Nuevo Testamento: 2 P 3, 18; Ap 1, 5b. 6; Rom 9, 5 y 2 Tm 4, 18. También hay otras dos doxologías en el Libro del Apocalipsis, que se dirigen tanto a Dios Padre como al Hijo.

«Y todas las criaturas que existen en el cielo, y sobre la tierra, y debajo de la tierra, y en el mar, y todo cuanto hay en ellos, oí que decían: "Al que está sentado en el trono y al Cordero, la bendición, el honor, la gloria y el imperio por los siglos de los siglos"» (Ap 5, 13).

«Salud a nuestro Dios, al que está sentado en el trono y al Cordero» (Ap 7, 10).

Siendo así que el Nuevo Testamento no es un libro de plegaria común, no podemos esperar encontrar en sus páginas un amplio surtido de doxologías. Unas pocas dirigidas al Padre y otras al Hijo, son todo. Pero la presencia de aunque no sea más que un pequeño número en el Nuevo Testamento muestra que habían logrado una aceptación general en el culto. Las palabras de Jn 5, 23 se estaban cumpliendo: «Para que todos honren al Hijo, como honran al Padre».

Nos podemos hacer una idea de la importancia de Cristo en el culto cristiano comparando el *'alenu*, plegaria de la liturgia judía, con otras cristianas paralelas[6]. Esta plegaria *'alenu*, con la que ahora se termina el servicio diario de la mañana, podría ser precristiana en su origen[7]. Si así fuera, la habrían conocido los primeros cristianos.

Varias partes de la plegaria están reflejadas en las descripciones de Cristo del Nuevo Testamento. El lenguaje que se usaba en la sinagoga al referirse a Dios se usaba también en la Iglesia al tratar de Cristo.

La plegaria *'alenu* comienza:

«Conviene que alabemos al Señor de todas las cosas, que reconozcamos la grandeza del que formó (el mundo) desde los orígenes».

---

[6] Ver W. O. E. OESTERLEY, *The Jewish Background of the Christian Liturgy*, pp. 68-70. Empleamos la traducción de la plegaria de Oesterley.

[7] Ver J. H. HERTZ, *The Authorized Daily Prayer Book with Commentary*. Parte 1.ª, p. 208.

La primera parte de este versículo está reflejada en el título «Señor de todas las cosas», que se le da a Cristo en Act 10, 36. La segunda parte lo está del mismo modo en aquellas partes del Nuevo Testamento en que a Cristo se le describe como uno que ayuda en la creación del mundo[8]. Después vienen estas palabras en la plegaria: «Nosotros le adoramos ante el Rey de los reyes de reyes». Y el Ap 17, 14 y 19, 16 le da un título semejante, «Rey de reyes», a Cristo. Aunque este título tiene su fundamento en el Antiguo Testamento, es probable que los primeros cristianos judíos lo tuvieran fuertemente impreso en sus mentes, por el normal uso que se hacía de él en la sinagoga. Los últimos cuatro versos de la plegaria son los siguientes:

«Aquel ante quien toda rodilla debe doblarse, toda lengua prestar juramento. Ante ti, oh Señor Dios nuestro, haz que se inclinen y se postren, y para gloria de Tu gran Nombre, que te rindan honor.

Y permíteles tomar sobre sí el yugo de Tu Reino, y reina sobre ellos por los siglos de los siglos.

Porque Tuyo es el Reino, y por los siglos de los siglos reinarás gloriosamente».

El primero de estos dos versículos está basado en Is 45, 23 y contiene un lenguaje semejante al que se aplica a Cristo en Flp 2, 10-11. El lenguaje de los Filipenses parece derivarse de la plegaria *'alenu*, más bien que de Isaías, pues hay una alusión a «gloria» tanto en la plegaria *'alenu* como en Filipenses, pero no en Isaías. En la plegaria leemos: «Y para gloria de Tu gran Nombre que te rindan honor»; y en los Filipenses: «Y toda lengua confiese que Jesucristo es Señor para gloria de Dios Padre».

Mientras la plegaria *'alenu*, siguiendo a Isaías, dice que toda rodilla debe doblarse y toda lengua prestar juramento a Dios, Filipenses dice que toda rodilla debe doblarse en el nombre de Jesús y toda lengua confesar que Jesucristo es el Señor.

El tercer versículo de esta sección final de la plegaria, «Y permíteles tomar sobre sí el yugo de tu Reino», pudo muy bien estar en el pensamiento de Jesús cuando dijo: «Tomad mi yugo sobre vosotros y aprended de mí» (Mt 11, 29). La plegaria habla del yugo del Reino de Dios. Jesús invita a los hombres a tomar su propio yugo sobre ellos.

---

[8] Jn 1, 3; Col 1, 16; Hb 1, 2.

La segunda parte del tercer versículo y el cuarto versículo son plegarias para que Dios reine por los siglos de los siglos. Este es un motivo, un tema del Antiguo Testamento que ha entrado en el Apocalipsis en que se dice que no solamente Dios sino también el Hijo y los santos reinarán por los siglos de los siglos (Ap 11, 15; 22, 5).

La plegaria *'alenu* es solamente una parte de la liturgia judía. Otros artículos de la liturgia pudieron también tener su influencia en el culto cristiano. Los paralelos mencionados arriba son suficientes para mostrar la posibilidad de que los cristianos fuesen influenciados por el culto de la sinagoga. Las pruebas de ninguna manera son definitivas, porque la mayor parte de los paralelos se pueden explicar por una dependencia común del Antiguo Testamento. Pero se ha demostrado que Filipenses está más cerca de la plegaria *'alenu* que de Isaías. Es probable que las palabras que han sido citadas estuviesen particularmente impresas en la mente de un judío, porque se repetían frecuentemente en la liturgia. Estas palabras habrían de estar presentes naturalmente en la mente de los cristianos al expresar su fe por medio de himnos y de doxologías. Pero no se contentaron con tomar prestadas simplemente las fórmulas del judaísmo. Aplicaron a Cristo muchas de las antiguas fórmulas que en otro tiempo habían estado destinadas a Dios.

Plegarias a Cristo

En esta sección nos interesan las plegarias y demandas de intercesión dirigidas a Cristo. En el más amplio sentido de la palabra, la plegaria *'alenu* es una súplica. Pero más bien que una súplica o demanda de intercesión es una doxología; y por esta razón hemos tratado de ella en la sección precedente. Los pasajes que ahora analizaremos muestran que los cristianos del primer siglo oraban a Jesús por ellos mismos y por los demás.

En los Hechos de los Apóstoles tenemos un ejemplo de plegaria a Jesús. Cuando Esteban estaba siendo asesinado a pedradas, levantó la voz y dijo: «Señor Jesús, recibe mi espíritu... Señor, no les tomes en cuenta este pecado» (Act 7, 59-60).

En las cartas de Pablo también se dan casos de súplicas o peticiones y de demandas de intercesión a Cristo. La invocación *maranatha* (1 Co 16, 22), que es aramea y significa «Señor nuestro, ven», probablemente es una antigua fórmula cristiana que hizo propia Pablo[9]. La invocación «ven, Señor» (Ap 22, 20) puede tener un origen similar.

Encontramos otro ejemplo probable de petición a Cristo en 2 Co 12, 8. En una descripción de sus experiencias religiosas dice Pablo que una vez él «rogó al Señor» a causa de un aguijón en su carne. «Al Señor» se refiere probablemente a Cristo por la siguiente razón: la respuesta del Señor a la plegaria de Pablo fue: «Te basta mi gracia, que en la flaqueza llega al colmo mi poder» (2 Co 12, 9). En este contexto «mi poder» parece ser el «poder de Cristo», porque en el mismo versículo dice Pablo: «Muy gustosamente, pues, continuaré gloriándome en mis debilidades para que habite en mí la fuerza de Cristo». La identificación de Cristo con el Señor no es segura en este pasaje, pero parece sobreentenderse como la interpretación más natural.

Otras plegarias de las cartas paulinas están redactadas en forma de bendiciones. Tres casos de estos encontramos en las Cartas a los Tesalonicenses:

«Que el mismo Dios y Padre nuestro, y nuestro Señor Jesucristo, dirija hacia vosotros nuestros pasos y os acreciente y haga abundar en caridad de unos con otros y con todos, lo mismo que la sentimos nosotros por vosotros» (1 Tes 3, 11-12).

«El Señor guíe vuestros corazones en la caridad de Dios y en la paciencia de Cristo» (2 Tes 3, 5).

«El mismo Señor de la paz os conceda vivir en paz siempre y dondequiera. El Señor sea con todos vosotros» (2 Tes 3, 16).

En el primero de estos tres pasajes (1 Tes 3, 11-12) hay dos partes. La primera habla tanto del Padre como del Señor Jesús. La segunda parte habla del Señor. Los dos pasajes de la segunda Carta a los Tesalonicenses (2 Tes 3, 5 y 3, 16) tratan ambos del «Señor». Existe una buena razón para creer que en esta carta el título «Señor» se refiere a Cristo. En todo caso, puesto que el título «el Señor Jesucristo» aparece tres veces en este capítulo (2 Tes 3, 6. 12. 18) es muy probable que el título absoluto «Señor» se refiera también a Cristo.

Bultmann clasifica estos pasajes como plegarias[10], pero no van dirigidas directamente ni a Dios ni al Señor, y pueden ser consideradas

---

[9] Ver pp. 98-100.
[10] *Theology of the New Testament*, I, p. 126 y ss.

mejor como bendiciones. Con ellas podrían relacionarse las bendiciones en las que Pablo pide que la gracia del Señor Jesucristo esté con los lectores[11].

Hay todavía otro pasaje más en el Nuevo Testamento que demuestra que a Cristo se le dirigían plegarias. En Jn 14, 14, según las autoridades textuales más dignas de confianza, Jesús dice: «Si vosotros me pedís algo en mi nombre, se os concederá». Algunas autoridades omiten la palabra «me»[12]. Puesto que la práctica de la plegaria a Cristo surgió ya en tiempos del Nuevo Testamento, no puede objetarse que la palabra «me» fue introducida bajo la influencia de un culto más tardío y más desarrollado. Los mejores manuscritos apoyan la inclusión de la palabra «me», y el pasaje es una prueba de que Cristo era objeto de plegaria en el lugar donde fue escrito el cuarto Evangelio.

A pesar de la amplitud y de la variedad de las pruebas de la plegaria a Jesús, Bultmann afirma que la plegaria se le dirigió a Jesús solamente en privado y no en públicas liturgias[13]. Él hace distinción entre doxologías e invocaciones por una parte, y plegarias por otra[14]. Las doxologías, que ya han sido analizadas, e invocaciones tales como *maranatha* y la voz de Esteban en el momento de morir no son reconocidas por Bultmann como plegarias. Esta es una actitud injustificadamente estrecha con respecto a la plegaria. Cuando Pablo decía *maranatha* («Señor nuestro, ven») estaba orando a Jesús para que volviera a la tierra. Este grito no solamente era una invocación, sino también demanda de intercesión y súplica, pues Pablo oraba para que Cristo volviera en ayuda tanto de sus hermanos cristianos como de él mismo.

Admite Bultmann que plegarias privadas sí se dirigían a Cristo, y cree que los tres pasajes citados de las Cartas a los Tesalonicenses son ejemplos de esta clase de plegaria. La distinción de Bultmann entre plegaria pública y privada es demasiado rígida. No hay razón alguna para que Pablo no utilizara en público la clase de plegaria que incluyó en las Cartas a los Tesalonicenses. Ciertamente que, puesto que incorporó plegarias

---

[11] Rom 1, 7; 16. 20; 1 Co 1. 3; 16. 23; 2 Co 1, 2; 13. 14; Ga 1, 3; 6, 18; Ef 1, 2; 6, 24; Flp 1, 2; 4, 23; Col 1, 2; 1 Tes 5, 28; 2 Tes 1, 12 y 3, 18; Flm 3, 25. Fórmulas semejantes nos salen al paso en 2 Jn 3; en 1 Tm 1, 2; 2 Tm 1, 2 y Tit 1, 4.

[12] En Jn 14, 14, με es omitido en ADL y en las Antiguas Versiones Latinas. La causa de esta omisión fue la asimilación al versículo 13 (BULTMANN, *Ev. Job.*, p. 473). Algunas autoridades, incluyendo la Antigua b. Latina, omiten todo el versículo.

[13] *Theology of the New Testament*, 1, p. 128.

[14] *Op. cit.*, pp. 126-27.

a sus cartas, esperaba que fuesen leídas a la asamblea reunida. Además, probablemente Pablo usaría en la plegaria pública e improvisada peticiones e intercesiones que él hacía en la plegaria privada. Admite Bultmann que se daba la plegaria improvisada en la Iglesia primitiva, pero piensa que adquirió pronto un carácter «cultual». Sin embargo, no niega que Pablo hiciera plegaria libre. Y si Pablo hacía plegaria libre en público, no se puede hacer una rígida distinción entre su plegaria pública y la privada.

La espontaneidad de los cristianos del primer siglo para hacer su plegaria a Cristo es una prueba fuerte de su creencia en su divinidad. Pero no es en absoluto definitiva, porque en el judaísmo las plegarias eran ofrecidas a otros además de a Dios. Por ejemplo, muchos judíos creían que existían ángeles, cuya función era ser intercesores ante Dios. Ellos dirigían súplicas a estos ángeles para que rogaran por ellos[15]. Pero las plegarias a Cristo, que hemos citado en este capítulo, no son súplicas para que Él interceda ante el Padre. En varias partes del Nuevo Testamento, Cristo es considerado como celestial intercesor[16]; pero su función se extiende más allá de la mera intercesión ante el Padre. Las plegarias que hemos citado muestran que Él recibía la plegaria por derecho propio, y que se le creía con poder para contestar y despachar las demandas que se le hacían. El hecho de que los cristianos dirigieron sus plegarias solamente al Padre y a Cristo, evitando hacer lo mismo con los ángeles y patriarcas, el hecho de que pensaran que Cristo era digno de recibir las plegarias de la misma manera que su Padre, sugiere que sus seguidores le equiparaban al Padre.

---

[15] Prueba de esta creencia en angélicos intercesores se encuentra en Zac 1, 12; Job 5, 1; 33, 23; 1 Enoch 9, 3; 15, 2; 71, 1-6; Test. Dan. 6, 2; Test. Levi 3, 5. Es probable que las peticiones fueran hechas a estos intercesores. MOORE, *Judaism*, 1, p. 439, cita un dicho de R. Judan (cuarto siglo) en el cual se dice a los hombres que hagan sus súplicas a Dios y no a Miguel o Gabriel. Moore en la obra citada, parte 3.ª, p. 134, dice que este dicho no prueba que se dirigieran súplicas a los ángeles. Pero es muy probable que el rabino estuviera atacando una práctica del tiempo.

[16] Rom 8. 34; Hb 7, 25; 1 Jn 2, 1. También se dice que el Espíritu es intercesor en Rom 8, 26. Podría sacarse la conclusión de la parábola del rico Epulón y Lázaro, que le dirigieron plegarias a Abraham después de su muerte (Lc 16, 19-31). El hombre rico clama en su tormento a Abraham, y le pide no solamente que tenga piedad de él, sino también que envíe a Lázaro para avisar a sus hermanos que todavía vivían. Sin embargo, como este es un diálogo imaginario entre hombres en la vida venidera, no tiene una aplicación directa en la práctica de la plegaria en la tierra. No consta en el Nuevo Testamento que la plegaria de los cristianos fuese dirigida a los patriarcas.

CITAS DEL ANTIGUO TESTAMENTO TRANSFERIDAS DE YAVÉ A CRISTO

El Nuevo Testamento está copiosamente abastecido de citas del Antiguo Testamento, algunas de las cuales son repetidas por diversos autores. Profecías e himnos, que se creía anunciaban la venida del Mesías, fueron ávidamente adaptados para usarlos en la Iglesia. Rendel Harris defiende que estas citas fueron tomadas de una colección de testimonios cristianos, que circulaba a través de una amplia parte de la Iglesia[17]. Otra teoría aporta Selwyn al decir que estas citas se empleaban en himnos de la Iglesia primitiva. Cita ejemplos de himnos judíos que eran textos mosaicos del Antiguo Testamento, y sugiere que los cristianos hicieron colecciones semejantes[18].

Un buen número de citas del Antiguo Testamento ha sido ya examinado[19]. Se dirigieron a Yavé en el Antiguo Testamento como Dios en el culto de la Iglesia. Otras citas de este tipo vendrán ahora a nuestro examen.

Una cadena de citas en torno a «la piedra» circuló en la Iglesia primitiva. Hay indicios de ella en los Evangelios sinópticos, en los Hechos, en Romanos, en Efesios y en la 1.a de Pedro[20]. De aquí que parezca haber tenido una amplia circulación en la Iglesia. La única cita que viene a propósito a nuestra discusión es Is 13, 14:

«A Yavé Sebaot habéis de santificar, de Él habéis de temer, de Él tened miedo. Él será piedra de escándalo y piedra de tropiezo para las dos casas de Israel».

Estas palabras de Isaías se citan en dos escritos del Nuevo Testamento, Romanos y 1.ª de Pedro. Las palabras citadas son estas:

«He aquí que pongo en Sión una piedra de tropiezo, una piedra de escándalo» (Rom 9, 33).
«Ella llegó a ser cabeza de esquina, es piedra de tropiezo y roca de escándalo» (1 P 2, 7. 8).

---

[17] J. RENDEL HARRIS, *Testimonies*.
[18] E. G. SELWYN, *First Epistle of Peter*, pp. 275-77.
[19] Act 2, 21; Rom 10, 13; Fil 2, 9-11; Ef 4, 8; Jn 12, 40. Ver pp. 83-84.
[20] Mc 12, 10. 11 (cf. Mt 21, 42; Lc 20, 17); Lc 20, 17-18; Act 4, 11; Rom 9, 33; Ef 2, 20; 1 P 2, 4. 8. Ver SELWYN, *op. cit.*, pp. 270-71.

Isaías llama a Yavé «piedra de tropiezo», y Pablo, lo mismo que Pedro, dio este título a Jesús. Su modo de usar la cita sugiere que formaba parte de un himno o de una fórmula litúrgica, y le da peso a la creencia de que el título se le tributaba a Cristo en el culto, y era parte de una tradición común que no procedía de ningún apóstol en concreto.

«Glorificad a Cristo como Señor en vuestros corazones» (1 P 3, 15).

Esta es una reminiscencia del Antiguo Testamento, más que una cita tomada de él. El pasaje del Antiguo Testamento es este:

«Ellos santificarán mi nombre y pregonarán santo al Santo de Jacob, y temerán al Dios de Israel» (Is 29, 23).

Aunque esta no es exactamente una cita, es probable que el escritor fuera consciente de su raíz viejotestamentaria y estuviera transfiriendo a Jesús un honor que inicialmente se había otorgado a Yavé.

«Adórenle todos los ángeles de Dios» (Hb 1, 6). καὶ προσκυνησάτωσαν αὐτῷ πάντες ἄγγελοι θεοῦ.

Estas palabras están basadas en una cláusula de Dt 32, 43 que aparece en los Setenta, pero no en el texto masorético. En los Setenta se lee: καὶ προσκυνησάτωσαν αὐτῷ υἱοὶ θεοῦ. (Algunas autoridades leen así: πάντες ἄγγελοι por υἱοί).

El escritor de Hebreos pudo haber sido influenciado por la versión de los Setenta del Sal 97, 7, que es: προσκυνήσατε αὐτῷ πάντες οἱ ἄγγελοι αὐτοῦ.

En Hebreos la cita tiene como fin mostrar la superioridad de Cristo sobre los ángeles, y pudo haber formado parte de una serie de textos de pruebas o quizá haber sido también una fórmula litúrgica, puesto que está incluida en un grupo de citas con las cuales se supone que los lectores estaban familiarizados.

EQUIVALENTES GRIEGOS DE LA PALABRA «CULTO»

Hay dos verbos griegos especialmente relacionados con la palabra «culto»[21]. Son προσκυνεῖν y λατρεύειν. λατρεύειν no tiene gran importancia para nuestra discusión. Los Setenta lo aplican casi exclusivamente al servicio de Dios o de las deidades paganas[22]. En el Nuevo Testamento, nunca se aplica al servicio o culto dado a Cristo. Se usa relacionándolo con el servicio de Dios en el templo de la tierra y en el santuario del cielo. Filipenses 3, 3: οἱ πνεύματι θεοῦ λατρεύοντες es susceptible de las dos interpretaciones: a) «los que servimos en el espíritu de Dios», y b) «los que servimos al espíritu de Dios». Más adelante aduciremos argumentos para demostrar que la primera de estas interpretaciones es preferible[23]. En todo caso, no hay ejemplo de λατρεύειν que tenga a Cristo como objeto.

La palabra προσκυνεῖν aparece mucho más frecuentemente en el Nuevo Testamento que λατρεύειν. En los Setenta, προσκυνεῖν traduce generalmente el hebreo *shahah*, que expresa postrarse o adorar (postración o adoración). No siempre se aplica a Dios, sino que puede describir también la actitud de un hombre para con otro. En el Nuevo Testamento también denota postración o adoración.

En los dichos de Jesús, προσκυνεῖν se emplea para describir una actitud que los hombres adoptarían solamente ante Dios. Cuando el demonio ofreció a Jesús todos los reinos del mundo con la condición de que le adorase, Jesús contestó: «Adorarás (προσκυνήσεις) al Señor tu Dios, y solamente a Él servirás» (Mt 4, 10; Lc 4, 8).

Sin embargo, los evangelistas usan la palabra προσκυνεῖν para describir la actitud de los hombres hacia Jesús. En Marcos, la palabra expresa la actitud hacia Jesús del gerasano poseído del demonio, que, cuando vio a Jesús, «corrió y se postró (προσεκύνησεν) ante Él desde lejos» (Mc 5, 6). De nuevo, en Mc 15, 19, se dice que los escarnecedores soldados cayeron sobre sus rodillas, hacían reverencias (προσκύνουν) a Jesús. Se trata de un uso irónico de la palabra προσκυνεῖν, pero en el ejemplo anterior el endemoniado ofreció genuina adoración.

---

[21] La palabra λειτουργεῖν se aplica al servicio religioso o secular, y no está restringido al servicio de Dios. Se presenta raramente en el Nuevo Testamento y no tiene a Cristo como objeto.
[22] Ver STRATHMANN en Kittel, *TWNT*, IV, p. 59 y ss.
[23] Ver pp. 204-06.

En Lucas, el verbo προσκυνεῖν aparece solamente tres veces; dos en el diálogo con Satán (Lc 4, 7. 8), en el que Jesús dice que la adoración hay que darla solamente a Dios, y una al final del Evangelio (Lc 24, 52), cuando se dice que los discípulos adoraron a Jesús después de haber sido llevado al cielo. Lucas no habla de adoración alguna de Jesús después de su Resurrección.

En Mateo, el uso de προσκυνεῖν está menos restringido que en Marcos y Lucas. Los hombres sabios adoraron al niño Jesús (Mt 2, 2. 8. 11), y esta puede ser una genuina adoración, más bien que un homenaje cortés. Pero cuando decimos que una variada colección de personas, incluyendo un leproso, un gobernador, una mujer cananea, un esclavo y la madre y los hijos del Zebedeo, se postró ante Jesús adulto durante su ministerio[24], es cierto que la palabra προσκυνεῖν se emplea para describir un homenaje cortés. Por otra parte, cuando los hombres vieron desde el bote a Jesús caminando sobre las aguas (14, 33) y se postraron ante Él y le llamaron Hijo de Dios, quizá su actitud fuese una real adoración. Ciertamente que no podemos aducir a Mateo como prueba de que Jesús no fue adorado hasta después de su Resurrección.

La única persona de quien se dice haber adorado a Jesús en el cuarto Evangelio es el hombre ciego a quien le devolvió la vista (Jn 9, 38). Cristo recibe adoración en[25] Hb 1, 6 («Adórenle todos los ángeles de Dios»). En el Libro del Apocalipsis, Cristo recibe adoración a una con Dios, según el versículo 14 del capítulo 5[26]. No hay más ejemplos del uso de προσκυνεῖν para describir la adoración a Cristo en el Nuevo Testamento.

Los ejemplos de προσκυνεῖν que han sido analizados no fortalecen grandemente las pruebas de la adoración a Cristo. La ambigüedad de la palabra προσκυνεῖν, que puede expresar lo mismo sumisión oriental que adoración tal como la entendemos ahora, hace imposible sacar cualquier conclusión cierta de los testimonios.

---

[24] Mt 8, 2; 9, 18; 15, 25; 18, 26; 20, 20.
[25] Ver pp. 115-16.
[26] En el Apocalipsis 3, 9 los objetos de culto son los miembros de la Iglesia en Filadelfia. Probablemente, la palabra προσκυνεῖν deberá traducirse en el contexto «reverenciar a».

Capítulo VII
JESÚS Y EL JUICIO

Que Jesús fue objeto de culto en la Iglesia de los tiempos del Nuevo Testamento es lo que se ha querido demostrar en tres capítulos anteriores. En los tres próximos sostendremos que a Cristo se le adjudicó el desempeño de las funciones divinas de juzgar, crear y salvar. Era algo característico de la mentalidad judía de los primitivos escritores cristianos expresar sus creencias sobre Jesús en términos de su actividad más bien que de su naturaleza metafísica. Actividades que en el judaísmo generalmente se consideraban como exclusivas de Dios le fueron atribuidas a Jesús. Mientras se hacía profesión de fe en su divinidad a través del culto, este su ser divino se explicaba en términos de las actividades divinas que Él desarrolló.

La primera función que discutiremos va a ser la de juzgar. Comenzamos por ella porque fue el mismo Jesús quien la reclamó para sí. Aunque en la doctrina judía el juzgar no era considerado en todo sentido como una función exclusivamente divina, algunos aspectos sí parecen haber sido adjudicados a solo Dios. El objeto de esta exposición es descubrir si se creyó que Jesús desempeñaba la clase de juicio que en el judaísmo se consideraba como una función exclusivamente divina.

ANTECEDENTES ISRAELÍTICOS Y JUDAICOS

En la religión hebrea, la santidad de Dios se manifestaba en su justicia. Los profetas enseñaron acerca de un Dios, cuyo poder no era ejercitado caprichosamente, sino dirigido por normas éticas. Escribe Herntrich[1]

---

[1] *TWNT*, 111, p. 923.

que «su señorío se expresa en la administración de la justicia, y en la administración de la justicia uno reconoce que Él es el Señor». El ámbito de su autoridad es la tierra entera[2]. Juicio y honradez pertenecen a la esencia de su majestad y santidad[3].

No es sorprendente que el judaísmo se desarrollase dentro de una religión legalista. Su centro era la idea de que Dios actuaba como juez de su pueblo. Su más importante revelación le fue dada en forma de ley. Y aunque se sirviera de jueces humanos y de tribunales humanos, Él mismo era el juez por excelencia.

Cuatro aspectos fundamentales pueden distinguirse en el juzgar de Dios según el pensamiento hebreo y judío: el cometido diario de la justicia administrativa, que frecuentemente se llevaba a cabo por delegados humanos; el juicio que se realizaba sobre las naciones por los conquistadores, que a veces eran inconscientes servidores de Dios y que no actuaban a tenor del sistema legal judío; el juicio que se haría efectivo en el Día del Señor y que, con raras excepciones, en la literatura judía se reserva a solo Dios; y el juicio que se pronunciaba sobre la actitud interior del individuo, y que raramente se confiaba a un hombre.

EL COMETIDO ORDINARIO DE LA JUSTICIA ADMINISTRATIVA

En el antiguo Israel la justicia se administraba de dos maneras: por *torah* y por *mishpat*. *Torah* era una decisión en la que no se recurría a una instancia superior. El mismo Pentateuco era *torah*, puesto que fue dado por Dios a Moisés y no apelaba a otras declaraciones legales. La misma palabra *torah* se empleó para describir particulares decisiones legales, supuesto que no había apelación a una instancia superior. En el caso contrario, se llamaba *mishpat*[4].

Tanto en *torah* como en *mishpat* los hombres actuaban en lugar de Dios. Ejercitaban la divina función de juzgar. Pero no le servían ciegamente, sino que tomaban decisiones conscientes y deliberadas. Dios era considerado como el autor de un juicio. Porque si una decisión era *mis-*

---

[2] Ver Gn 18, 25: «El juez de la tierra toda, ¿no va a hacer justicia?». Cf. Sal 94, 2.
[3] Cf. Is 5, 16: «Y Yavé Sebahot ensalzado en el juicio, y el Dios santo santificado por la justicia». Cf. Dt 32, 4.
[4] Ver N. H. Snaith, *Distinctive ideas of the Old Testament*, p. 75.

hpat tenía su fundamento en *torah*, y si era *torah*, ella había sido dada por Dios. Para descubrir *torah* la gente consultaba los hados o el oráculo divino, y si se trataba de profetas se atenían a las visiones. Aunque estos métodos de establecer *torah* estaban sujetos a circunstancias que estaban fuera del control de los seres humanos, ellos incluían un elemento de reflexión e interpretación. Los jueces humanos no eran marionetas en las manos de Dios. Usaban su inteligencia. Dios les confió con autoridad el interpretar y aplicar sus leyes y oráculos.

El cometido de juzgar no era monopolio de una clase determinada de hombres. Sacerdotes, profetas y funcionarios de la nación, todos se sentaron a juzgar haciendo las veces de Dios. Los primeros gobernadores de Israel se llamaron, de hecho, «jueces». Esto era totalmente consecuente con la enseñanza hebrea sobre el juicio. La diaria administración del Estado y el escuchar los problemas particulares y litigios no eran actividades separadas. El gobernante continuamente estaba dictando sentencias. Un cometido divino había sido confiado a un hombre.

EL JUICIO EJERCITADO SOBRE LAS NACIONES POR LOS VENCEDORES

Dios juzgó a las naciones por medio de vencedores extranjeros. El asirio fue la férula de su cólera con la que castigó a Jerusalén y Samaria (Is 10, 5). Ciro fue el pastor de Dios, su Ungido, ante quien sometió a las naciones y desciñó la cintura de los reyes (Is 44, 28; 45, 1). Estos reyes paganos desconocían que eran agentes de Yavé y tuvieron una relación con Dios distinta de la mantenida con los jueces y reyes de Israel y de Judá. Mientras los conquistadores extranjeros ejecutaban la justicia divina a ciegas por medio de las victorias que ganaban y las ruinas que sembraban, los jueces y los reyes cumplían conscientemente una misión a la que habían sido llamados por Dios.

EL JUICIO QUE SE HARÁ EFECTIVO EL DÍA DEL SEÑOR

En la literatura judía frecuentemente se da relieve a la expectativa del «Día de Yavé». La enseñanza sobre este día frecuentemente es ambigua. En tiempos antiguos la gente creía que en el «Día del Señor» obtendrían una decisiva victoria sobre sus enemigos. Pero Amós les previno que sería un día de castigo, una vindicación no del pueblo de Dios, sino de la justicia de Dios[5].

Una generación más tarde, Isaías les haría una parecida advertencia: «Porque llegará el día de Yavé Sebaot sobre todos los altivos y soberbios, sobre cuantos se ensalzan para humillarlos» (Is 2, 12). El Día del Señor no será el momento de un juicio ordinario. Tendrá un talante de finalidad. Será la culminación hacia la que el drama de la historia se está moviendo. El día podría ser identificado por las devastaciones obradas por los ejércitos invasores, pero cualquiera que fuera su forma precisa, no había duda de que era el «Día del Señor». La mano que controlaba los terribles acontecimientos era la de Dios. Un monarca pagano podía ser el ejecutor divino, pero no podía ser el divino juez. Él no dictaba sentencia. Él no absolvía o condenaba.

Después del destierro, el Día se describía en términos más vivos. Era «el grande y terrible día del Señor» (Jl 2, 32; Ml 4, 5). Creía Malaquías que había de ser un día de juicio y de castigo, que inauguraría una era de paz y bendición (Ml 4, 1-3). En Jl 2, 30 y siguientes, los signos que precederán al Día están descritos con lenguaje apocalíptico: «Y haré prodigios en el cielo y pondré en la tierra sangre y fuego y columnas de humo. Y se cubrirá de tinieblas el sol, y de sangre la luna, antes de que venga el día grande y terrible de Yavé».

En estos escritos se da por supuesto que será Yavé el juez en este «grande y terrible día». Según Malaquías, Dios mismo lo describe como «el día en que yo me pondré a hacer» (4, 3) y en el que «yo vendré con vosotros a juicio» (3, 5). Aunque el justo hallase al malvado, él no juzgará realmente. Dios será el único que juzgue.

La doctrina sobre el Día del Juicio fue desarrollada y a veces en gran manera elaborada por un judaísmo posterior. Pero con pocas excepciones queda siempre claro que Dios es el juez. Aun cuando aparezca el Mesías, no dicta sentencia. Él puede aplicar el castigo en el Día del Señor y ejercer justicia administrativa en el reino mesiánico, pero realmente no dicta sentencia en el Día del Juicio.

Según los Salmos 17 y 18 de Salomón, el Mesías será un rey justo, limpio de pecado y descendiente de David. Él juntará las tribus dispersas

---

[5] «¡Ay de aquellos que desean el día de Yavé! ¿Qué será de vosotros el día de Yavé? Es día de tinieblas, no de luz» (Am 5, 18).

y hará santa a Jerusalén. Destruirá las naciones impías con el aliento de su boca. Estos salmos no dicen que el Mesías juzgará a la gente cuando tengan lugar estos terribles acontecimientos. Él solamente los juzgará después, cuando ejerza la justicia administrativa en el reino mesiánico[6]. Según el Testamento de Leví, después de que hayan sido castigados los pecadores, surgirá un Mesías sacerdotal. El juicio que ejercitará pertenece, no a la junta de leyes, sino al consejo secreto[7].

En el etíope Enoc, Dios «pastor del rebaño» preside el juicio. Hay una oscura referencia a «el otro» (90, 20), que tomó los libros sellados y los abrió delante del Señor del rebaño. Pero la verdadera sentencia es pronunciada por Dios.

Según la Sabiduría de Salomón, el justo juzgará a las naciones. A primera vista parece que nos encontramos ante una excepción en la tendencia a asignar el juicio a solo Dios. Pero cuando estudiamos el versículo en su conjunto, no hay duda de que se refiere a una justicia administrativa, que el justo ejercerá.

«Juzgarán a las naciones y dominarán sobre los pueblos, y su Señor reinará por los siglos» (Sab 3, 8).

Algunos escritos judaicos establecen muy enérgicamente que solo Dios juzgará en el Juicio Final. Tres importantísimos pasajes serán citados:

1. Jub 23, 31 describe el futuro del justo:

«Y sus huesos descansarán en la tierra y sus espíritus se alegrarán grandemente, y ellos conocerán que es el Señor quien da la sentencia».

2. Asc. de Moisés 10, 7:

«Porque se levantará el Altísimo, el solo Dios Eterno, y aparecerá para castigar a los gentiles, y destruirá todos sus ídolos».

---

[6] «Y Él reunirá un pueblo santo, a quien conducirá con rectitud. Y juzgará a las tribus del pueblo, que ha sido santificado por el Señor, su Dios» (Sal 17, 28-9).

[7] «Y después que el Señor les haya dado su castigo, el sacerdocio fallará. Entonces el Señor hará surgir un nuevo sacerdote. Y se le revelarán todas las palabras del Señor; y juzgará con justicia sobre la tierra durante una infinidad de días» (Test. Levi. 18, 1-3).

El autor de esta obra idealiza a Moisés de tal manera que ya no queda lugar para un Mesías. Toda la tarea de juzgar y castigar es llevada a cabo por Dios sin la asistencia de un Mesías o de los ángeles. Es «el Dios Eterno solo» quien realiza el cometido. El énfasis pudo haber sido puesto para atacar la creencia de que alguna otra persona además de Dios presidía el juicio. Si está en lo cierto Charles al poner la fecha del libro entre los años 7 al 30 d. C., el autor no pudo querer atacar al cristianismo[8]. Debió estar refiriéndose a una creencia que se había introducido en el judaísmo.

3. Esdras 6, 6:

«...Y por mí solo, no por ningún otro, fueron creados; como también el fin (vendrá) a través de mí solo y de ningún otro».

Este testimonio, con su repetición de las palabras «solo» y «ningún otro», parece ser también un ataque a teorías no ortodoxas.

Dos escritos judíos insinúan que se creía que otros, además de Dios, darían la sentencia final. Son el Libro de Daniel y las Semejanzas de Enoc.

Hay una descripción del juicio en Daniel, en la que, conforme a una interpretación, los santos desempeñan cargo judicial. Daniel 7, 22 es el único versículo en el libro que podía significar que los santos dictarán sentencia en el día del juicio. La interpretación de este versículo es discutida. La *Revised Version* dice: «...y el juicio fue confiado a los santos del Altísimo». Esto implica que los santos dictaban sentencia. Pero al margen de la *Revised Version*, dice así: «...y el juicio se dio para los santos del Altísimo». Esta lectura marginal quiere decir que el juicio era dado en favor de los santos. Ello no implica que los mismos fuesen designados jueces.

Charles corrige el texto para leer: «Se pronunció la sentencia y fue dado el poder a los santos del Altísimo»[9]. Él mismo dice que el Todopoderoso está rodeado por asesores angélicos[10]. «Los santos no juzgan, dice, sino solo Dios». «Ellos son sus asesores». Él defiende que en la frase «el

---

[8] *Assumption of Moses*, p. LVIII.
[9] *The Book of Daniel* en el lugar.
[10] *Ibid.*, p. 193, ver p. 184.

juicio estaba formado» (7, 10), la palabra «juicio» se refiere a «aquellos que juzgan». Y todavía corrige 7, 22 de suerte que no signifique que los santos eran jueces.

Hay varios puntos débiles en su discusión de la visión. La noción de un asesor no es apropiada. Un asesor es un consejero legal a quien el juez consulta sobre aspectos difíciles de la ley. Y es dudoso que el autor de Daniel seriamente quisiera decir que Dios necesitaba el consejo de los ángeles en los aspectos difíciles de la ley. Una dificultad adicional en la relación de Charles es su identificación de los ángeles en 7, 10 con los «santos del Altísimo». Porque en la interpretación de la visión a los santos se compara a «uno semejante a un hijo de hombre», que en la visión es distinto de los ángeles auxiliares.

La ambigüedad de 7, 22 hace imposible decidir si se esperaba que los santos iban a ser jueces en el Día del Juicio.

Cuando se les diera potestad, ejercerían la justicia administrativa. Pero es incierto que se considerase que ellos iban a ser jueces en el mismo gran día.

En las Semejanzas de Enoc hay una más clara prueba de que otro ser, además de Dios, sería juez en el Día del Juicio. El Hijo del Hombre será juez tanto de los ángeles como de los hombres. Este Hijo del Hombre es un ser celestial que realiza el cometido de Mesías. El concepto de Mesías es sobrenatural y mucho más elevado que todo en la más antigua literatura judía.

La tarea de este Hijo del Hombre está descrita en el pasaje que sigue (Enoc 62, 1-3).

«Y así, el Señor ordenó a los reyes, a los poderosos, a los elevados y a aquellos que habitan la tierra y dijo: "Abrid vuestros ojos y alzad vuestros cuernos si sois capaces de reconocer al Elegido".
Y el Señor Sebaot se sentó en el trono de su gloria.
Y el espíritu de justicia se derramó sobre él,
y la palabra de su boca mata a todos los pecadores,
y todo lo injusto es destruido delante de su rostro.
Y se mantendrán de pie en aquel día reyes y poderosos,
y los elevados y aquellos que poseen la tierra,
y ellos verán y reconocerán
cómo él se sienta en el trono de su gloria,
y la justicia es juzgada ante él,
y no se pronuncia palabra mentirosa ante él».

En este pasaje el Hijo del Hombre es descrito como el juez que preside en el Día del Juicio. El Señor Sebaot, esto es, Dios, ha delegado en el Hijo del Hombre, o el Elegido, la función de juzgar.

El Hijo del Hombre aparece de nuevo como juez en 69, 27:

«Y se sentó en el trono de su gloria, y la totalidad del juicio la puso en manos del Hijo del Hombre, e hizo que los pecadores fenecieran y fueran erradicados de la faz de la tierra, y a aquellos que guiaban el mundo por mal camino».

El sentido de estos pasajes está fuera de discusión. Se cuenta con que el Mesías será el juez. Pero en la misma sección hay otro pasaje en el que Dios es el juez y los ángeles aplican el castigo al que los delincuentes son sentenciados por Él (62, 9-11).

«Y todos los reyes y los poderosos y los exaltados y los que rigen la tierra caerán ante Él sobre sus rostros, y se postrarán y pondrán su esperanza en el Hijo del Hombre, y le rogarán e implorarán gracia de sus manos. Pero el Señor de los espíritus los abrumará de tal manera, que se alejarán apresuradamente de su presencia, y sus rostros se llenarán de bochorno y la oscuridad se irá haciendo más densa sobre sus rostros. Y los entregará a los ángeles para el castigo, para vengarse de ellos porque dejaron a sus hijos y al elegido».

Lo mismo que en el Nuevo Testamento, la idea del Mesías como juez se va combinando con la de Dios como juez también.

Como las Semejanzas de Enoc pertenecen a una fecha incierta, se ha puesto en tela de juicio su importancia para el estudio del Nuevo Testamento. Defiende Charles que fueron escritas en el primer siglo a. C.[11], pero J. Y. Campbell arguye que no existe un claro indicio de la fecha[12]. Las Semejanzas, con todo, nos proporcionan una imagen de una forma de pensar corriente en el judaísmo de comienzos de la era cristiana. Aun suponiendo que el texto de la obra hubiese sido influenciado por la tradición cristiana[13], es probable que la idea de un Hijo del Hombre celestial,

---

[11] *Book of Enoch*, p. 108.
[12] *JTS*, XLVIII (1947), pp. 146-48.
[13] Ver Dodd, *Interpretation of the Fourth Gospel*, p. 242.

que pronunciaría y ejecutaría el juicio, estaba siendo enseñada antes del nacimiento de Cristo. En las Semejanzas de Enoc hay influencias del Libro de Daniel. Probablemente entendieron mal el Libro de Daniel al creer que el Hijo del Hombre sería el juez. Pero su dependencia de Daniel sugiere que su tema central apareció independientemente del cristianismo y, más aún, antes de la era cristiana.

Hemos citado tres pasajes (Jub 23, 31; Ascen. de Mois. 10, 7; 4 Esd 6, 6), en los cuales enfáticamente se afirma que solo Dios juzgará. Probablemente fueron escritos para condenar la creencia de que los ángeles o un Mesías ejercerían las funciones judiciales. La clase de enseñanza que se nos presenta en las Semejanzas de Enoc parece haber sido bien conocida por los escritores de estas obras y, en consecuencia, sería precristiana. Siendo así que el conjunto de la doctrina judía apoya el punto de vista de que solamente Dios ejercería el juicio en el Día del Señor, las Semejanzas de Enoc son una prueba de la creencia de que Dios delegaría su cometido en el Mesías.

«Examíname, oh Señor, y pruébame: tantea mis riendas y mi corazón. Porque tu cariñosa bondad está ante mis ojos; y he caminado en tu verdad» (Sal 26, 1-3, ver Sal 7, 8, 9; 17, 3 y 139, 23).

La idea se encuentra también en lo que sigue:

«Porque Dios ha de juzgarlo todo, aun lo oculto, y toda acción, sea buena, sea mala» (Ecl 12, 14).
«El Señor conoce los corazones de todos... el cual dará a cada hombre según sus obras» (Prov 24, 12, LXX).
«Y Él, sin duda, juzgará a los que están en este mundo, inspeccionará en la verdad todas las cosas por medio de sus obras ocultas. Y ciertamente examinará los secretos pensamientos, y aquello que se guarda en secretos cuartos de todos los miembros del hombre, los pondré de manifiesto a la vista de todos, con reproche» (Apoc. Bar. 83, 1 ss.; ver también Ecl 1, 30).

Aunque esta investigación interior generalmente se atribuye a Dios solo como tarea, según las Semejanzas de Enoc es llevada a cabo por el Elegido (61, 9).

«Y cuando Él alce su semblante para juzgar sus caminos secretos según la palabra del nombre del Señor de los Espíritus, y su senda según el modo del justo juicio del Señor de los Espíritus, entonces todos ellos hablarán y bendecirán con una sola voz, y glorificarán y ensalzarán y santificarán el nombre del Señor de los Espíritus».

El escritor pensaba que el Mesías daría la sentencia final en el destino de las criaturas de Dios, y por eso no encuentra dificultad en considerarle como juez de los secretos pensamientos de los hombres.

En las páginas anteriores quedó expuesto que los judíos creían que Dios era juez supremo en los asuntos de los hombres. Su autoridad abarca el gobierno diario del Estado y también el Juicio Final. Da sentencia de las acciones externas de los hombres y de sus actitudes internas.

Desde los más remotos tiempos se creyó que Él delegaba su poder de juzgar a los hombres. Decimos que unas veces los hombres actúan conscientemente bajo su dirección, y otras parecen ser ciegos instrumentos de su voluntad. Cuando los hombres juzgan en su lugar, llevan a cabo la ordinaria tarea de la justicia administrativa o infligen derrotas militares a las naciones pecadoras. El Juicio Final y el juicio sobre las actitudes internas de los hombres eran realizados por Dios solamente. Una excepción nos sale al paso en las Semejanzas de Enoc, en donde el Hijo del Hombre aparece como juez en el último día, y juez también de las actitudes internas de los hombres.

JUAN BAUTISTA

Juan Bautista profetizó la venida del poderoso, que ejecutaría el proceso de cernido, esencial a un juicio.

«Tiene ya el bieldo en su mano y limpiará su era y recogerá su trigo en el granero, pero quemará la paja en fuego inextinguible» (Mt 3, 12; Lc 3, 17).

Su profecía sobre el bautismo con fuego también se refiere al juicio:

«...Él los bautizará con el Espíritu Santo y con fuego» (Mt 3, 11; Lc 3, 16).

Juan Bautista creía que el que iba a venir sería un juez. Pero ¿quién era el que iba a venir? Los evangelistas sinópticos, y, según su relación, el mismo Jesús, creían que el que iba a venir era el Mesías. Sin embargo, Juan Bautista parece que esperaba que Elías fuese el que iba a venir. En la obra *Mystery of the Kingdom of God*[14], Schweitzer defiende que en el Bautista se combinaban elementos del pensamiento de Malaquías y de Joel. Joel profetizó una efusión del Espíritu antes de la llegada del grande y terrible Día del Señor (Jl 2, 28 y ss.; Ml 4, 5). El Bautista unía la efusión del Espíritu con la vuelta de Elías, y predijo que Elías bautizaría con el Espíritu. La opinión de Schweitzer se apoya en el hecho de que el Bautista no hacía mención de un Mesías, sino solamente del que iba a venir. Además, cuando el Bautista envió a sus discípulos a preguntar a Jesús: «¿Eres tú el que ha de venir o esperamos a otro?» (Mt 11, 3; Lc 7, 19), ellos no dan a entender que esperasen a un Mesías[15].

Juan Bautista se consideraba a sí mismo como la «Voz» de que se hace mención en Is 40, 3: «Voz de uno que grita: "Preparad en el desierto vosotros el camino del Señor"». Los cuatro Evangelios citan este versículo como una profecía de la venida del Bautista (Mt 3, 3; Mc 1, 3; Lc 3, 4; Jn 1, 23). G. S. Duncan defiende que «deberíamos trazar una

---

[14] P. 152.
[15] Las profecías del bautismo con fuego y la quema de la broza también dan a entender que Juan esperaba la vuelta de Elías. Recuerdan pasajes de Malaquías, donde el Señor Dios mismo es comparado al fuego de un refinador (Ml 3, 3) y se dice de Él que abrasa a los soberbios y a los malvados como rastrojo (4, 1). ¿Cómo llegó el Bautista a asignar esta misión a Elías? La mejor explicación de la introducción de esta idea es que Juan el Bautista supuso que el juicio descrito en Ml 3, 2 iba a ser ejecutado por Elías. Los primeros versículos de Ml 3 contienen una sorprendente ambigüedad. Lo esencial del problema se encuentra en el versículo 1, que está dividido en tres secciones:

1.ª El mensajero que prepara el camino: «He aquí que yo envío mi mensajero, y él preparará el camino delante de mí».

2.ª La llegada del Señor: «Y el Señor, a quien vosotros buscáis, llegará de repente a su templo».

3.ª La venida del mensajero del pacto: «Y el mensajero de la alianza, a quien vosotros deleitáis, he aquí, él viene, dice el Señor de los espíritus».

Los versículos 2 y 3 describen la venida de alguien para sentarse en el juicio. Este juez no podía ser el mensajero de la 1.ª, que solamente prepara el camino. Podía ser tanto el Señor de la 2.ª como el mensajero de la alianza de la 3.ª. Smith, en su *I. C. C. Commentary on Malachi* (p. 63), defiende que el Señor de la 2.ª y el mensajero de la alianza de la 3.ª son la misma persona. Sin embargo, sería más fácil para el Bautista dejar establecido que el mensajero de la alianza, que no es idéntico al Señor, administró el juicio. Cuando ha dejado expuesta esta suposición, el siguiente paso sería unir el mensajero de la 3.ª con el mensajero de la 1.ª. Puesto que el mensajero debía preparar el camino, podría ser identificado con Elías de Ml 4, 5, que iba a venir antes del grande y terrible día del Señor.

tradición innegablemente genuina» detrás de Jn 1, 19 y ss., en que el Bautista niega que él sea Elías y afirma: «Yo soy la voz del que clama en el desierto»[16]. Y esto es compatible con la prueba de los Evangelios sinópticos.

Jesús corrigió la opinión del Bautista. Dijo que el Bautista era Elías (Mc 9, 11-13; Mt 11, 14) y que él mismo era el Mesías. El más importante factor para nuestro propósito en la doctrina del Bautista es que él esperaba a un hombre que vendría como juez. Creía que Elías llevaría a cabo esta función divina. En este aspecto estaba fuera de tono con el tema principal de la doctrina judía. Con todo, esta idea sirvió a Jesús, ya que encajaba bien con la concepción que tenía de sí mismo como Mesías y Juez.

LOS EVANGELIOS SINÓPTICOS

Nuestra próxima tarea será determinar si Jesús creía que iba a ser Él mismo quien había de presidir el Día del Juicio. La imagen más gráfica que los Evangelios sinópticos proporcionan del Juicio Final es la narración de las ovejas y de los cabritos (Mt 25, 31-46). En esta narración es el Hijo del Hombre quien preside el juicio y lo ejecuta (25, 31-3):

«Cuando el Hijo del Hombre venga en su gloria y todos los ángeles con Él, se sentará sobre su trono de gloria, y se reunirán en su presencia todas las gentes, y separará a unos de otros, como el pastor separa a las ovejas de los cabritos, y pondrá las ovejas a su derecha y los cabritos a su izquierda».

Sostiene T. W. Manson que el Hijo del Hombre representa al pueblo de los santos del Altísimo, como en el Libro de Daniel, y que el Rey es el Mesías que actúa como el representante de los santos[17]. Es difícil notar esta distinción dentro de la narración. En el versículo 33, el Hijo del Hombre coloca a las ovejas a la mano derecha y a los cabritos a la izquierda. En el versículo 34 la narración continúa: «Entonces el Rey dice a los de la mano derecha...». La narración se expresa como si el Rey fuese la misma persona que el Hijo del Hombre.

---

[16] *Sayings of Jesus*, p. 85.
[17] *Ibid.*, pp. 249-50.

Jesús hablaba de sí mismo al usar los títulos de «Rey» e «Hijo del Hombre». Y las palabras: «Venid, hijos benditos de mi Padre» implica que el Hijo del Hombre era también el Hijo de Dios. El pasaje contiene mucha información sobre la idea de Jesús a propósito de su misma persona, y uno de los más importantes rasgos del pasaje es que se describe a sí mismo como juez. G. S. Duncan afirma que la narración no es estrictamente una imagen del Juicio Final. Los hombres se juzgan a sí mismos diariamente según su postura ante Jesús, y es esta verdad la que la narración intenta transmitirnos.

«El cuerpo de la narración no es de ninguna manera la descripción de un Juicio Final; es más bien una viva explicación de principios eternos de acuerdo a los cuales se ejecuta el juicio»[18].

Duncan sigue y afirma que el Hijo del Hombre no está retratado como juez en este pasaje:

«Si no se trata de la descripción de un juicio es escasamente exacto decir, como frecuentemente se ha hecho, que el Hijo del Hombre aparece aquí como juez. Nunca se le presenta así en la narración. Ciertamente, aparece con gloria, con esplendor y con la autoridad de un rey; Él está sentado, también, en un trono con los ángeles por séquito. Pero lo que Él hace no es tanto juzgar a aquellos que están reunidos ante Él, cuanto separarlos en dos grupos de acuerdo a un examen contra el que no hay apelación, y entonces declararles su inevitable suerte. Y Él habla y actúa siempre como representante, primeramente de aquel a quien Él llama "mi Padre", y después de aquellos a quienes Él dice "hermanos míos"»[19].

Si Duncan no cree que las funciones descritas en la narración son las propias de un juez, ¿qué piensa que es lo que tiene que hacer un juez? El Hijo del Hombre se sienta en el trono, divide a los hombres en dos clases y los sentencia al castigo o les otorga una recompensa. Es precisamente esa la tarea de un juez. Afirma Duncan que el Hijo del Hombre actúa como representante de su Padre y de sus hermanos. Pero Él es, no obstante, un juez. Su Padre no está junto a Él, ni le dice al oído las instrucciones. El Hijo del Hombre viene en su propia gloria y Él mismo pronuncia la sentencia.

[18] *Ibid.*, p. 197.
[19] *Ibid.*, p. 197.

La narración de las ovejas y los cabritos solamente Mateo la ha recogido. Dodd lo despacha con la observación de que «no hay, sin embargo, una confirmación directa de esto en otras fuentes nuestras»[20]. Pero la ausencia de paralelos no justifica la exclusión de la prueba de la fuente particular de Mateo. Además, la tarea del Hijo del Hombre como juez se encuentra en cualquier parte en los Evangelios sinópticos. Según Mc 8, 38, Jesús dijo:

«Porque si alguien se avergonzare de mí y de mis palabras ante esta generación adúltera y pecadora, también el Hijo del Hombre se avergonzará de él cuando venga en la gloria de su Padre con los santos ángeles»[21].

Hay un dicho similar en Mt 10, 32-3; Lc 12, 8-9. Mateo no alude al Hijo del Hombre, pero la versión de Lucas es como sigue:

«Yo os digo: a quien me confesare delante de los hombres, el Hijo del Hombre le confesará delante de los ángeles de Dios. El que me negare delante de los hombres, será negado ante los ángeles de Dios».

Afirma Dodd que en la forma original del dicho el Hijo del Hombre aparecía no como un juez, sino como un abogado o defensor[22]. La forma Q del dicho (Mt 10, 32-3; Lc 12, 8-9) presenta al Hijo del Hombre como un abogado y a los ángeles de Dios como jueces. Pero del mismo modo podría presentar a Jesús como juez y a los ángeles como auditorio. El dicho de Marcos ciertamente describe al Hijo del Hombre como juez; y aunque los dos dichos tengan significados diferentes, Jesús pudo muy bien decir los dos.

Dodd dice que, como no hay alusión al Hijo del Hombre en la forma de Mateo del dicho Q (Mt 10, 32-3), probablemente no se hacía alusión a Él en el dicho original. Pero este argumento solamente se aplica al dicho Q y no excluye la alusión al Hijo del Hombre en el dicho de Marcos.

---

[20] C. H. DODD, *Parables of the Kingdom*, p. 85.
[21] Mateo reproduce este dicho de tal forma que es todavía más claro que el Hijo del Hombre es el que da la sentencia: «Porque el Hijo del Hombre vendrá en la gloria de su Padre con los ángeles; y entonces retribuirá a cada hombre según sus obras» (Mt 16, 27).
[22] *Op. cit.*, p. 85, n. 2.

T. W. Manson defiende que en el dicho de Marcos el Hijo del Hombre «está en lugar de "el Resto", el verdadero Israel del que Jesús es la cabeza»[23]. Explica el dicho de esta manera:

«En la consumación final los que confesaron y los que negaron serán también confesados o negados por el Hijo del Hombre, es decir, por el verdadero Israel espiritual que habla a través de Cristo, su Rey».

Esta opinión está apoyada por la lectura «cualquiera que se avergonzare de mí o de lo mío», en que «palabras» se omite. En opinión de Manson «mí y lo mío» se refiere al Hijo del Hombre.

Si Manson tiene razón, el juicio lo ejecutan los santos. Hemos visto que es incierto si los santos en Dan 7 ejecutan el juicio. Y ni Messel ni Manson han probado que el Hijo del Hombre sea un título colectivo en las Semejanzas de Enoc[24]. La teoría de Manson ha sido ya examinada en unión con la narración de las ovejas y de los cabritos. No convence. El título «Hijo del Hombre» se refiere en los Evangelios a una persona, lo mismo que en las Semejanzas de Enoc. Los discípulos de Jesús juzgarán no en el Juicio Final, sino en el reino mesiánico, cuando el juicio que ellos ejercerán será administrativo: «...y yo dispongo del reino en favor vuestro, como mi Padre ha dispuesto de él en favor mío, para que comáis y bebáis a mi mesa en mi reino y os sentéis sobre tronos como jueces de las doce tribus de Israel» (Lc 22, 29-30).

Los dichos en Mt 25, 31-46 y en Mc 8, 38 aportan la prueba más clara del convencimiento de Jesús de que Él volvería como juez. Lo explícito de estos dichos ha levantado la sospecha de que son producto de revisión editorial. Pero hay otros pasajes en los que el significado no es tan explícito y que ciertamente no han sido alterados en la tradición.

En el Evangelio de Lucas, las frases «Día del Hijo del Hombre» y «Días del Hijo del Hombre» reemplazan las frases del Antiguo Testamento «Día del Señor» y «grande y terrible Día del Señor». Este cambio de terminología quiere decir que se esperaba que el Hijo del Hombre desempeñara el papel que en el Antiguo Testamento se adjudicaba a Yavé.

Hay una profecía en Lc 27, 22-37 sobre la llegada de los días del

---

[23] *Op. cit.*, p. 109.
[24] V. Taylor, *Jesus and His Sacrifice*, p. 24 y ss.; *Names of Jesus*; T. W. Manson, *The Teaching of Jesus*, p. 211 y ss.; N. Messel, *Der Menschensohn in den Bildenreden des Henoch*.

Hijo del Hombre. Estos días vendrán repentinamente como el rayo. Sorprenderán a los hombres, como el diluvio en tiempo de Noé, y como el fuego y azufre, cuando de repente llovieron sobre Sodoma. Será un tiempo en que un hombre será separado de otro.

«Dígoos que en aquella noche estarán dos en una misma cama, uno será tomado y el otro dejado. Estarán dos moliendo juntas; una será tomada y otra será dejada».

Este es el único pasaje en que aparece la frase «Día del Hijo del Hombre». «Día del Señor» no aparece en ninguna parte en los Evangelios sinópticos, pero «el Día» aparece frecuentemente, normalmente en el sentido de «Día del Juicio» (Mc 13, 22; Mt 23, 36; Lc 10, 12). Dodd minimiza la importancia de estos dichos:

«No existe un interés aislado en el Día del Juicio como tal, o en la suerte de los gentiles en el juicio. La imagen del Juicio Final a la que dedicamos bastante tiempo se emplea simplemente para dar viveza y fuerza a amonestaciones solemnes»[25].

Sin embargo, los Evangelios dan la impresión de que Jesús tenía un interés concreto en el Día del Juicio. Una proporción considerable de sus enseñanzas tiene que ver con la llegada del Hijo del Hombre y con el juicio[26].

Cristo consideraba el juicio como un veredicto sobre la actitud interior del hombre y también sobre sus actos. Dice en el Sermón de la Montaña que la cólera y la codicia pueden llevar a los hombres al peligro del juicio (Mt 5, 21-32). En Mc 8, 38 dice que si un hombre se avergüenza de Él y de sus palabras, Él también se avergonzará de tal hombre. Avergonzarse es una actitud de la mente. El juicio de Jesús penetra tras las acciones de los hombres a sus pensamientos y sentimientos.

---

[25] *Op. cit.*, p. 83.
[26] JOHN KNOX, *The Death of Christ*, p. 65, afirma que Jesús nunca habría proclamado ser el celestial Hijo del Hombre, porque «una persona sana, no ya una buena persona, no habría podido pensar de sí mismo de esta manera». Knox piensa que habría comprometido la humanidad de Jesús. Pero esto no se sigue. La humanidad de Jesús fue presentada por medio de las ideas religiosas contemporáneas con el objeto de expresar el hecho único de su relación con el Padre. «Hijo del Hombre» era una de esas ideas.

El perdón está fuertemente relacionado con el juicio; y los judíos creían que el perdón estaba dentro del poder de Dios solamente. Escribe Abrahams que «el profeta, sea Juan Bautista u otro, debía llevar a los hombres al perdón; él no otorga el perdón a los hombres; no era cosa suya el otorgar. La idea de mediación, sugerida por una parte por la interpretación alegorizante de la Escritura y por otra por la irrupción de la angelología y por la doctrina de valor ancestral con su simpatía por lo medianero, no estaba ausente del todo de la más reciente teología rabínica; pero es verdad que en conjunto podemos afirmar que el principio de que Dios, y solamente Dios, es el objeto de adoración y la sola e inmediata fuente de perdón quedaba intacto»[27]. Jesús reclama este poder divino y concede perdón al pecador. En sus propias enseñanzas y en sus acciones dio a entender que la justicia divina incluía el perdón.

LOS HECHOS DE LOS APÓSTOLES

Solamente tres alusiones al juicio hay en los Hechos de los Apóstoles:

«Y nos ordenó predicar al pueblo y atestiguar que por Dios ha sido instituido juez de vivos y muertos» (10, 42).

«...por cuanto tiene fijado el día en que juzgará la tierra con justicia por medio de un hombre, a quien ha constituido juez, acreditándole ante todos...» (17, 31).

«Disertando Él sobre la justicia, la continencia y el juicio venidero» (24, 25).

De estos pasajes, los dos primeros muestran que en la cristiandad primitiva Jesús era esperado como Juez. Este tema no tiene un lugar constante en los relatos de predicación en los Hechos. Se presta mucha menos atención al Juicio Final en los Hechos que en los Evangelios sinópticos. Pero cuando se hace mención del juicio, Cristo es presentado como juez. Esto da una clara idea de la fe de los cristianos primitivos.

---

[27] ABRAHAMS, *Studies in Pharisaism and the Gospels*, 1, p. 140. Mc 2, 5: «Y Jesús viendo su fe dijo al paralítico: "Hijo, tus pecados son perdonados"». Lc 7, 48: «Y le dijo a ella: tus pecados son perdonados».

PABLO

Pablo ofrece abundantes testimonios de que él creía que Jesucristo vendría como juez. Se detiene más en este tema en las primeras cartas que en las últimas. En la primera Carta a los Tesalonicenses dice que el Señor Jesús vendrá con sus santos. Exhorta a los Tesalonicenses a ser intachables «a fin de fortalecer vuestros corazones y haceros irreprensibles en la santidad ante Dios, Padre nuestro, en la venida de nuestro Señor Jesús con todos sus santos» (1 Tes 3, 13). Más tarde, en la misma carta, Pablo escribe: «...y que se conserve entero vuestro espíritu, vuestra alma y vuestro cuerpo sin mancha para la venida de nuestro Señor Jesucristo» (1 Tes 5, 23b). Estos dos pasajes se refieren a la venida de Jesús en el juicio. La insistencia en la necesidad de ser irreprensibles y santos lo pone en claro. Según la segunda Carta a los Tesalonicenses, el Señor Jesús se manifestará desde el cielo «con sus milicias angélicas, tomando venganza en llamas de fuego sobre los que desconocen a Dios y no obedecen al evangelio de nuestro Señor Jesús; que serán castigados a eterna ruina, lejos de la faz del Señor y de la gloria de su poder, cuando venga para ser glorificado en sus santos...» (2 Tes 1, 7-10).

En la primera Carta a los Corintios, Pablo escribe que el Señor vendrá como juez: «Cierto que de nada me arguye la conciencia, mas no por eso me creo justificado; quien me juzga es el Señor. Tampoco, pues, juzguéis vosotros antes de tiempo mientras no venga el Señor, que iluminará los escondrijos de las tinieblas y hará manifiestos los propósitos de los corazones, y entonces cada uno tendrá la alabanza de Dios» (1 Co 4, 4. 5). La palabra «Señor» en este pasaje se refiere a Cristo, puesto que al Día del Juicio se le llama «el Día del Señor Jesús» en 1 Co 5, 5, y las palabras «Día de nuestro Señor Jesucristo» nos salen al paso en 1 Co 1, 8[28].

Habla de nuevo de «el Día de nuestro Señor Jesús» en la segunda Carta a los Corintios (1, 14), y afirma «que todos hemos de comparecer ante el tribunal de Cristo, para que reciba cada uno según lo que hubiere hecho por el cuerpo, bueno o malo» (2 Co 5, 10).

En las últimas cartas, Pablo dice poco sobre el Juicio Final. Cristo es considerado como la meta hacia la cual todas las cosas avanzan[29]; y esta

---

[28] En 1 Co 5, 5 la palabra «Jesús» se omite por muchas de las pruebas textuales. Pero la indiscutida lectura de 1 Co 1, 8 muestra que «el Día del Señor» quiere decir «el día del Señor Jesucristo».

[29] «Todas las cosas fueron creadas por Él y en Él» (Col 1, 16. Ver Ef 1, 10).

idea toma prioridad sobre cualquier enseñanza a propósito del juicio. Una excepción a esta tendencia en las últimas cartas se encuentra en Filipenses, en la cual se dice esto: «El Señor está próximo» (Flp 4, 5). Viene, sin embargo, más bien como Salvador que como Juez: «Porque somos ciudadanos del cielo, de donde esperamos al Salvador y Señor Jesucristo» (Flp 3, 20).

Aunque corrientemente habla de Cristo como juez, Pablo no excluye la idea de que Dios Padre pronuncie sentencia: «Porque todos hemos de comparecer ante el tribunal de Dios» (Rom 14, 10). En la primera Carta a los Corintios todavía dice que los santos juzgarán: «¿Acaso no sabéis que los santos han de juzgar al mundo? Y si habéis de juzgar al mundo, ¿seréis incapaces de juzgar esas otras causas más pequeñas? ¿No sabéis que hemos de juzgar aun a los ángeles? Pues mucho más las naderías de esta vida» (1 Co 6, 2. 3). Esta idea puede estar basada en parte en Dan 7, 22 y en parte en la promesa de Jesús de que sus discípulos tomarían parte en el juicio (Mt 19, 28; Lc 22, 30).

Pablo está convencido de que los secretos del corazón del hombre serán materia del juicio, sea Dios o Cristo quien sentencie: «...el día en que Dios, por Jesucristo, según mi evangelio, juzgará las acciones secretas de los hombres» (Rom 2, 16). «Tampoco, pues, vosotros juzguéis antes de tiempo, mientras no venga el Señor, que iluminará los escondrijos de las tinieblas y hará manifiestos los propósitos de los corazones» (1 Co 4, 5)[30].

Es verdaderamente sorprendente que Pablo dedique tanto espacio al tema del Juicio Final. Su doctrina de la justificación arrastra la fuerza del futuro al presente. El importante papel que la doctrina de las Últimas Cosas continúa desempeñando en Pablo es prueba segura de su puesto en la primitiva fe cristiana. Pablo era exponente de una tradición que él mismo había recibido de otros.

A Pablo no le interesan numerosos detalles del Juicio Final. No se entrega a fantásticas descripciones, sino que prefiere acentuar el hecho central: que Cristo actuará como juez. Se ha dicho con frecuencia que las últimas cartas, en las que Cristo es presentado como el autor y la meta

---

[30] Ver H. A. A. KENNEDY, *St. Paul's Conception of the Last Things*, p. 205: «...es evidente que la idea que se mantiene más firmemente ante él, en relación con *el proceso* del juicio, es la revelación de los secretos de los seres humanos a ellos mismos y probablemente a los otros, o sea, una prueba de la conducta humana por medio de una severa experiencia, que él simboliza en el fuego».

de todas las cosas, son las que desarrollan la alta cristología de Pablo. Pero ya en las primeras cartas describe a Cristo como juez, y así es como se advierte una desarrollada cristología. Ya en los primeros escritos había acogido Pablo una elevada cristología, tal cristología fue enseñada por el mismo Cristo y transmitida por la Iglesia primitiva, la cristología que habla de Cristo como juez.

LOS ESCRITOS DE JUAN

El cuarto Evangelio contiene un número de pasajes en los que el evangelista presenta a Cristo como juez.

«Aunque el Padre no juzga a nadie, sino que ha entregado al Hijo todo el poder de juzgar» (5, 22).

«Y le dio poder de juzgar (el Padre al Hijo), por cuanto Él es el Hijo del Hombre» (5, 27)[31].

«Yo no puedo hacer por mí mismo nada; según le oigo, juzgo, y mi juicio es justo, porque no busco mi voluntad, sino la voluntad del que me envió» (5, 30, ver. 9, 39).

En cualquier otra parte del Evangelio, Juan escribe como si Jesús no fuera juez:

«Pues Dios no ha enviado a su Hijo al mundo para que juzgue al mundo, sino para que el mundo sea salvo por Él» (3, 17).

«Vosotros juzgáis según la carne; yo no juzgo a nadie» (8. 15).

«Y si alguno escucha mis palabras y no las guarda, yo no le juzgo, porque no he venido a juzgar al mundo, sino a salvar al mundo. El que me rechaza y no recibe mis palabras, tiene ya quien lo juzgue; la palabra que yo he hablado, esa le juzgará en el último día» (12, 47-8)[32].

---

[31] R. H. CHARLES, *The Book of Enoch*, p. 48, piensa que Jn 5, 27 es casi una cita de Enoc 69, 27: «Y se sentó en el trono de su gloria, y la totalidad del juicio le fue dada al Hijo del Hombre». No existe, sin embargo, seguridad de que el cuarto evangelista conociera las Semejanzas de Enoc, y la similitud de lenguaje podría ser solamente una coincidencia. Los evangelistas encontrarían en las enseñanzas de Jesús la fuente de sus ideas, porque la imagen del Hijo del Hombre como juez es común en los sinópticos y en el Evangelio de Juan.

[32] Ver también Jn 5, 45, que da a entender que no es juez el Hijo, sino el Padre.

De estos dichos podemos descontar el 8, 15, porque lo que hace Jesús en él es sencillamente contrastar su conducta con el afán de crítica por parte de los fariseos. Él no hace una declaración sobre su misión presente o futura.

Juan 3, 17 no implica que Jesús no ejerza el juicio. Se afirma que el auténtico fin de su venida era salvar y no jugar. Pero aun cuando el juzgar no fuese la finalidad de su venida, era parte de la misión que realizaba.

El cuarto Evangelio parece enseñar por paradojas. El Padre no juzga, porque ha dado autoridad al Hijo. Y con todo no es el Hijo quien juzga, sino la palabra que el Padre le ha dado a Él. En una ocasión el evangelista da la impresión de que los hombres son juzgados por su actitud ante Cristo y que Cristo no juzga activamente. Y en otra da a entender que el mismo Cristo ejecuta activamente el juicio.

Estas paradojas son el resultado de una tensión entre un juicio presente y un juicio futuro. Cuando el cuarto Evangelio habla del juicio presente, pone énfasis en el juicio de los hombres por su actitud con respecto a Cristo, especialmente a Cristo levantado en la cruz. Pero el Evangelio también se refiere a un juicio futuro:

«No os maravilléis de esto, porque llega la hora en que cuantos están en los sepulcros oirán su voz, y saldrán los que han obrado el bien para la resurrección de la vida, y los que han obrado el mal para la resurrección del juicio» (5, 28. 9).

Sostiene Bultmann que estos versículos constituyen una tardía interpolación, porque no son consecuentes con la escatología establecida en el Evangelio[33]. Pero el cuarto evangelista no fue consciente de la inconsecuencia entre los dos tipos de escatología. Se dan los dos, uno al lado del otro, como por ejemplo, en 6, 54:

«El que come mi carne y bebe mi sangre tiene la vida eterna, y yo le resucitaré en el último día».

La escatología realizada no excluye la creencia en un juicio futuro, sino que pone de relieve que los hombres son juzgados ahora por su actitud con respecto a Cristo. En el futuro, el Señor pronunciará sentencia

---

[33] Ev. Joh., p. 196.

activamente en el Juicio Final. Semejante doctrina no es contradictoria, pero sí responsable de las aparentes contradicciones, que se encuentran en la relación evangélica de Cristo Juez[34].

La primera Carta de Juan, que, a nuestro juicio, fue escrita por el autor del cuarto Evangelio, aporta pequeña contribución al tema del juicio. Habrá un «Día del Juicio» (4, 17), y una manifestación de Cristo (3, 2), pero en ninguna parte está sugerido o implicado que Jesús será el Juez.

OTROS ESCRITOS DEL NUEVO TESTAMENTO

En el Nuevo Testamento hay varios pasajes, en que a Dios se le describe como juez:

«Porque conocemos al que dijo: "Mía es la venganza, yo retribuiré". Y luego: "El Señor juzgará a su pueblo". Terrible cosa es caer en las manos del Dios vivo» (Hb 10, 30-1).

«...Dios, Juez de todos» (12, 23).

«...porque Dios ha de juzgar a los fornicarios y a los adúlteros» (13, 4).

«Y si llamáis Padre al que sin acepción de personas juzga a cada uno según sus obras...» (1 P 1, 17).

«...el que, ultrajado, no replicaba con injurias, y atormentado, no amenazaba, sino que lo remitía al que juzga con justicia» (2, 23).

En la segunda Carta de Pedro se da por supuesto que Dios juzgará en el Juicio Final. Él entregó a los ángeles «a las prisiones tenebrosas, reservándolos para el juicio» (2 P 2, 4).

---

[34] Según Jn 16, 7-11, el Espíritu también realiza la tarea de juzgar: «Pero os digo la verdad; os conviene que yo me vaya. Porque, si no me fuere, el Abogado no vendrá a vosotros; pero, si yo me fuere, os lo enviaré. Y en viniendo este, argüirá al mundo de pecado, de justicia y de juicio. De pecado, porque no creyeron en mí; de justicia, porque voy al Padre y no me veréis más; de juicio, porque el príncipe de este mundo está ya juzgado». Este pasaje es desconcertante porque «pecado», «justicia» y «juicio» no son realmente términos paralelos. El Abogado argüirá al mundo de pecado, en vindicación de la honradez, y como parte del proceso del juicio, que ya alcanzó su culminación en la sentencia dada contra Satán cuando Cristo fue crucificado. En este pasaje el Espíritu es el juez. DODD *(Interpretation of the Fourth Gospel*, p. 414) dice que, según San Juan, la venida de Cristo está mediatizada por el Espíritu, y de esta manera el Juicio Final está también mediatizado por el Espíritu. También dice qué significa «Abogado» como en Jn 2, 1. Entonces, el Espíritu sería a la vez juez y abogado.

La carta de Judas 14, 15 dice que Dios ejecuta el juicio:

«De ellos también profetizó el séptimo después de Adán, Henoc, cuando dijo: "He aquí que viene el Señor con sus santas miríadas para ejercer un juicio contra todos, y convencer a todos los impíos de todas las impiedades que cometieron y de todas las crudezas que contra Él hablaron los pecadores impíos"».

Compárese con Jds 9:

«El arcángel Miguel, cuando altercaba con el diablo, contendiendo sobre el cuerpo de Moisés, no se atrevió a proferir un juicio de blasfemia, sino que dijo: "Que el Señor te reprenda"».

Ciertos pasajes pueden referirse tanto a Cristo como a Dios Padre como jueces; por ejemplo, 1 P 4, 5; St 5, 8-9; 2 Tm 4, 7-8. Pero, si exceptuamos el Apocalipsis, los demás escritos del Nuevo Testamento tienen poco que decir sobre la tarea de Cristo como juez. Según la Carta a los Hebreos, la venida de Cristo coincidirá con el juicio (9, 27-28; 10, 37), pero al mismo Cristo no se le presenta como juez. Para este escritor, Cristo es celestial intercesor.

Que Cristo dará sentencia cuando aparezca de nuevo nos lo dice la Carta segunda a Timoteo:

«Te conjuro delante de Dios y de Cristo Jesús, que ha de juzgar a vivos y muertos, por su aparición y por su reino...» (2 Tm 4, 1).

En las Cartas Pastorales, aparte de la muy probable en 2 Tm 4, 8, no hay ninguna otra alusión a Cristo como juez.

El Apocalipsis sí habla frecuentemente de Cristo como juez. Hay tres tipos de juicio descritos en el libro. El primero es el juicio presente. «Cualquier visita a las iglesias, escribe Charles, cualquier dictamen sobre ellas es considerado como una espiritual venida de Cristo»[35]. La inminencia de su venida se apoya en Ap 2, 5. 16. 22-23; 3, 3. 20.

Una segunda clase de juicio tendrá lugar en la venida final de Cristo, que en opinión del escritor está muy cercana:

---

[35] *Eschatology*, p. 405.

«Porque has conservado la palabra, siendo paciente, yo también te guardaré en la hora de la tentación, que está para venir sobre la tierra, para probar a los moradores de ella. Vengo pronto. Guarda bien lo que tienes, no sea que otro se lleve tu corona» (Ap 3, 10. 11).

«He aquí que vengo presto, y conmigo mi recompensa, para dar a cada uno según sus obras» (Ap 22, 12; cf. 22, 20).

Cristo vendrá a segar la cosecha con una hoz afilada (Ap 14, 14-16) y pisará en el lugar de la cólera de Dios (14, 17-20 y 19, 15). La fecha de este juicio será el «gran Día de Dios» (16, 14).

La tercera clase de juicio precede al Milenio y parece concedérsele a los santos (20, 4). Pero en los últimos acontecimientos es el mismo Cristo el que ejerce el juicio.

CONCLUSIÓN

Los testimonios discutidos muestran que Jesús proclamó que, como Hijo del Hombre, sería juez el último día. La Iglesia primitiva reconoció su derecho; Pablo y el autor del cuarto Evangelio lo desarrollaron; y el escritor del Apocalipsis le dio una gran preeminencia. Pablo también afirmó que los santos juzgarían a los hombres y a los ángeles, pero, si exceptuamos estos ejemplos aislados, el Nuevo Testamento limita el cargo de dar sentencia en el Juicio Final al Padre y al Hijo.

Estos hechos son muy importantes para una comprensión de la doctrina de la Persona de Cristo. Jesús reclamó para sí mismo una función divina que hasta entonces —con una o dos excepciones— se había considerado como prerrogativa única del Todopoderoso. La Iglesia Cristiana aceptó su reclamación. «Y Él vendrá de nuevo con gloria a juzgar a los vivos y a los muertos» ha llegado a ser un artículo de fe.

Capítulo VIII
JESÚS Y LA CREACIÓN

Parecería lo más natural tratar de la creación antes del juicio; y, sin embargo, el capítulo de la creación está colocado en segundo lugar. La razón es que la creencia cristiana en Jesús como juez apareció más pronto y se desarrolló más rápidamente que la que presenta a Jesús como creador. Se ha demostrado que, con algunas excepciones, los judíos consideraban que el Juicio Final era especial competencia de Dios. Los cristianos, sin embargo, comenzaron pronto a presentar a Cristo también como juez. Esta creencia encontró apoyo en las enseñanzas del mismo Jesús. Ahora tratamos de investigar si se dio un proceso similar en la creencia cristiana sobre la intervención de Jesús en la creación del mundo. La exposición nos llevará a la conclusión de que Pablo, Juan y el autor de Hebreos creían que Jesús había intervenido en la creación del mundo, como también a que esta doctrina no se encuentra en los dichos del mismo Jesús, ni en la primitiva predicación de la Iglesia; pero que las palabras de Jesús y los primitivos predicadores nos capacitan para entender cómo se desarrolló la doctrina.

Antes de que las pruebas del Nuevo Testamento entren a examen, diremos que hay dos opiniones conflictivas en el judaísmo sobre la actividad única de Dios en la creación. Algunos escritores enseñaron que solo Dios realizó la tarea de la creación; otros dijeron que hubo mediadores en la misma creación. Aquellos que defendieron la primera opinión aceptarían la consecuencia lógica de que Cristo era tratado como Dios al ser descrito como agente en la creación.

Es necesario primeramente delimitar el área de nuestra investigación. Se dan cuatro aspectos de la actividad creadora de Dios, pero solamente uno, la creación del mundo, constituirá el tema de la parte principal de este capítulo. Los otros aspectos de su actividad creativa, que se discutirán en la sección final del capítulo, son: en primer lugar, la protección y la conservación del universo creado; segundo: la conducción del universo creado a un fin u objetivo; la nueva creación, en tercer lugar. La mayor parte del capítulo, sin embargo, estará abocada a la creación del mundo, y al problema de si Dios estuvo asistido por otros en este acto. Para evitar posibles confusiones que podrían surgir de la ambigüedad de la palabra «creación», la usaremos para significar «el crear» y no «aquello que está creado». En este capítulo «creación» significará siempre el acto de traer al mundo, a la existencia.

EL ANTIGUO TESTAMENTO Y EL JUDAÍSMO POSTERIOR

Al principio creó Dios el cielo y la tierra. Los hebreos no estaban de acuerdo mutuamente en todos los aspectos de la doctrina de la creación, pero estaban concordes en admitir que Dios era el creador. Había opiniones diferentes sobre el origen de las cosas creadas. En tiempos primitivos se daba por supuesto que Dios había formado el mundo de un caos de agua[1]. Más tarde, sin embargo, se fue haciendo común la creencia de que había creado el mundo de la nada[2]. Había también opiniones diferentes sobre la función de los ángeles en la creación, como podremos ver en las páginas siguientes; pero ninguno de estos diferentes puntos de vista afectaba a la creencia de que Dios era el creador, que había formado el sol, la luna y las estrellas, que había hecho el mar y la tierra seca, que había hecho brotar los árboles, los frutos y las flores, que había dado vida a los animales, a las aves y a los peces, y, para coronar su obra, había creado al hombre a su imagen y semejanza[3].

El Segundo Isaías, el profeta del exilio, dio expresión en toda su grandeza a esta doctrina, describiendo cómo Dios había creado los cielos y los había extendido, y cómo había esparcido la tierra y dado aliento a sus habitantes[4]. Esta teoría la podemos encontrar también en la elocuen-

---

[1] Gn 1, 1 y ss.
[2] M 7, 28; cf. Rom 4, 17: «Dios... que llama a lo que es lo mismo que a lo que no es». Cf. también Hb 11, 3.
[3] Gn 1, 1-2. 3.
[4] Is 42, 5; cf. 40, 12-31; 48, 13; 51, 9-16.

te poesía de los Salmos. Los cielos son la obra de los dedos de Dios, y Él fue quien ordenó la luna y las estrellas[5]. Los capítulos finales del Libro de Job pintan las maravillas de la obra de Dios: fundó y afirmó los fundamentos de la tierra, determinó sus dimensiones, cerró con puertas el mar, dándole las nubes por mantillas y los densos nublados por pañales[6].

Esta creencia en el Dios creador, que tan firmemente estaba enraizada en el pensamiento hebreo, fue aceptada sin discusión por el judaísmo posterior. Tanto si se procuraba embellecerla como si se la presentaba escuetamente, la esencia de la doctrina era guardada y recordada como un tesoro.

Era muy corriente entre los judíos creer que otros agentes asistieron a Dios en la creación del mundo, pensando unos de una manera y otros de otra. Los seres de los que se decía que habían tomado parte en la creación podemos dividirlos en dos categorías. La primera está compuesta por conceptuales emanaciones de la Divinidad, tales como Sabiduría, Palabra y Espíritu. La segunda, por seres angélicos, que se diferencian de las emanaciones en dos aspectos importantes. La primera diferencia es que los ángeles tienen definidas características personales, mientras que las emanaciones no son tan claramente personas. La segunda diferencia está en que a los ángeles se les describe a menudo como miembros de una gran asociación, pero a las emanaciones raramente se las une y normalmente permanecen solas. Tanto a la Sabiduría, como a la Palabra o al Espíritu se les considera mediadores, pero nunca los tres juntos.

Vamos a ocuparnos ahora del primer grupo: las emanaciones de la Divinidad. Se las describe aquí como emanaciones y se ha escogido este término porque deja abierta la cuestión de su personalidad. No nos predispone al investigar si estas realidades son consideradas personas o no. Las más importantes de estas emanaciones son: la Sabiduría, la Palabra y el Espíritu. Al tratar de la Palabra haremos mención del concepto de Ley, a causa de su gran afinidad con ella.

En el pensamiento hebreo, la idea de la Divina Sabiduría estaba frecuentemente unida a la creación. Según el Libro de los Proverbios, cuando Dios estableció los cielos y señaló los fundamentos de la tierra, la

---

[5] Sal 8, 3; cf. 33, 6-9; 148, 5.
[6] Job 38, 1-42. 6.

Sabiduría «estaba con Él, como arquitecto»[7]. En la Sabiduría de Salomón, a la Sabiduría se la nombra como «artífice de todas las cosas». De ella se dice que le escoge los trabajos a Dios. El hombre fue formado por ella[8]. Estos pasajes de las Proverbios y de la Sabiduría de Salomón presentan a la Sabiduría como un ser consciente que actuó con Dios en la creación del mundo.

Otro concepto importante era Palabra. Dios creó el mundo con su palabra. La historia del Génesis está jalonada por la fórmula de la creación, que se repite una y muchas veces: «Y dijo Dios...»[9]. El mismo tema resuena en los Salmos: «Por la palabra de Dios se hicieron los cielos»[10]. Pero el Antiguo Testamento y el pensamiento rabínico[11] no personificaron la Palabra. El único escritor que claramente trata la Palabra como persona es Filón, y no siempre. Ya hemos dicho que Dodd va demasiado lejos cuando dice que Filón nunca consideró como persona la Palabra[12]. Si Filón describe la Palabra en términos antropomórficos tales como «Sumo Sacerdote» y «capitán de mar», quiere decir que no siempre se refirió a ella como a algo impersonal. Pero no trata la Palabra como a persona cuando escribe sobre la creación del mundo. «Dios selló el universo», dice él, «con una idea e imagen, su propio Logos»[13]. Aquí Palabra no es agente o mediador, sino más bien, en frase de Dodd, «el medio de la creación del mundo»[14]. Filón se expresa mucho más claramente cuando dice que Dios «es la causa por la que el mundo ha llegado a ser», y la Palabra «el instrumento por medio del

---

[7] Prov 8, 30.
[8] Sab 7, 22; 8, 3. 4; 9, 1. 2; cf. Eclo 24, 3, que recuerda Gn 1, 2.
[9] Gn 1, 3. 6. 9, etc.
[10] Sal 33, 6.
[11] Is 55, 11 («Así la palabra que sale de mi boca, no vuelve vacía») no es una excepción. Es un lenguaje metafórico y poético en el que Dios afirma que siempre hace su voluntad.
Ni siquiera los escritos apócrifos personifican de verdad la idea. Lo más cercano a la personificación lo encontramos en Sab 18, 15. 16 («Tu palabra omnipotente se lanzó de los cielos»). También esto probablemente es una viva fantasía poética.
Se ha insinuado que en los Targums la Palabra (Menra) está personificada. La Palabra (Menra) de Dios se usaba como un sustituto reverencial de «Dios», pero este uso no implicaba personificación. G. F. Moore, *Judaism*, 1, p. 417, dice que la sustitución está perfectamente explicada por motivo de reverencia.
[12] Ver p. 37: cf. Dodd, *The Interpretation of the Fourth Gospel*, p. 69.
[13] *De Somn*, pp. 11, 45.
[14] *Op. cit.*, p. 68.

cual ha sido formado»[15]. La Palabra no fue un compañero de trabajo de Dios, sino el instrumento que Él usó.

La idea de Ley está íntimamente unida con la de Palabra. Aunque la Ley nunca fue propiamente personificada, sí fue descrita a menudo en un lenguaje altamente pintoresco. Un pasaje rabínico llama a la Ley el primogénito por medio del cual creó Dios el cielo y la tierra[16]. Por otra parte, según el *Pirke Aboth*, la Ley no era más que un instrumento por el que el mundo fue creado[17]. En las mismas Escrituras no encontramos indicación alguna de que la Ley actuara en la creación.

Al Espíritu Santo se le enrola en la creación en Gn 1, 2, en el que se dice que el Espíritu se cernía sobre la superficie de las aguas. Sin embargo, esta idea no tiene continuación en el Antiguo Testamento, con excepción del Sal 33, 6:

«Por la palabra de Dios fueron hechos los cielos; y todo su ejército por el aliento de su boca».

En este versículo la palabra *ruah* puede traducirse «espíritu» en lugar de «aliento». Aparte de estas referencias, no se dice que el Espíritu haya tomado parte en la creación.

A las entidades de que hemos estado tratando, Sabiduría, Palabra y Espíritu, se las presenta a veces con un lenguaje que da a entender que se trata de personas, pero no se dice que hayan aparecido en figura humana. Ni se dice tampoco que hayan actuado todas unidas. A cada una se la considera como solo y suficiente mediador de la actividad divina. Y no se las describe como miembros compañeros de una familia de seres sobrenaturales. Cada una, tomada en sí misma, es una extensión de la divina personalidad. Cada una de por sí desempeña el cometido de mediador de Dios trascendente.

De otra manera sucede con el segundo tipo de intermediarios, los ángeles. Los judíos creían que los ángeles eran seres personales, y a menudo los presentaban como miembros de una gran familia. Algunos ángeles empleaban todo su tiempo en la presencia de Dios, asistiéndole. Otros actuaban de intermediarios entre Dios y los hombres. En el Antiguo

---

[15] *De Cher.*, p. 127.
[16] *Gn. Rabb.* 1, 1.
[17] *Pirke Aboth*, 111, 19.

Testamento, hay muchas narraciones de visitas de ángeles particulares a los hombres; pero a los ángeles no se les da un nombre hasta el Libro de Daniel, en el que el ángel Gabriel es el mensajero de Dios y el ángel Miguel es el sobrenatural príncipe de Israel[18]. El apócrifo Libro de Tobías* menciona al ángel Rafael[19].

Según los libros apócrifos que se han conservado, los ángeles desempeñan un papel importante en el trato de Dios con los hombres; pero se les relaciona con el gobierno del mundo y el Juicio Final más bien que con la creación. Ciertos escritores rabínicos, sin embargo, dicen que Dios consultó a los ángeles al crear el mundo[20]. Filón dice que cuando Dios hizo al hombre tomó operarios compañeros que le ayudasen[21]. Parece que estos operarios compañeros eran los ángeles.

La creencia de que los ángeles cooperaron en la creación del mundo estaba probablemente mucho más extendida de lo que podríamos deducir de las pruebas positivas. Porque la verdad es que logró un apoyo suficiente como para despertar oposición. Según el Génesis de Rabbá, los ángeles no fueron creados en el primer día, para que nadie pudiera decir que «Miguel y Gabriel ayudaron a extender el pabellón del cielo, que fue obra de solo Dios»[22]. Esta oposición prueba la popularidad de la doctrina que se ataca. Es probable que mucha gente se sintiera atraída por las especulativas y fantásticas descripciones de las actividades de los ángeles. Pero no podemos saber con certeza cómo estaban divididas las opiniones y descubrir la fuerza relativa de cada punto de vista. Todo lo que sabemos es que existía división de opiniones.

Las pruebas que hemos revisado manifiestan que por lo menos algunos judíos creían que Dios fue asistido por otros seres en la obra de la creación. De los conceptos «Sabiduría», «Palabra», «Ley» y «Espíritu», solamente Sabiduría podría decirse confiadamente que fue considerada como agente personal en la creación, creencia que se encuentra recogi-

---

[18] Dan 8, 16; 9, 21; 10, 13. 21; 12, 1.

* *Nota del editor.* Es necesario advertir la diferencia de terminología entre católicos y protestantes con respecto a los libros deuterocanónicos del Antiguo Testamento. Los libros que entre los católicos reciben el nombre de «deuterocanónicos», pero que forman parte del *Canon sagrado*, entre los protestantes reciben la denominación de «apócrifos», y no pertenecen a la lista de libros inspirados.

[19] Tob 3, 17; 5, 4; 8, 2, etc.
[20] El Targum Palestino, Gn 1, 26; 3, 22; 11, 7; el Targum de Jerusalén, Gn 3, 22.
[21] *De Op. Mund.* 75.
[22] *Gn. Rabb.* i. 3: cf. MOORE, *Judaism*, 1, p. 381 y 4 Ezra 6. 6.

da en el Libro de los Proverbios y en la Sabiduría de Salomón. Unos escritores hablan de los ángeles como de agentes en la creación, y otros afirman rotundamente que Dios creó el mundo sin la asistencia de nadie más.

Contra esta forma de pensar surgió la doctrina cristiana de la persona de Cristo. En nuestro análisis del Nuevo Testamento han de tenerse muy especialmente en cuenta tres hechos surgidos de la discusión.

1. Los judíos que se oponían a la doctrina de la participación angélica en la creación miraban a la misma como una función que correspondió solamente a Dios. El presentar a Jesús como agente en la creación era, a sus ojos, como pregonar que era Dios.

2. Conceptos tales como el de Sabiduría y Palabra proporcionaron el entramado de pensamiento dentro del cual los cristianos podían intentar expresar sus creencias en torno a Cristo.

3. En lo que se diferenciaba Cristo de conceptos como Sabiduría, Palabra, Ley y Espíritu era en que Él había sido visto con los ojos y había caminado por la tierra como un hombre. Era también diferente de los seres angélicos porque su vida en la tierra fue auténticamente humana. Vivió lo humano y aguantó la diaria rutina de la vida.

Estos tres puntos nos ayudarán a discernir tanto la continuidad de pensamiento entre el Antiguo y el Nuevo Testamento como la singularidad de la fe cristiana en Cristo.

LOS EVANGELIOS SINÓPTICOS

Como Juan Bautista no ha dejado enseñanza alguna sobre la creación del mundo, la discusión pasa inmediatamente a los dichos de Jesús contenidos en los Evangelios sinópticos. Jesús admitió la creencia de que Dios era el creador que había formado la raza humana, hombres y mujeres, y había cubierto de hierba la tierra[23]. Los dichos de Jesús muestran su inmenso interés por el mundo de la naturaleza y su respeto por todo lo que Dios ha traído a la existencia. Y, sin embargo, en ninguno de sus dichos se presenta como agente de Dios en la creación del mundo. Así como la creencia de que Jesús volverá como juez está basada en sus propias profecías, de que haya sido creador no hay una sola insinuación en sus palabras.

---

[23] Mc 10, 6; Mt 6, 30; Lc 12, 28.

P. W. Schmidt ha propuesto una teoría según la cual Jesús se identifica a sí mismo con la Divina Sabiduría[24]. Aun siendo de Jesús esta identificación, no podríamos sacar de ello la conclusión de que Él creyera haber tenido parte activa en la creación del mundo. Pudo no haber pensado en este aspecto particular de la tarea de la Sabiduría. Y, sin embargo, si Él se identificó con la Sabiduría daba pie a sus seguidores para investigar las implicaciones de esa identificación y sacar las conclusiones que no estaban en su mente cuando pronunció el dicho; por ejemplo, la conclusión de que Él actuó en la creación del mundo. La teoría de Schmidt se basa en tres pasajes de los Evangelios sinópticos: Lc 11, 49; Mt 11, 16-19 = Lc 7, 31-5; Mt 11, 25-30 (cf. Lc 10, 21-2). Ahora vamos a examinar estos pasajes:

1. «Por esto dice la Sabiduría de Dios: "Yo les envío profetas y apóstoles"» (Lc 11, 49).

En un pasaje paralelo de Mt 23, 34 y ss., es Jesús, no la Sabiduría, quien dice: «Por esto os envío yo profetas, sabios y escribas...».

Lucas no habría insertado esta alusión a la Sabiduría de Dios si su tradición hubiese sido la misma que la recogida por Mateo; pero aunque la tradición de Lucas sea probablemente genuina, ello no prueba que Jesús se identificase a sí mismo con la Sabiduría. «Lo mejor es tomar las palabras», dice Creed, «como una perífrasis de Dios: Dios, en su sabiduría, dijo, Yo enviaré...»[25]. La explicación de Creed es convincente. La diferencia de estilo en Mateo puede provenir de que Jesús mismo pudo haber expresado el mismo dicho en diferentes ocasiones y de diferentes maneras. A su vez, su dicho pudo habérsenos referido de dos maneras desde una temprana fecha. En todo caso, el dicho no proporciona un fuerte apoyo a la opinión de que Jesús se identificara con la Sabiduría.

2. Mt 11, 16-19 = Lc 7, 31-5.

Estos pasajes tienen la misma forma más o menos en ambos Evangelios, pero sus terminaciones difieren, como podemos ver ahora:

---

[24] P. W. SCHMIDT, *Menschheitswege zum Gotteskennen*, p. 195 y ss., analizado por A. E. J. RAWLINSON, *The New Testament Doctrine of the Christ*, p. 260; cf. W. D. DAVIES, *Paul and Rabbinic Judaism*, pp. 156-57.

[25] *St. Luke*, p. 167.

«Y la Sabiduría se justifica por sus obras».
Mt 11, 19b: καὶ ἐδικαιώθη ἡ σοφία ἀπό τῶν ἔργων αὐτῆς.

Lc 7, 35: καὶ ἐδικαιώθη ἡ σοφία ἀπὸ παντων τῶν τέκνων αὐτῆς.
«Y la Sabiduría ha sido justificada por todos sus hijos».

La preposición ἀπό está mejor traducida como «por» que como «de» o «desde», pero las dos últimas traducciones han sido preferidas por los peritos. Por ejemplo, se traduce «de» en la Edición Revisada de Lc 7, 35.

Mateo coloca «obras» (ἔργων) donde Lucas escribe «hijos» (τέκνων). Esta variante pudo haber obedecido a la ambigüedad del equivalente arameo que puede significar ambas cosas, «obras» e «hijos»[26]. Si aceptamos la versión de Mateo («la Sabiduría ha sido justificada por sus obras»), hay dos posibles interpretaciones. Según la primera, las obras de Jesús prueban que Él es la Divina Sabiduría. Pero, como el contexto se refiere no solamente a Jesús, sino también a Juan Bautista, la segunda interpretación nos parece más plausible, y es la que dice que Jesús y Juan el Bautista son hijos de la Sabiduría y la revindican por sus obras.

Y si la versión que aceptamos es la de Lucas («la Sabiduría es justificada por sus hijos»), entonces los hijos de la Sabiduría son aquellos que la obedecen, concretamente, los hombres y las mujeres que han seguido a Jesús y a Juan Bautista y vindicarán la Divina Sabiduría con su conducta y sus palabras.

Ni la versión de Lucas ni la de Mateo sirven de apoyo para la opinión de que Jesús haya proclamado que Él mismo es la Divina Sabiduría. Queda un pasaje más sobre el que Schmidt basa su argumento. Y este nos proporcionará una prueba mucho más fuerte que los dos dichos que acabamos de examinar.

3. Mt 11, 25-30 (cf. 10, 21-2).

Afirma Schmidt que en este pasaje Jesús utiliza el capítulo 51 del Eclesiástico[27]. En dicho capítulo, el hijo de Sirac da gracias a Dios y revela un misterio sobre la Sabiduría de Dios, y conmina a sus lectores

---

[26] Ver A. H. McNeile, *The Gospel according to St. Matthew*, p. 159.
[27] *Op. cit.*, p. 195 y ss.

para que se dejen poseer por ella. Hay un alto grado de semejanza entre las palabras de Jesús en Mt 11, 25-30 y trozos de este capítulo del Eclesiástico. Ciertamente no aparece como ejemplo de cita directa, sino más bien como un algo que nos lo recuerda. Hay pocas concordancias estrictas entre Mt 11, 25-30 y el Eclesiástico 51. Otras semejanzas, que no son verbales, hacen sospechar que el escritor del Evangelio no estaba empleando la versión de los Setenta, sino una traducción independiente[28]. Esta independencia de los Setenta confirma la creencia de que Jesús en realidad dijo lo de Mt 11, 25-30.

Como el conjunto de Mt 11, 25-30 ha sido tratado a menudo con gran detalle, nosotros nos fijaremos especialmente en los versículos 28-30:

«Venid a mí todos los que estáis fatigados y cargados, que yo os aliviaré.

---

[28] En la primera parte del dicho (Mt 11, 25-7), solamente ἐξομολογοῦμαί σοι, πατερ, κύριε (11, 25) recuerda al Eclesiástico 51, el versículo 1 que dice: ἐξομολογήσομαί σοι. Y como son las palabras iniciales de una plegaria, la semejanza no prueba la dependencia, porque solamente un limitado número de frases iniciales serían aprovechables. El resto de las semejanzas se dan en los versículos 28-30. Las ajustadas correspondencias verbales son las siguientes:

Mateo 11

28. οἱ κοπιῶντες... ἀναπαύσω
29. καὶ εὑρήσετε ἀνάπαυσιν ταῖς ψυχαῖς ὑμῶν.

Eclesiástico 51

27. ἐκοπίασα.
27. καὶ εὗρον ἐμαυτῷ πολλὴν ἀνάπαυσιν.
26. καὶ ἐπιδεξάσθω ἡ ψυχή ὑμῶν παιδείαν.

Las siguientes semejanzas no son verbales, pero dan a entender que el traductor del dicho de Mateo no consultó la versión de los Setenta del Eclo. De aquí la probabilidad de que el dicho existiera primero en arameo o en hebreo. Esta es una buena prueba para la temprana fecha del dicho.

Mateo 11

28. δεῦτε πρός με.
29. ἄρατε τὸν ζυγόν μου ἐφ᾽ ὑμᾶς, καὶ μάθετε ἀπ᾽ ἐμοῦ.

Eclesiástico 51

23. ἐγγίσατε πρός με.
26. τὸν τράχηλον ὑμῶν ὑπόθετε ὑπὸ ζυγόν.
καὶ ἐπιδεξάσθη ἡ ψυχή ὑμῶν παιδείαν.

No ha habido fuerte oposición a la autenticidad del dicho. Es probable que el mismo Jesús lo empleara.

Tomad sobre vosotros mi yugo y aprended de mí, que soy manso y humilde de corazón:

Y hallaréis descanso para vuestras almas, pues mi yugo es blando y mi carga ligera».

La autenticidad de estos versículos no depende de los precedentes (25-27), porque 28-30 pueden constituir perfectamente un dicho independiente, lo que no sucede en el paralelo de Lucas[29]. El principal argumento contra la autenticidad de 28-30 es su dependencia del Eclesiástico; pero esas resonancias del Eclesiástico, que no revelan un conocimiento de la versión de los Setenta, no es una razón convincente para la ilegitimidad del dicho.

Y ¿cuáles son las implicaciones del dicho en cuanto que Cristo se lo adjudicó? Parece que Él sabía el texto del Eclesiástico. Es la mejor explicación de la semejanza entre el dicho y el Eclesiástico 51. T. W. Manson afirma que es posible que Jesús no dependiera del Eclesiástico. «Si el autor del Eclesiástico pudo pensar esas palabras», escribe, «no se ve por qué Cristo no»[30]. Y, sin embargo, es probable que Jesús estuviera usando conscientemente el Eclesiástico, dada la profunda semejanza entre los dos pasajes. Y si Jesús estaba pensando conscientemente en el Eclesiástico, entonces se aplicó deliberadamente a sí mismo el lenguaje y las ideas que se habían dicho refiriéndolas a la Sabiduría. Es Rudolf Otto quien dice que Jesús estaba hablando como representante de la Sabiduría[31]. Pero esto no es exacto, porque una comparación de los dos pasajes muestra a Jesús diferenciándose de la Sabiduría, más bien que hablando en lugar de ella. El hijo de Sirac exhorta a los hombres a que vengan y aprendan la Sabiduría[32], mientras que Jesús los invita a que vayan y aprendan de Él mismo. El hijo de Sirac dirigía su llamada a los ignorantes, Jesús a aquellos que habían trabajado y estaban cansados. Según el Eclesiástico, el hombre que aprenda la Sabiduría obtendrá una paz que

---

[29] Que hay una semejanza de diseño entre Eclo 51 y Mt 11, 25-30 es lo que defiende NORDEN en su *Agnostos Theos*, pp. 277-308. Pero la ausencia de los versículos 28-30 en el paralelo de Lucas sugiere que los últimos versículos pudieron no haber estado en el «dicho» original. W. D. DAVIES, *op. cit.*, p. 157, dice que si los vers. 28-30 no pertenecen íntegramente a los versículos 25-27, la causa por la directa dependencia del Eclo cae por tierra.
[30] *The sayings of Jesus*, pp. 186-87.
[31] *The Kingdom of God and the Son of Man*, p. 137 y ss.
[32] Eclo 51, 23-30.

consiste en la prosperidad material; Jesús ofrece paz a las almas de los hombres. Para las palabras «porque yo soy manso y humilde de corazón» no existe paralelo en el Eclesiástico. Ciertamente, estas palabras de Jesús constituyen un completo contraste con la autoglorificación a la que se supone entregada la Sabiduría, según otro pasaje del Eclesiástico. El espíritu que diferencia a los dos pasajes queda bien ilustrado ante la distinta manera de dirigirse a Dios. El hijo de Sirac describe a Dios como Rey; Jesús, sin embargo, le llama Padre.

En Mt 11, 28-30, Jesús se contrapone a sí mismo al concepto judío de Sabiduría. Él ofrece dones más preciosos que los que dicen proporciona la Sabiduría. Si los hombres desean un verdadero conocimiento de Dios y desean someterse al yugo de la ley verdadera, si anhelan una perfecta paz, deben acudir a Jesús.

Cristo se adjudicaba tremendos derechos, pero su alcance no debe ser exagerado. En ninguno de estos pasajes examinados dice Jesús que existiera antes de su nacimiento o que asistiera a la creación del mundo. Cuando hace el contraste de sí mismo con la Sabiduría habla de la relación presente de Dios con los hombres, y no del acto original de creación. Sin embargo, una vez que ha dado a entender que es más grande que la Sabiduría, ha quedado abierto el camino para posteriores desarrollos en la idea sobre su persona. Si es mayor que la Sabiduría en un aspecto, ¿no será también mayor en otros? ¿No podrá ser considerado agente en la creación del mundo? ¿No sería Él, más bien que la Sabiduría, quien estaba al lado de Dios como maestro de obras?

No podemos saber si conocerían Pablo, Juan y el autor de los Hebreos el contenido de Mt 11, 28-30, pero si lo conocieron, tuvieron que mirar el pasaje como de acuerdo con sus exposiciones de la obra de Cristo en la creación. Ciertamente, la actitud que adoptó Cristo en este dicho pudo haber sido una de las razones principales por la que sus seguidores emplearon la idea de la Sabiduría para clarificar sus creencias con respecto a Él.

LOS HECHOS DE LOS APÓSTOLES

Los Hechos de los Apóstoles no tienen nada que decir sobre la participación de Jesús en la creación del mundo. Pero dos títulos que se le dan en los Hechos vendrían a confirmar la creencia en su preexistencia y en su actividad en la creación. El primero de esos títulos es «Señor», que ya ha sido analizado. Los judíos dieron este título a Dios, y aunque se les dio a los gobernantes terrenos, la concesión frecuente a Cristo confirma la fe en su divinidad y, consecuentemente, en su preexistencia y en su quehacer en la creación. El segundo título es ἀρχηγός, que puede traducirse «capitán» o «autor». Se da dos veces en los Hechos: en 3, 15, donde se llama a Jesús ἀρχηγός τῆς ζωῆς («capitán —o autor— de vida») y en 5, 31 donde se le da el nombre de ἀρχηγός καὶ σωτήρ («capitán —o autor— y salvador»).

De tres maneras se usa la palabra en griego. Primeramente, puede referirse al fundador o al héroe epónimo de una ciudad o colonia[33]. En segundo lugar, puede describir al creador de algo, por ejemplo, la vida o la naturaleza[34]. Tercero, su significado es «príncipe», «jefe» o «capitán»[35]. El primero de estos significados es ajeno a los dos casos de la palabra en los Hechos, y entonces la elección debemos hacerla entre los dos últimos significados. El tercero: «príncipe», «jefe» o «capitán» podemos encontrarlo a menudo en los Setenta; pero prevaleció el segundo significado, «autor» o «creador» en el uso popular helenístico. Es este segundo significado el más apropiado en otros dos pasajes del Nuevo Testamento en los que aparece ἀρχηγός (Hb 2, 10 y 12, 2).

¿Traduciremos en Hechos ἀρχηγός como «autor» o como «capitán»? Lo que se hace modernamente es basar las traducciones griegas en los Setenta, una práctica recomendable cuando una palabra se encuentra frecuentemente en el Nuevo Testamento. Pero ἀρχηγός aparece solo cuatro veces en el Nuevo Testamento. Si los escritores hubieran sido conocedores del origen antiguotestamentario de ἀρχηγός hubieran también empleado la palabra mucho más a menudo. Puesto que la emplean raramente, no es probable que ellos tuvieran en la mente el uso que le habían dado los Setenta. Probablemente pensaban en el uso popular, «autor» o «creador». Es más, el contexto de Hch 3, 15 favorece traducirlo por «autor». El título se le da a Jesús en unas palabras que siguen a la curación de un hombre cojo. Por lo tanto, es apropiado llamarle «autor de la vida». En Hch 5, 31, sin embargo, puesto que no hay un genitivo calificativo después de ἀρχηγός sería inapropiado, mientras que «capitán» o «príncipe» sería más adecuado. Solamente hay un pasaje en el que se nos presenta a Cristo como «autor» o «creador», y no se refiere a la creación del mundo, sino a la restauración de la vida a un miembro enfermo.

---

[33] Ver DELLING, *TWNT*, 1, p. 485.
[34] Cleanthes, Fr. 537/2.
[35] Ver MOULTON and MILLIGAN, *Vocabulary of the Greek Testament*, p. 81.

Este empleo de la palabra ἀρχηγός y la aplicación de «Señor» a Cristo son señales de cómo el pensamiento de la Iglesia se fue desarrollando. A Cristo se le consideraba como el Dador y Señor de la vida, pero no se le unía todavía al acto de la creación. La Iglesia estaba esperando un genio que expusiera la doctrina que permanecía oculta en sus frases de plegaria y adoración. La flor de la tardía cristología paulina no había brotado, pero el capullo se estaba abriendo despacio.

PABLO

La primera afirmación de que Cristo había tomado parte activa en la creación la encontramos en los escritos de Pablo; en su Carta a los Colosenses 1, 16:

«Porque en Él (ἐν αὐτῷ) fueron creadas todas las cosas del cielo y de la tierra, las visibles y las invisibles, los tronos, las dominaciones, los principados, las potestades; todo fue creado por Él y para Él (εἰς αὐτόν)».

Las palabras ἐν αὐτῷ («en Él») y δι' αὐτοῦ («por Él») describen la actividad de Cristo en la creación del mundo. Las preposiciones ἐν y διά podían referirse lingüísticamente a un instrumento mejor que a un agente[36]. Pero Pablo está hablando de una persona. Siempre considera a Cristo como persona, y en Col 1, 16 quiere decirnos que la participación de Cristo en la creación fue una actividad deliberada y consciente. Cristo caminó por la tierra como hombre y en su estado de resucitado mantiene contactos personales con los hombres. En este pasaje, Pablo testimonia su convicción de que Cristo tuvo que tomar parte activa e inteligente en el acto de la creación del mundo.

Por ser este el único pasaje en que Pablo escribió sobre la participación de Cristo en la creación ha sido rechazado por muchos peritos como una interpolación. No hay fundamento textual que justifique esta actitud. Siendo así que el pensamiento y el lenguaje de la sección muestran una gran dependencia de los primitivos escritos judíos, no hay una razón fuerte para rechazarlo como una interpolación helenística. Nuestro come-

---

[36] Para διά expresando instrumentalidad ver Act 5, 12; 2 Jn 12; y para ἐν en este sentido ver Lc 22, 49; Act 11, 16; 1 Co 3, 13, etc. Cf. C. F. D. MOULE, *An Idiom Book of New Testament Greek*, pp. 56-7, 77.

tido no es dictaminar qué es lo que debería haber escrito Pablo, sino explicar lo que en realidad escribió.

El pasaje citado es el único en el que Pablo nos presenta a Jesús como ejecutivo en la creación del mundo. En 1 Co 8, 6 se refiere a la actividad presente de Cristo guardando y sosteniendo el mundo ya creado: «Y un solo Señor Jesucristo, por quien (δι' οὗ) son todas las cosas y nosotros también por Él (δι' αὐτοῦ)». La preposición διά, «por», aparece en 1 Co 8, 6 y en Col 1, 16, pero en 1 Co la palabra διά no implica que Cristo creara todas las cosas. La preposición ἐκ empleada en la primera parte de 1 Co 8, 6 describe la creación y atribuye este acto a Dios Padre: «Para nosotros no hay más que un Dios Padre, de quien (ἐξ οὗ) todo procede y para quien (εἰς αὐτόν) somos nosotros».

Unas palabras de Marco Aurelio se parecen a las de 1 Co 8, 6. Cuando habla de la Naturaleza, dice Aurelio: «De ti proceden todas las cosas, en ti permanecen todas las cosas, dentro de ti están todas las cosas»[37]. Pero mucho más se parecen todavía algunas palabras de Romanos, en las que Pablo habla no de Cristo, sino de Dios Padre: «Porque de Él y por Él y para Él son todas las cosas»[38]. Pablo, por supuesto, no estaba dependiendo de Aurelio, que vivió y escribió sus *Meditations* mucho después de la muerte de Pablo. Pero estas palabras pueden ser representativas de una actitud estoica corriente, existiendo la posibilidad de que Aurelio estuviese citando una antigua fórmula, que pudo haber influido en la manera de expresarse Pablo, y aun en su pensamiento.

Si Pablo pudo citar la inscripción de un ara en Atenas, también es posible que conociera las enseñanzas de los estoicos[39]. Al filósofo viajero solía vérsele con frecuencia en las tierras del Mediterráneo Oriental. Pudo encontrarse Pablo con tales hombres en ciudades y pueblos o en las vías romanas. Pero aunque la doctrina estoica pudo influenciar su modo de expresarse y aun aquella parte de su pensamiento que se refería a la idea de todas las cosas existiendo «en» Dios y en Cristo, él no sacó su enseñanza sobre la creación del mundo de esta fuente. Su creencia en Dios como creador la heredó de los judíos.

El origen de la creencia de Pablo de que Cristo actuó en el acto de crear el mundo no era helenístico, sino judío. Conocía las enseñanzas judías sobre la Sabiduría, la Palabra y la Ley, y aplicó estas enseñanzas a Cris-

---

[37] ἐκ σοῦ πάντα, ἐν σοί πάντα, εἰς σὲ πάντα (*Meditations* IV-23).
[38] ὅτι ἐξ αὐτοῦ καὶ δι' αὐτοῦ καὶ εἰς αὐτὸν τὰ πάντα (Rom 11, 36).
[39] Act 17, 28.

to. Llama realmente a Cristo la «Sabiduría de Dios»[40], aunque no haga mucho hincapié en esto como título. Y hay otros varios pasajes en que se le ve influenciado por la literatura de la Sabiduría en su exposición de la actividad de Cristo. Nunca dice que Cristo es la Palabra, pero está influenciado por las enseñanzas de Filón en lo que se refiere a su descripción de la misión de Cristo.

Pablo se contiene para no dar importancia demasiada a que Cristo sea la Sabiduría o la Palabra, porque estaba convencido de que el quehacer de Cristo era muy superior a cualquier cosa referida a estos conceptos; no porque no quisiera dar razón de su naturaleza. De lo contrario, no se habría permitido llamar a Cristo «Sabiduría de Dios». La causa de mostrarse refractario a usar estos títulos es su conocimiento de la superior grandeza de la persona de Cristo y de su misión.

Aunque las ideas y el lenguaje judíos eran el vehículo del pensamiento de Pablo, sus creencias sobre Cristo y la creación estaban formadas por la aplicación de la tradición judía y cristiana a su propia experiencia. Había una tradición judía de la Sabiduría y la Palabra. Había también un continuo crecer entre los cristianos en su convicción de que Jesús era «Señor». Estaba en pie la comparación con la Sabiduría hecha por el mismo Jesús en Mt 11, 28-30. Existía el título «autor de la vida» aplicado a Él en el primitivo kerigma, recordado en los Hechos. Todas estas tradiciones y prácticas abrían el camino a Pablo para que diera expresión a su propia experiencia de Cristo como creador de una nueva vida dentro de él. Primeramente, y sobre todo, Cristo era el portador de una nueva creación que renueva al hombre interiormente. Y si Él era el nuevo creador, entonces es razonable suponer que fue también el creador cuando al principio el mundo fue hecho. Pablo no se dio prisa en dar cuerpo a esta idea, porque era un pensamiento temerario. Habría que esperar hasta la Carta a los Colosenses, que es una de sus últimas. Las diferentes direcciones de pensamiento que pueden notarse en las primeras cartas vienen a confluir en este gran pasaje de Colosenses.

Pablo había aceptado pronto la creencia de que Jesús era el preexistente Hijo de Dios: «Jesús, aunque era rico, se hizo pobre por amor nuestro» (2 Co 8, 9). Él era la roca que acompañaba a los israelitas en el desierto (1 Co 10, 4). También creía Pablo que Cristo sostenía el universo que había creado Dios. Todas las cosas existían por medio de

---

[40] 1 Co 1, 24. 30.

Él (1 Co 8, 6). Y creía que si un hombre estaba en Cristo había tomado posesión de una nueva creación. «Cualquier hombre que esté en Cristo se hace una nueva criatura» (2 Co 5, 17). Estos pensamientos no le llevaron con irrefutable lógica al convencimiento de que Cristo era creador del mundo, pero facilitaron a Pablo aceptar esta creencia. Si Cristo era el Hijo de Dios que existía antes de su encarnación, si era también el Dador del Espíritu que renueva la vida dentro del creyente, y si era el Señor, gobernador del universo, entonces era razonable suponer que Él había tomado parte en la creación del mundo. En esta doctrina Pablo va más allá del tema inmediato de la redención, que es su mensaje principal. La doctrina de Col 1, 16 no es una de las básicas de la fe *salvadora*. Pertenece más al ámbito de la especulación. Por otra parte, es una deducción de la fe en la divinidad de Cristo. Es deducción de una doctrina que todavía no había sido claramente formulada por Pablo, pero que estaba incluida dentro de la fe salvadora, la doctrina de que Cristo es «Dios verdadero de Dios verdadero». La aparición de la creencia de que Cristo era creador muestra cómo la exposición teológica de Pablo, de sus creencias y experiencias, estaba cristalizando. Ya debía haber dedicado considerable reflexión al problema de Cristo y la creación, y cuando tuvo que hacer frente a la conclusión práctica de la herejía colosense de que el mundo había sido creado por los ángeles, él hizo públicas sus creencias.

LA CARTA A LOS HEBREOS

Esta carta depende, de una manera considerable, de la literatura de la Sabiduría y del tipo alegórico de exposición, que se encuentra en los escritos de Filón. Las palabras «esplendor de su gloria» tienen un claro paralelo en Sab 7, 25-6:

«Porque es... una emanación pura de la gloria del Todopoderoso... Porque es un resplandor de la luz eterna».

La descripción de Cristo como Sumo Sacerdote según el orden de Melquisedec es algo que recuerda la afirmación de Filón de que el Logos es Sacerdote según el orden de Melquisedec. Por razón de dependencia de la literatura sapiencial, no es de sorprender que el autor de la carta esté en posesión de una cristología eminente y describa a Cristo agente en la creación. A Cristo se le llama «heredero de todo, por quien también Él (Dios) hizo el mundo» (Hb 1, 2).

El escritor de Hebreos quizá no había leído los escritos de Pablo, pero su enseñanza sobre el «rol» de Cristo en la creación sugiere que estaba enterado del pensar de Pablo. Sin embargo, es posible que el desarrollo se hiciera independientemente de Pablo, y que el autor de Hebreos, haciendo uso de las tradiciones judías y cristianas para ilustrar su experiencia y creencias, llegara a la misma conclusión que Pablo.

LOS ESCRITOS DE JUAN

En el cuarto Evangelio se reconoce que Cristo fue preexistente. Él es la Palabra que ha estado en la existencia desde el principio (Jn 1, 1; cf. 1 Jn 1, 1). Él existía antes que Abraham (Jn 8, 58) y es descrito como agente en la creación. Todas las cosas fueron hechas a través de Él. Y sin Él nada se hizo de lo que se ha hecho (Jn 1, 3).

El origen de esta doctrina en Juan, como en Pablo, es la experiencia y la propia fe del escritor, junto con el fondo de la tradición judía y cristiana. Juan fue especialmente influenciado por la doctrina judía sobre el tema de la Palabra, y, aunque no es seguro que estuviera profundamente versado en la filosofía estoica y de Filón, conocía algo sobre ellas, y deliberadamente intentó exponer el evangelio en términos que interesaran a hombres y mujeres educados en la tradición helenística. El término λόγος («Palabra») lo usaron tanto los estoicos como Filón, y su aparición en el cuarto Evangelio no puede achacarse a coincidencia. Indudablemente, la tradición bíblica sobre la Palabra influenció al evangelista, pero él estaría pensando en los lectores que conocían tanto la filosofía popular helenística como las creencias de los hebreos.

Sin embargo, la principal influencia fue el propio conocimiento que el evangelista poseía del poder de Cristo, que fue el dador de la vida, y que infundió el Espíritu sobre los discípulos para inaugurar una nueva creación. Este Salvador, que trajo la nueva creación, estuvo activo también en la primera creación. Como Pablo, el cuarto Evangelio era sensible a lo mejor del pensamiento hebreo y era consciente de la actitud mental de la gente entre la que trabajaba. Esta viveza de mente le capacitó para escribir en un lenguaje que movía los corazones de hombres de muy diferentes culturas. Pero la inspiración la encontró, no en las tradiciones que había heredado o descubierto, sino en la experiencia cristiana que atesoraba, o en la historia del evangelio que él interpretaba.

IMPLICACIONES DE LA CREENCIA DE QUE CRISTO FUE AGENTE EN LA CREACIÓN DEL MUNDO

En las precedentes secciones ha quedado demostrado que Pablo, Juan y el autor de la Carta a los Hebreos creían que Cristo había actuado en la creación del mundo. Estos son los tres únicos escritores del Nuevo Testamento que afirman abiertamente esta doctrina. No se encuentra esta doctrina ni en los Evangelios sinópticos ni en los Hechos de los Apóstoles. Pero hay dichos de Jesús y frases del primitivo kerigma cristiano que anuncian o prefiguran el posterior desarrollo de la misma.

La función creadora era considerada por muchos judíos como exclusiva de Dios. Pero no había unanimidad de opinión en esta materia. Había judíos que creían que los ángeles habían sido agentes en la creación, pero otros se oponían vigorosamente a esta doctrina. El recelo que suscitó la creencia en la mediación angélica puede darnos una idea de la reacción que muchos judíos experimentarían ante la creencia cristiana de que Cristo había actuado en la creación. La afirmación de que Él no solamente existía antes de su nacimiento, sino que también poseyó una situación única como compañero de trabajo de Dios, hubiera proporcionado una gran ofensa a muchos judíos.

Por otra parte, tenemos abundantes pruebas de que conceptos tales como Sabiduría, Palabra y Espíritu se empleaban para describir un agente mediador en la creación. No parece que ellas causaran tanta inquietud como la doctrina de la mediación angélica, porque estaban tan íntimamente relacionados con Dios como para no turbar la creencia de los hombres en la unidad de Dios. Pero llegaron a ser un tropiezo cuando se le aplicaron a Cristo; porque Cristo era una persona que había vivido en la tierra. Cuando se enseñó que Cristo había tomado parte en la creación, la cuestión de su divinidad tenía que aparecer tarde o temprano.

Estas nuevas enseñanzas que nos salen al paso en Pablo, Juan y Hebreos no eran signos infalibles de una creencia en la divinidad de Cristo. Pero las funciones que se le adjudicaban eran tan altas y tan opuestas a las queridas convicciones de muchos judíos, que los escritores del Nuevo Testamento se habrían expresado en este sentido solamente para mostrar que Cristo tenía con Dios una relación única, sin posibilidad de encontrarle un precedente humano. Vacilaban al querer decir claramente que Jesús era Dios. Preferían hacer uso de las ideas de Sabiduría y Palabra en un esfuerzo por conciliar lo que creían del Hijo y su convicción de que Dios era uno. Pero estas ideas no eran suficientes para llevar a cabo su propósito, porque en el Antiguo Testamento no se había acostumbrado describir a un hombre. Esto explica por qué Pablo raramente describe a Cristo como la Sabiduría de Dios, si bien hace uso frecuente del lenguaje de la sabiduría. Y esto también explica por qué Juan solamente usa el título «Palabra» al comienzo del Evangelio y de la primera Carta. Los mismos escritores estaban convencidos de la inadecuación de estos conceptos para expresar el misterio que creían. Pero cuando presentaban a Cristo como juez o creador, describían actividades de alguien de quien ellos estaban convencidos que era Dios. No acometen la tarea de una exposición sistemática de la doctrina de la persona de Cristo. Pero la manera de escribir sobre sus actividades manifiesta que sus convicciones, aunque no formuladas con precisión, estaban tomando forma definitiva. Como este proceso continuaba desarrollándose, el problema de la relación de Cristo con el Padre llegó a colocarse en primer plano.

OTROS ASPECTOS DE LA ACTIVIDAD CREADORA: MANTENIMIENTO Y CONSERVACIÓN DEL UNIVERSO

Los judíos no consideraban a Dios como un creador que había abandonado el universo después de haberlo formado. Su tarea de la creación no podía divorciarse de su continua mirada protectora sobre el universo. El Antiguo Testamento es el registro de la actividad de Dios en la historia; en él se describe la liberación y la protección otorgada a su pueblo, el castigo por sus pecados y su recompensa por su fidelidad. Describe también el control de Dios sobre los destinos de las naciones gentiles, y su poder sobre el mundo de la naturaleza. Esta tarea de mantener el universo creado no era exclusivamente divina. Los reyes y los príncipes, los profetas y los sacerdotes eran ministros de Dios en la tarea. Pero de ninguno de ellos se dice que ejerciera el control universal, que Pablo atribuye a Cristo en las palabras: «Todas las cosas existen por medio de Él» (δι' αὐτοῦ), y que el mismo Jesús reclama para sí cuando dice: «Toda autoridad se me ha dado en el cielo y en la tierra» (Mt 28, 18).

Uno de los grandes medios por el que los cristianos llegaron a la creencia de que Cristo había sido agente en la creación fue la doctrina del señorío de Dios sobre todas las cosas, en el cielo y en la tierra. Hemos tratado ya del uso del título «Señor» en el Nuevo Testamento. Pablo pensaba que Dios había colocado todas las cosas bajo el poder de Cristo (Ef 1, 22; 1 Co 15, 27). En virtud de este poder, Cristo mantenía el mundo creado. Hay «un solo Señor Jesucristo, por quien son todas las cosas y nosotros también» (1 Co 8, 6). «Todo subsiste en Él» (Col 1, 17). El señorío de Cristo no es solamente un título por el que recibió tributo de servicio y adoración. Él da vida al mundo que, al mismo tiempo, sostiene. Una doctrina como esta va más allá de la creencia de que Cristo fuera un divino servidor, que vino para llevar a cabo una misión especial en el mundo, como hicieron los profetas y reyes. Su ministerio no se limita a un pueblo particular o a una particular generación. Su señorío es universal.

La misma idea nos sale al paso en la Carta a los Hebreos, cuyo autor habla de Cristo, «que con su poderosa palabra sustenta todas las cosas» (1, 3). Pero, aunque Cristo reciba frecuentemente el título de «Señor», y aunque su poder sobre la vida particular de los cristianos sea generalmente reconocido, nada se dice, con excepción de los escritos paulinos y hebreos, sobre su función de conservar el mundo entero. El silencio de otros escritores puede obedecer a la dificultad de exponer la doctrina.

OTROS ASPECTOS DE LA ACTIVIDAD CREADORA: LA CONDUCCIÓN DEL UNIVERSO CREADO HACIA UN FIN U OBJETIVO

Una contribución original de Pablo al pensamiento cristiano es su doctrina de que Cristo es el fin y el objetivo de la historia. No es, estrictamente hablando, una doctrina de la creación. Se hace mención de ella aquí, porque la mente de Pablo está ligada a su creencia de que Cristo actuó en la creación del mundo y actúa para su conservación. En Col 1, 16 dice que todas las cosas están «en Él». El tema se elabora en Ef 1, 19 y ss., donde se dice que Dios pone su complacencia en «reunir todas las cosas, las de los cielos y las de la tierra, en Él». Y en Ef 4, 15 se nos descubre el propósito de Dios: «Que nosotros crezcamos en caridad en todo, llegándonos a Aquel que es nuestra cabeza, Cristo».

La literatura judía estaba llena de especulaciones a propósito del fin de las cosas y de los tiempos; muy distinto de lo que era convicción en Pablo: que Cristo es el fin de todas las cosas. Aquí disociamos la doctrina del fin de las cosas últimas, de la idea del juicio. En Colosenses y Efesios, de las que hemos tomado estas citas, hay muy poco sobre el Juicio Final. Pablo piensa más bien en el tiempo en que Cristo estará en todo. Las dos ideas no son incompatibles, y Pablo nunca desistió en su creencia del Juicio Final, aunque el énfasis que ponía en ella fuera variando.

El convencimiento de que Cristo será el fin de todas las cosas es prueba del muy alto concepto que Pablo tenía de su persona. La Carta a los Romanos dice de Dios que todas las cosas están en Él: «Porque de Él, y por Él, y para Él son todas las cosas» (Rom 11, 36). Pero en Colosenses y Efesios donde «están todas las cosas» es en Cristo.

La afirmación de que todas las cosas están en Cristo o en Dios no es fácil de interpretar. No quiere decir que todas las cosas perderán su identidad en Cristo, ni implica que todas las cosas serán redimidas. Quiere decir que al final nada existirá sino lo que esté redimido en Cristo. Cuando el último enemigo, la muerte, sea destruido, Dios y Cristo serán todo en todos[41], y todo lo que exista tendrá consistencia en virtud de la obra redentora de Cristo.

La creencia de Pablo de que Cristo será el fin tiene poco fundamento directo en el pensamiento judío. El Segundo Isaías llama a Dios el Primero y el Último[42], y dichos del tercer siglo a. C. afirman que el mundo fue creado *para* ciertos distinguidos líderes. Según Sanh 98b, «Rab (d. 247) dijo: "El mundo fue creado solamente para David". Samuel (d. 254) dijo: "Para Moisés". R. Johanan (d. 279): "Para el Mesías"»[43]. Estos dichos pueden ser representativos de ideas corrientes antes del siglo tercero, pero no llevan el mismo contenido profundo que los dichos paulinos. Pueden no significar otra cosa sino que David, Moisés o el Mesías son el punto decisivo en la historia humana[44].

Es posible que Pablo estuviera influenciado por la terminología estoica. Marco Aurelio dice de la naturaleza: «Dentro de ti están todas las

---

[41] Co 15, 26 y ss.

[42] Is 41, 4; 43, 10, 11; 44, 6; 48, 12.

[43] Cf. STRACK-BILLERBECK, *Kommentar zum NT*, III, p. 626. La preposición que se traduce «para» o «a» es l^e.

[44] La idea de Moisés como un punto decisivo en la historia la encontramos en la Asunción de Moisés, según la cual Moisés vivió 2500 años después de la creación (*As. de Moisés* 1, 1), y el tiempo desde la muerte de Moisés a la aparición de Dios como Redentor será también de 2500 años (*As. de Moisés* 10, 2). Cf. STRACK-BILLERBECK, *op. cit.*, IV, pp. 994-95.

cosas»[45], y esto puede reflejar la doctrina estoica originaria con la que Pablo estaba relacionado. Ahora que, la creencia de Pablo, la de que Cristo sería el fin, fue creada por su propio pensamiento y experiencia. Más que ninguna otra cosa de las que dice sobre el quehacer cósmico de Cristo, lleva el sello de la originalidad.

Solamente existe otro escrito en el Nuevo Testamento en el que a Cristo se le llama el fin, y es el Apocalipsis, en el que el mismo Jesús dice: «Yo soy el Alfa y la Omega, el primero y el último, el principio y el fin» (Ap 22, 13). Estos títulos se le aplican también a Dios en Ap 1, 8 y 21, 6. El título «primero y último» tiene su origen en Isaías, según el cual Dios dice: «Yo soy el primero y yo soy el último. Y junto a mí no hay otro Dios» (Is 44, 6). Las palabras «Alfa y Omega» son sencillamente otra manera de decir «primero y último». Y las palabras «principio y fin» pudieron no significar más para el escritor que lo expresado por «Alfa y Omega» y «primero y último». Sin embargo, es posible que, puesto que el escritor se dirigía a las Iglesias de Asia Menor, estuviera empleando una fórmula que era el *legado* de Pablo, doctrinalmente hablando, de que Cristo es el fin. Esta doctrina se expuso en las cartas a las Iglesias de Colosas y de Éfeso, ambas en Asia Menor. Aunque esto pudiera explicar la presencia en el Apocalipsis de la fórmula «principio y fin», no hay pruebas de que el autor profundizara tanto en su idea como lo había hecho Pablo.

OTROS ASPECTOS DE LA ACTIVIDAD CREADORA: LA NUEVA CREACIÓN

En el Antiguo Testamento están consignadas profecías que dicen que Dios había de hacer una nueva creación. «Porque voy a crear unos cielos nuevos, y una tierra nueva; y ya no se recordará lo pasado y ya no habrá de ello memoria» (Is 65, 17; cf. Is 66, 22). La profecía está tomada de los escritos seudoepigráficos, y usada para describir las bendiciones de la

---

[45] *Meditations*, IV, 23. LEBRETON, *History of the Doctrine of the Trinity*, 1, p. 301, contrasta las enseñanzas de Pablo sobre Cristo con las del estoico Crisipo sobre el Logos. Escribe: «Según Crisipo, todo proviene del Logos por una física disociación y degeneración, y todo vuelve al Logos por una progresiva absorción de los seres individuales en el ser total. Aquí, por otra parte, todo proviene de Cristo por un acto libre de creación que de ninguna manera disminuye su grandeza; todo tiende a Cristo, no para ser absorbido y perdido en Él, sino para unirse a Él y vivir en Él».

Edad Mesiánica. La culminación de los proyectos de Dios será un nuevo comienzo, cuando el cielo y la tierra serán transformados y una nueva y eterna era sea inaugurada.

Pablo inserta estas ideas en sus cartas. «Cualquier hombre que permanezca en Cristo es una nueva criatura» (2 Co 5, 17; cf. Ga 6, 5). Los cristianos son hombres y mujeres que, «vestidos del hombre nuevo, sin cesar se renuevan para lograr el perfecto conocimiento, según la imagen del creador» (Col 3, 10).

Siguiendo las enseñanzas de Cristo, Pablo creía que la nueva creación estaba ya realizándose. No era completa, y había que emplear muchos esfuerzos; pero las criaturas nuevas ya estaban en la existencia.

Sin embargo, Pablo no describe a Cristo como el creador de los cielos nuevos y de la nueva tierra. La creación se realiza «en Cristo», pero no se dice que Él sea su realizador.

En el cuarto Evangelio esta creencia en la nueva creación se encuentra implícita. Cuando, después de la Resurrección, Jesús infundió el Espíritu Santo a sus apóstoles, los estaba creando de nuevo. Como Dios inspiró aliento de vida en la nariz del hombre en la creación del mundo, así también Cristo inspiró vida eterna a sus seguidores (Jn 20, 22).

Una idea afín es la del nuevo nacimiento. A menos que el hombre nazca de nuevo por el agua y el Espíritu, no podrá entrar en el Reino de Dios (Jn 3, 5; cf. 1 P 1, 13).

La más clara descripción de la nueva creación se encuentra en el Apocalipsis. En los últimos capítulos del libro se nos da una brillante descripción de la formación de los nuevos cielos y de la nueva tierra. Cuando Cristo, el Cordero, esté con Él, Dios traerá la Jerusalén nueva. Según el Apocalipsis, los cielos nuevos y la tierra nueva aparecerán en el futuro. No hay ninguna indicación de que Pablo creyera que la nueva creación había comenzado ya.

He aquí otros aspectos de la actividad creadora: Cristo manteniendo el universo, Cristo como fin de todas las cosas y la nueva creación muestran la variedad de modos en los que el Nuevo Testamento, a través de sus escritores, y muy especialmente de Pablo, manifestó el poder divino de Cristo y su relación con el Padre. Estos testimonios apoyan la opinión de que Pablo conocía que las funciones que él adjudicaba a Cristo eran divinas, no humanas; y que intentaba además elaborar su creencia en la divinidad de Cristo. Lo mismo puede decirse, de una manera más limitada, del cuarto Evangelio y del autor de la Carta a los Hebreos.

Capítulo IX
JESÚS Y LA SALVACIÓN

La idea de la salvación ocupa un puesto central en el pensamiento y en el culto cristiano. Suena a través de las Escrituras como el *leitmotiv* de una ópera durante toda su audición. Tanto el Antiguo como el Nuevo Testamento afirman la intención del Todopoderoso de salvar a su pueblo; y en el Nuevo Testamento el mismo Jesús se presenta a sí mismo como «salvador». Las cuestiones planteadas anteriormente sobre el juicio y la creación lo volverán a ser ahora a propósito de la salvación. ¿Se puede afirmar que el pensamiento judío juzgó que cierta clase de actos salvíficos eran prerrogativa de solo Dios? ¿Fueron tales actos adjudicados a Jesucristo en el Nuevo Testamento?

ANTECEDENTES ISRAELÍTICOS Y JUDÍOS

Salvación es la liberación de una situación a otra. Lo que intentamos aquí es descubrir si los judíos creían que se daban ciertas situaciones de las que solamente Dios podía salvar a los hombres, y otras a las que solo Dios podía conducirlos. En dos secciones vamos a examinar el Antiguo Testamento y la doctrina posterior judía sobre la salvación: liberación del destierro, de la opresión o de la muerte, a una vida más plena y más larga sobre la tierra; salvación de la muerte y del pecado para la vida eterna y la comunión con Dios.

SALVACIÓN DEL DESTIERRO, DE LA OPRESIÓN O DE LA MUERTE PARA UNA VIDA MÁS LARGA Y MÁS PLENA SOBRE LA TIERRA

Se han recogido varios casos en los que un hombre salva a otro de peligros físicos. Por ejemplo, Rubén salvó a José de las manos de sus hermanos (Gn 37, 21). La congregación de los israelitas recibió órdenes de libertar a un homicida de su vengador (Nm 35, 25). Un hombre podía también rescatar a otros de la injusticia, como presuponía en Jeremías el decir al rey de Judá: «Practicad el derecho y la justicia, liberad al oprimido de manos del opresor» (Jr 22, 3).

Los seres humanos salvaban también a la nación. Se dice de Josué y de varios otros jueces que habían salvado al pueblo en el combate[1], y dos de ellos, Othoniel y Thud, recibieron el nombre de «salvador»[2]. También David salvó a la nación[3]; y en una obra posterior, el primer Libro de los Macabeos, a Eleazar se le describe como entregándose a sí mismo para salvar al pueblo[4]; y Judas es llamado «el que salva a Israel»[5].

A pesar de todos estos ejemplos es a Dios a quien normalmente se le presenta como el salvador, tanto del individuo como de la nación. Él salva a los indigentes (Jb 5, 15) y a los afligidos (Sal 18, 27). Es a Él a quien invoca el salmista para librarse de los «agentes de la iniquidad» y de «los hombres sanguinarios» (Sal 59, 3). Fue Dios quien libertó al pueblo de los egipcios (Ex 14, 30), de los filisteos (1 Sm 14, 23) y de los asirios (2 Cr 32, 22).

Algunos de los profetas aseguran que solamente Dios tiene el poder de salvar. Jeremías describe la impotencia de los otros dioses (Jr 2, 28; cf. Jr 11, 12), y afirma que Dios es el origen de la salvación:

«¡Luego eran mentira los altos, la barahúnda de los montes! ¡Luego por Yavé, nuestro Dios, se salva Israel!» (Jr 3, 23).

El Segundo Isaías acentúa la unicidad de la tarea de Dios como salvador:

«Yo, yo soy Yavé, y fuera de mí no hay salvador» (Is 43, 11). «...No hay otro Dios fuera de mí; Dios justo y salvador, no hay otro fuera de mí» (Is 45, 21).

---

[1] Jos 10, 6; Jc 2, 16, 18; 3, 9. 15. 31; 6, 14-15; 8, 22; 13, 5.
[2] Jc 3, 9. 15. «Salvador» traduce el participio *moshiya'*, que puede traducirse también «el que salva».
[3] 1 Sm 9, 16; 10, 27.
[4] 1 M 6, 44.
[5] 1 M 9, 21.

Hasta los pasajes mesiánicos del Antiguo Testamento se guardan de describir al Mesías como «salvador». El salmo segundo, por ejemplo, habla de un ungido rey que recibirá las naciones por herencia, pero nunca pretende que Él vaya a salvar o libertar al pueblo. Isaías 9, 1-6 habla de un niño que nacerá para regir al pueblo, pero no le llama salvador. Ni siquiera el soberano de que se habla en Is 11, 1-10, diciendo de Él que destruirá al pecador e inaugurará una era de paz maravillosa, es saludado como salvador. Las palabras corrientes que describen la salvación[6] no se le aplican a Él. Jeremías profetiza que en los días del rey Mesiánico «Judá estará a salvo e Israel vivirá en seguro» (Jr 23, 6), pero el uso del verbo «estará a salvo» sugiere que Yavé, y no el Mesías, será quien salve al pueblo.

Una excepción es Mi 5, 5b, en donde un príncipe mesiánico es presentado como libertador:

«Nos librará de Asur, si invade nuestra tierra, y huella nuestro término».

Hay profecías sobre un príncipe Mesiánico en escritos posteriores, en los que se le considera como un salvador. El Libro de los Jubileos predice la venida de un príncipe de la tribu de Judá, del que dice: «En ti se hallará la salvación de Israel» (Jub 31, 19). Y los Salmos de Salomón 17 y 18 hablan de un Mesías que derrotará a los enemigos de la nación y congregará un pueblo santo. Esto quiere decir que realizará la tarea de la salvación.

Los testimonios citados dejan claro que los judíos creían que seres humanos podían salvar a los hombres del destierro, de la opresión y de la muerte, y que el Mesías podía ser considerado como un libertador. Al mismo tiempo, algunos escritores, especialmente al hablar de la liberación de la nación, acentúan el hecho de que Dios es el salvador. Y la mayor parte de las alusiones a un Mesías hablan de su cometido como gobernante más bien que del de salvador.

SALVACIÓN DE LA MUERTE Y DEL PECADO PARA LA VIDA ETERNA Y LA COMUNIÓN CON DIOS

La creencia en la vida eterna se desarrolló relativamente tarde en el pensamiento judío. Se suponía que los muertos o se desvanecían o apenas

---

[6] *y-sh-'* se traduce generalmente «salvar», y *n-ts-l*, «libertar».

lograban una existencia vaga en el Seol. Ni siquiera Jb 19, 25 muestra otra cosa que la esperanza en una existencia momentánea después de la muerte. Pero en los Salmos 49 y 73 se expresa una esperanza en la vida eterna. Según el Salmo 49 esta vida se conseguirá por la redención del poder del Seol:

«Ninguno de ellos puede redimir a su hermano,
ni pagar a Dios por su rescate:
que mucho cuesta la redención de su alma.
Se acabó para siempre. ¿Y aún se ha de vivir?
¿No se verá jamás la fosa?» (Sal 49, 8-10).
«Pero Dios rescatará mi alma,
de las garras del Seol me cobrará» (Sal 49, 16).

El salmista dice que la redención del Seol a la vida eterna es tarea de Dios[7] solo, y en Dn 12, 2. 3, donde hay una profecía de la resurrección, no se hace sugerencia alguna de que pueda realizarla agente alguno humano. El mismo énfasis en la iniciativa divina podemos encontrar en algunos de los escritos pseudoepígrafos*. En 1 Enoc 83-90 es el mismo Dios el que interviene para salvar al justo y establecer los fundamentos de una nueva Jerusalén. En los primeros dieciséis Salmos de Salomón, Dios es quien conducirá al justo a la vida eterna. En el 17 y 18 de estos Salmos, en los que se dice del Mesías que derrota a los enemigos de la nación y que congrega al pueblo disperso, no se indica que Él inaugure un reino eterno o que haga surgir a los justos que murieron[8].

Hay dos escritos en los que se describe a un libertador mesiánico que conduce a los hombres de la muerte a la vida eterna. Se trata de las Semejanzas de Enoc y de los Testamentos de los doce Patriarcas. En las Semejanzas de Enoc no se dice explícitamente que el Hijo del Hombre salve, pero su tarea presupone la salvación del justo de la muerte para la vida eterna. Será el juez del mundo, defensor y norma del justo. Él ha «cuidado la suerte del justo» (1 Enoc 48, 7). Y elegirá a los justos en el día de la salvación:

---

[7] Cf. Sal 73, 23-6.

* *Nota del editor.* Lo que los católicos denominan libros «apócrifos» entre los protestantes recibe la denominación de «pseudoepígrafos».

[8] Cf. R. H. Charles, *Eschatology*, pp. 270-72.

«Y escogerá a los justos y santos de entre ellos: poque se ha acercado el día en que ellos serán salvados» (1 Enoc 51, 2).

El otro ejemplo de liberación de la muerte para la vida eterna no se refiere estrictamente a un Mesías, sino a un Sacerdote. Es descrito en el Testamento de Leví como un Sacerdote que «alimentará del árbol de la vida a los santos» (Test. Leví 18, 11). Abrirá el Paraíso a los justos (Test. Leví 18, 10; Test. Dn 5, 12). Aquí no se trata de un paladín militar solamente, sino de un salvador que dará a los hombres la vida eterna.

Aunque la corriente principal en el pensamiento judío parece haber sido que Dios salvaría a los hombres de la muerte para la vida eterna, las Semejanzas de Enoc y el Testamento de los Doce Patriarcas sugieren que la tarea la realizaría el Hijo del Hombre o el Sacerdote.

Un tema afín es el de la salvación del pecado para la vida eterna y la comunión con Dios. En el Antiguo Testamento, la salvación misma del pecado desemboca en la comunión con Dios más bien que en la vida eterna. Este es el tema del Salmo 51, 11. 12. 14:

«No me rechaces lejos de tu rostro,
no retires de mí tu santo espíritu.
Vuélveme la alegría de tu salvación,
y en espíritu de nobleza afiánzame;
...Líbrame de la sangre, Dios de mi salvación»[9].

No solo los individuos, sino también las naciones pueden ser salvadas por Dios de sus pecados:

«Porque con Yavé está el amor,
junto a él abundancia de rescate;
él rescatará a Israel
de todas sus culpas» (Sal 130, 7. 8)[10].

En la profecía de la Nueva Alianza de Jeremías (Jr 31, 34), la nueva nación será tal que cada individuo tendrá el privilegio de la comunión con Dios. Dice Jeremías que la complacencia de Dios en perdonar los

---

[9] Cf. Sal 39, 8; 79, 9.
[10] Cf. Ez 36, 29; 37, 23.

pecados de los hombres conduce al conocimiento individual de Él por parte de ellos. Este pasaje nos recuerda que el perdón es esencial a la liberación del pecado. Y el perdón es prerrogativa de Dios.

El Siervo Paciente del Deutero-Isaías está íntimamente unido a la salvación del pecado. Se discute si el «Siervo» se refiere a un individuo o a la nación o a parte de la nación. En cualquier caso, sin embargo, el Siervo hace posible el perdón del pecado. «Con sus cardenales hemos sido curados» (Is 53, 5). «Por sus desdichas justificará mi Siervo a muchos y las culpas de ellos Él soportará» (Is 53, 11). Para describir el cometido del Siervo no se usan las palabras usuales hebreas «salvar» y «libertar», y no se dice que Él mismo perdone los pecados de los hombres. A lo más, Él hace posible el perdón por su sufrimiento supletorio. Con todo, en la idea del Siervo Paciente hay posibilidad de desarrollar la creencia en un libertador que salvaría a los hombres del pecado por el sacrificio de sí mismo. Sin embargo, este tema no se encuentra desarrollado en las discusiones y exposiciones judías de los Cánticos del Siervo[11].

Tres pasajes en escritos no canónicos sugieren que algún otro, además de Dios, puede ser colaborador en el acto de salvar a los hombres del pecado. El primero es Enoc 10, 11. 20-2, en el que se dice que el ángel Miguel limpiará la tierra de todo pecado. El segundo está tomado del Testamento de Leví 18, 10-12, en el que se expone que el Sacerdote que viene atará a Belial, y dará poder a sus hijos para hollar a los espíritus malos. De Daniel es el tercer pasaje tomado del Antiguo Testamento, en el que se profetiza que el Sacerdote libertará a los cautivos de Belial (Test. Dn 5, 11).

Queda abierto a la disputa si realmente estos pasajes dicen que algún otro además de Dios puede salvar a los hombres de sus pecados. Lo que aseguran es que nadie fuera de Dios puede perdonar los pecados. Hay pruebas demasiado pequeñas de que los ángeles o los hombres fueran capaces de salvar a los hombres de sus pecados. No hay pruebas de que ellos fueran capaces de perdonar los pecados[12]. Y puesto que el perdón es necesario para la salvación de los pecados, el proceso completo solo puede ser llevado a cabo por Dios.

Otra parte del proceso de salvación, que es una prerrogativa exclusiva de Dios, es el acto de resucitar a los muertos. En ninguno de los pasajes

---

[11] Cf. S. MOWINCKEL, *He that Cometh*, pp. 330-33, y M. D. HOOKER, *Jesus and the Servant*, pp. 53-6.

[12] Cf. STRACK-BILLERBECK, *Kommentar*, I, p. 495 y ss.

discutidos se dice que un hombre o un ángel puedan realmente resucitar a los muertos a una vida eterna. Aunque algunos escritores esperan que el Mesías liberte a los hombres de la muerte a la vida, el proceso actual de la resurrección es realizado por solo Dios[13].

Los testimonios revisados conducen a ciertas conclusiones, importantes para comprender la actitud cristiana para con Jesucristo y la salvación.

Primeramente, la salvación física del destierro, de la muerte o la opresión para una vida más larga y más plena se considera normalmente tarea de Dios, pero se dice que a veces es llevada a cabo por salvadores humanos.

En segundo lugar, de la salvación de la muerte y del pecado para la vida eterna y la comunión con Dios casi siempre se dice que es tarea de Dios, pero hay una o dos posibles excepciones a esta regla.

Por último y en tercer lugar, dos partes en el proceso de esta segunda clase de salvación son el perdón y la resurrección, consideradas ambas en el pensamiento judío como prerrogativa única de Dios.

Si nos imaginamos a un hombre que salva al pueblo de la muerte y del pecado y que da la vida eterna, sería considerado por muchos judíos como poseedor de funciones estrictamente divinas. Y si suponemos que perdona los pecados y que levanta a los muertos a la vida eterna, casi seguro que se daría por sentado que estaba ejerciendo funciones consideradas hasta aquí como solo de Dios.

ANTECEDENTES HELENÍSTICOS Y PAGANOS

El título de «salvador» era el preferido en el Mediterráneo Oriental lo mismo antes que después de Cristo. Se le daba a muchos dioses y diosas, incluyendo las deidades tradicionales: Zeus, Apolo, Artemisa, Atenea, el dios médico Asclepio y las deidades de los cultos mistéricos Hermes, Serapis e Isis. Los héroes, especialmente los fundadores de ciudades, eran saludados como salvadores. El título fue dado a Filipo de Macedonia, a los Tolomeos de Egipto y a los Seléucidas de Siria. Julio César y Augusto recibieron el título, y se lo usó a menudo en el contexto del culto al César[14]. En los círculos helenísticos, si a un hombre se le llamaba «sal-

---

[13] Cf. STRACK-BILLERBECK, *op. cit.*,1, pp. 523-24, y S. MOWINCKEL, *op. cit.*, p. 337.
[14] Cf. P. WENDLAND en *ZNTW*, V (1904) pp. 336-39.

vador» no había dificultad en llamarle también dios. En las religiones mistéricas, a la deidad cúltica se la relacionaba con el proceso de salvación de la muerte y del pecado para la vida. Cuando se le adjudicó a Jesús esta clase de salvación y el título de «salvador», mucha gente en el mundo helenístico supondría que se le consideraba como Dios.

LOS EVANGELIOS SINÓPTICOS

La palabra «salvar» (σώζειν) se usa en los Evangelios sinópticos para significar «curación». Cuando curó a un hombre que tenía la mano seca, Jesús dijo:

«¿Es lícito en sábado hacer el bien en vez del mal, salvar una vida en vez de destruirla?» (Mc 3, 4).

Cuando Jairo quiso que curara a su hija, pidió «que fuera, que impusiera sus manos sobre ella para que se curara (σωθῇ)[15] y viviera» (Mc 5, 23; cf. Lc 8, 50). El uso más importante de la palabra «salvar» es para describir la salvación del pecado. Jesús se llama a sí mismo el «Hijo del Hombre», que «ha venido a buscar y salvar lo que estaba perdido» (Lc 19, 10). Cuando Zaqueo prometió que devolvería lo que injustamente había tomado de los otros, Jesús dijo: «Hoy ha venido la salvación a esta casa» (Lc 19, 8). Al otorgar el perdón a una mujer pecadora, dijo: «Tu fe te ha salvado» (Lc 7, 50). A esta clase de salvación se refiere Mateo cuando narra el nacimiento de Jesús:

«...a quien pondrás por nombre Jesús, porque Él salvará a su pueblo de sus pecados» (Mt 1, 21).

Jesús se atribuyó el poder de otorgar el perdón. Perdonó a la mujer pecadora (Lc 7, 48). Y en la narración del paralítico (Mc 2, 1-12), el acto de curación se produce después que Jesús expresó el perdón. Jesús afirma que «el Hijo del Hombre tiene poder en la tierra para perdonar los pecados» (Mc 2, 10). La concesión del perdón es aparte del proceso de salvación de los pecados, y en el pensamiento judío se consideraba

---

[15] Aquí la *Revised Version* traduce «y sea hecha sana».

como prerrogativa de Dios. Cuando dijo que tenía poder para perdonar los pecados, Jesús estaba expresando un muy alto derecho de sí mismo.

Jesús habló también de la liberación de la muerte, pero no manifestó claramente que Él fuese agente de esta clase de salvación. Según Mc 13, 13, dijo: «Pero el que perseverare hasta el fin, ese se salvará». Esto no deja claro que el mismo Jesús salve. Similar ambigüedad se da en Mc 8, 35:

«Porque quien quiera salvar su vida, la perderá; pero quien pierda su vida por mí y por el Evangelio, la salvará».

Este dicho no quiere decir que un individuo tenga poder para salvar su propia vida. Pero no queda claro si será Jesús o Dios Padre el agente de salvación. Se podría afirmar, sin embargo, a partir del contexto de estos dos dichos que Jesús es el salvador. El capítulo 13 de Marcos trata de la venida de Cristo como juez, y Mc 8, 35 y ss. alcanzan su culminación en la futura venida del Hijo del Hombre. Sin embargo, si el capítulo 13 de Marcos no constituye una unidad[16], un argumento de su contexto poco peso puede tener. En todo caso, Jesús no se atribuye el salvar de la muerte tan claramente como se atribuye el salvar de los pecados y el perdonar.

No hay fundamento en los Evangelios sinópticos de que se diera por supuesto que Jesús suscitara a los muertos para la vida eterna. Hay un episodio en el que devuelve la vida a un joven (Lc 7, 11-17)[17], pero es salvación de la muerte para una vida más larga sobre la tierra. Y cuando dice a los discípulos de Juan Bautista que cuenten a su maestro que «los muertos resucitan» (Lc 7, 22 = Mt 11, 5), se está refiriendo a casos como la resurrección del joven.

El estado en que los hombres pueden salvarse es descrito en los Evangelios sinópticos como «vida» (ζωή) o «vida eterna» (ζωὴ αἰώνιος). Esta vida es característica de la «edad venidera», esperada en el judaísmo. Se trata de una vida que no está limitada por la muerte, y que está relacionada con el «mundo venidero» y la llegada del Hijo del Hombre. Pero en la medida en que el Reino de Dios ha llegado ya a través del ministerio de Jesús, se da un aspecto en el que la vida eterna es tan presente como futura.

---

[16] Sobre la unidad de Marcos 13 ver VINCENT TAYLOR, *St. Mark*, pp. 636-44.

[17] La narración de la hija de Jairo (Mc 5, 21-4. 35-43) puede ser que presente un caso de curación, más bien que de resurrección de un muerto. Ver TAYLOR, *op. cit.*, p. 285 y ss.

Según las enseñanzas de Jesús, se puede alcanzar la vida eterna sacrificando las riquezas de este mundo y siguiéndole. Al hombre que le preguntó: «¿Qué haré yo para heredar la vida eterna?» (Mc 10, 17), su respuesta terminante fue:

«Solo una cosa te falta: vete, vende lo que tienes y dáselo a los pobres, y tendrás un tesoro en el cielo; luego ven y sígueme» (Mc 10, 21).

Aquellos que dejan casa y familia por su amor y por amor al evangelio tendrán «en el mundo venidero la vida eterna» (Mc 10, 30). Pero estos dichos, si bien es verdad que relacionan a Jesús con la salvación para la vida eterna, no dicen realmente que Él dé a los hombres semejante vida. En la narración de las ovejas y cabritos, Jesús dice que el Hijo del Hombre llamará a los justos a heredar el reino, preparado para ellos (Mt 25, 34), y es en este reino donde ellos recibirán la vida eterna (Mt 25, 46). Esto ciertamente sugiere que será el Hijo del Hombre quien dispensará al justo la vida.

Jesús nunca es llamado «salvador» en los Evangelios sinópticos, aunque el mismo nombre de Jesús sugiere la idea de «salvador»[18]. Pero no hay constancia de que Él mismo alentara a los hombres a darle el título. Sin embargo, se adjudicó el poder de salvar a los hombres de sus pecados y el poder de perdonarlos. Pero no consta de una manera tan evidente que reclamara para sí el salvar a los hombres de la muerte a la vida eterna, aunque hay sugerencias en la narración de las ovejas y los cabritos. Él nunca dijo que fuera a realizar la resurrección de la muerte a la vida eterna. Según los Evangelios sinópticos, sin embargo, Jesús dijo lo suficiente sobre sus poderes salvíficos como para respaldar la creencia de los hombres en su divinidad.

LOS HECHOS DE LOS APÓSTOLES

En los Hechos de los Apóstoles, las palabras «salvar» y «salvación» se refieren a la curación física (Hch 4, 9; 14, 9), al salvamento del ahogamiento (Hch 27, 20. 31), al alimento físico (Hch 27, 34) y a la liberación

---

[18] La forma hebrea del nombre era *Jeshua'*, que significaba «Aquel cuya salvación es Yavé», o «salvación de Dios»; ver VINCENT TAYLOR, *Names of Jesus*, p. 5.

de los hebreos de Egipto (Hch 7, 25). Estos son ejemplos de salvación de peligros físicos para una vida más larga y más plena sobre la tierra.

Más frecuentemente las palabras describen liberación del pecado y de la muerte para la vida eterna. En Pentecostés, Pedro cita las palabras de Joel:

«Y todo el que invoque el nombre del Señor se salvará» (Hch 2, 21).

En la alocución de Hch 4 dice:

«Porque no hay bajo el cielo otro nombre dado a los hombres por el que nosotros debamos salvarnos» (Hch 4, 12).

Al Concilio Apostólico de Jerusalén le dice:

«Nosotros creemos más bien que nos salvamos por la gracia del Señor Jesús, del mismo modo que ellos» (Hch 15, 11).

Dos veces se le da a Jesús en los Hechos el título de «salvador» (Hch 5, 31; 13, 23), y en 5, 31 concede el perdón de los pecados en cuanto que es «salvador»:

«A este le ha exaltado Dios con su diestra como jefe y salvador, para conceder a Israel la conversión y el perdón de los pecados».

La fecha de los discursos de los Hechos ha sido muy discutida, y no podemos tener seguridad de que contengan un informe fiel de la primitiva predicación cristiana. Pero, supuesto que la exposición del cometido de Jesús en la tarea de la salvación está de acuerdo con lo que Él proclama de sí en los Evangelios sinópticos, es razonable dar por supuesto que los Hechos nos proporcionan un informe fiel de las creencias de la primitiva Iglesia sobre la materia. Jesús salva a los hombres del pecado para la vida. Nada menos que esto reclamó Jesús para sí, y los Hechos perpetúan esta enseñanza.

Los discursos de los Hechos suponen un paso adelante sobre los Evangelios sinópticos: los Hechos dan a Jesús el título de «salvador». Es completamente admisible que tal paso se hubiera dado ya pronto en la historia de la Iglesia cristiana. Una vez que Jesús había considerado prerrogativa suya el salvar a los hombres, darle el título de «salvador» no era más que un natural desarrollo.

PABLO

Pablo aplica a Jesús el título de «salvador» dos veces, y ambos casos se encuentran en sus últimas cartas. En una ocasión se refiere a la vuelta de Cristo:

«Pero nosotros somos ciudadanos del cielo, de donde esperamos como salvador al Señor Jesucristo» (Flp 3, 20).

Y en otra le describe como el «salvador» de «el cuerpo», es decir, de la Iglesia:

«Porque el marido es cabeza de la mujer, como Cristo es cabeza de la Iglesia, el salvador del Cuerpo» (Ef 5, 23).

Y puesto que Pablo continúa hablando de la santificación de Cristo y de la purificación de la Iglesia (Ef 5, 26), considera a Cristo en este pasaje como «salvador» del pecado.

En las cartas de Pablo nunca es Jesús el sujeto del verbo «salvar», pero no hay duda de que Pablo le considera como agente de salvación, no solamente porque usaba el título «salvador», sino también porque expresó la idea en otro lenguaje. Cristo es el redentor, que «nos redimió de la maldición de la ley» (Ga 3, 13)[19]. Él es el libertador, que «se entregó a sí mismo por nuestros pecados, para librarnos[20] de este perverso mundo» (Ga 1, 4). Él liberó a los hombres de la esclavitud de la ley (Ga 5, 1). Reconcilió a los hombres con Dios (Ef 2, 16), y por medio de Él, el hombre puede ser librado[21] «del cuerpo de muerte» (Rm 7, 24. 25). Estas son diversas maneras de decir que Cristo salva a los hombres del pecado y de la muerte[22]. Libra también a los hombres de la «ira venidera» (1 Ts 1, 10). Y aunque no se dice que otorgue el perdón[23], en Él tenemos nosotros el perdón de los pecados (Ef 1, 7; Col 1, 14).

---

[19] En 1 Co 1, 30 Cristo es llamado «redención», y según Rm 3, 24, la redención está «en Cristo». Gálatas 4, 5 puede querer decir también que Cristo mismo redime.
[20] Aquí el verbo es ἐξαιρεῖν.
[21] Y aquí y en 1 Ts 1, 10, el verbo es ῥύεσθαι.
[22] Nunca se dice de Cristo que justifica a los hombres. «Es Dios quien justifica» (Rm 8, 33; cf. Rm 3, 30). Pero la justificación está «en Cristo» (Ga 2, 17).
[23] Según Col 3, 13 «el Señor os perdonó». Pero es incierto si «el Señor» se refiere a Dios Padre o a Jesucristo.

El estado para el que Cristo salva a los hombres es presente y futuro. Aquellos a quienes Cristo ha libertado son capaces de «vivir según el Espíritu» (Ga 5, 25). Suya es la «ley del espíritu que da vida» (Rm 8, 2). Pero una más amplia salvación les espera. Jesús los librará de la ira venidera (1 Tes 1, 10). Pablo no dice explícitamente que Jesucristo vaya a resucitar a los hombres de entre los muertos. Es Dios quien los resucitará (2 Co 1, 9; 4, 14). Pero es «en Cristo» en quien todos revivirán (1 Co 15, 22), y Pablo dice de Cristo que «el último Adán llegó a ser espíritu que da vida» (1 Co 15, 45). Estas dos últimas declaraciones forman parte de la exposición de Pablo sobre el significado de la resurrección. Son pruebas de que, efectivamente, Pablo creía que Cristo resucitaría a los muertos.

Pablo atribuye a Cristo la clase de poder salvífico que generalmente en el judaísmo se suponía era estrictamente divino. En las cartas, Cristo es salvador, redentor y libertador del pecado y de la muerte. Él dispensa a los hombres una vida que es en el espíritu. No se dice realmente que perdone, sino que el perdón se obtiene «en Él». Y lo que a Él le corresponde en la salvación final es descrito de tal manera que implica que Él resucite a los muertos.

LA CARTA A LOS HEBREOS

El título «salvador» nunca aparece en la Carta a los Hebreos, pero el verbo σώζειν («salvar») nos sale al paso dos veces. En Hb 5, 7 se refiere al papel que jugó Dios en la resurrección de Cristo; y en Hb 7, 25 describe la tarea salvadora del mismo Cristo:

«De ahí que pueda también salvar perfectamente a los que por Él se llegan a Dios, ya que está siempre vivo para interceder en su favor».

A Jesús se le llama «autor de la salvación» (ἀρχηγὸς τῆς σωτηρίας (Hb 2, 10) y «causa de salvación eterna» (ἀίτιος σωτηρίας αἰωνίου) (Hb 5, 9). Aparecerá cuando la salvación tenga su cumplimiento:

«...así Cristo... se aparecerá por segunda vez, sin relación ya con el pecado, a los que le esperan para su salvación» (Hb 9, 28).

No se dice de Él que perdone los pecados, pero su muerte sacrificial hace posible el perdón (Hb 9, 22-8). No se sugiere que Él resucitará a los hombres de entre los muertos.

Aunque el autor de esta carta no dice mucho sobre la tarea salvadora de Cristo, creía que Cristo era el autor y la causa de la salvación y que podía «salvar a todos los que se acercan a Dios por medio de Él». Creía de hecho que Cristo podía salvar a los hombres del pecado y de la muerte para la vida eterna.

LOS ESCRITOS DE JUAN

Tanto el cuarto Evangelio como la primera Carta de Juan llaman a Jesús el «salvador del mundo» (Jn 4, 42; 1 Jn 4, 14). El motivo principal de la encarnación fue la salvación de los hombres:

«Yo vine no para juzgar al mundo, sino para salvar al mundo» (Jn 12, 47).

«Porque Dios envió al Hijo al mundo no para juzgar al mundo; sino para que el mundo se salve por Él» (Jn 3, 17).

Se trata de la salvación de la muerte, pues Cristo vino «para que todo el que crea en Él no perezca» (Jn 3, 16). Pero también de la salvación del pecado. Los hombres son esclavos del pecado (Jn 8, 34-5), pero «si el Hijo os da la libertad, seréis realmente libres» (Jn 8, 36). En la primera Carta se dice de Jesús que perdona los pecados:

«Si reconocemos nuestros pecados, fiel y justo es Él para perdonarnos los pecados, y purificarnos de toda injusticia» (1 Jn 1, 9)[24].

En el Evangelio, Jesús, después de su resurrección, da a sus discípulos poder para perdonar los pecados:

«Recibid el Espíritu Santo:
a quienes perdonéis los pecados,
les quedan perdonados;
a quienes se los retengáis,
les quedan retenidos» (Jn 20, 22-23).

---

[24] Compara la última cláusula con 1 Jn 1, 7: «La sangre de Jesús, su Hijo, nos limpie de todos los pecados».

Este es un poder más grande que el que se confió a Pedro y a los discípulos en los dichos recogidos en el Evangelio según San Mateo. Allí Jesús da autoridad para «atar y desatar» (Mt 16, 19; 18, 18), refiriéndose probablemente al derecho de definir lo que es lícito e ilícito[25]. En Jn 20, 23, Jesús transmite el derecho de perdonar, un derecho considerado divino. Porque moraron con Cristo, y recibieron el Espíritu Santo, los discípulos estaban capacitados para ejercitar una función generalmente considerada como de solo Dios.

La salvación trae a los hombres la vida eterna. Esta puede ser una posesión actual:

«El que escucha mi palabra
y cree en el que me ha enviado,
tiene vida eterna» (Jn 5, 24; cf. Jn 6, 54; 1 Jn 5, 11-12).

Pero la salvación corresponde también al futuro. En el Evangelio se dice de Jesús que tiene poder para resucitar a los hombres de entre los muertos. En Jn 11, 25 se dice:

«Yo soy la resurrección y la vida.
El que cree en mí, aunque muera, vivirá;
y todo el que vive y cree en mí,
no morirá jamás».

Este dicho se encuentra en la narración del hecho de la resurrección de Lázaro. Pero Lázaro fue resucitado a una vida más larga sobre la tierra, y este dicho se refiere a una vida que no tendrá fin. Se refiere a la resurrección del último día. Jesús dice que Él llevará a cabo esta resurrección final:

«Llega la hora en que todos los que estén en los sepulcros oirán su voz, y los que hayan hecho el bien resucitarán para la vida, y los que hayan hecho el mal, para la condenación» (Jn 5, 28-9). «Porque esta es la voluntad de mi Padre: que todo el que vea al Hijo y crea en Él, tenga vida eterna y que yo le resucite el último día» (Jn 6, 40).

«El que come mi carne y bebe mi sangre, tiene vida eterna, y yo le resucitaré el último día» (Jn 6. 54; cf. también 6, 39).

---

[25] Ver A. H. McNeile, *St. Matthew*, p. 243.

Por lo demás, en ninguna parte del Nuevo Testamento se describe el cometido de Cristo en la resurrección final tan clara y absolutamente como en el cuarto Evangelio. Los escritos de Juan realzan de tal modo todos esos aspectos de la tarea salvadora de Cristo, que implican en Él la misión de realizar funciones exclusivas de Dios. Ellos enseñan que Jesús libra a los hombres del pecado y de la muerte y los conduce a la vida eterna; que Él perdona los pecados, y que resucitará a los hombres en el último día.

OTROS ESCRITOS DEL NUEVO TESTAMENTO

En las Cartas Pastorales se dice que solamente Dios y Cristo salvan a los hombres. La segunda Carta a Timoteo habla del Dios «que nos salvó» (2 Tm 1, 9), y la primera Carta (1 Tm 1, 15) declara: «Cristo Jesús vino al mundo a salvar a los pecadores». El título «salvador» se le aplica a Cristo frecuentemente en estas cartas, y da la impresión de que es el título reconocido generalmente en la Iglesia. Se le da tanto a Dios como a Cristo[26], y en la Carta a Tito, siempre que Dios es llamado «salvador», se califica también como «salvador»[27] a Cristo, que es descrito como el que salva a los hombres de la muerte para la vida:

«...nuestro salvador Jesucristo, quien ha destruido la muerte y ha hecho irradiar luz de vida y de inmortalidad por medio de evangelio» (2 Tm 1, 10).

Y salva a los hombres del pecado:

«...del gran Dios y salvador nuestro Jesucristo; el cual se entregó por nosotros a fin de rescatarnos de toda iniquidad y purificar para sí un pueblo que fuese suyo, fervoroso en buenas obras» (Tt 2, 13-14; cf. 1 Tm 1, 15).

Cinco veces da el título de «salvador» a Jesucristo la segunda Carta de Pedro (2 P 1, 1. 11; 2, 20; 3, 2. 18). Parece tomarse como el título

---

[26] De Dios en 1 Tm 1, 1; 2, 3; 4, 10; Tt 1, 3; 2, 10; 3, 4. De Cristo en 2 Tm 1, 10; Tt 1, 4; 2, 13; 3, 6.
[27] Tito 1, 3. 4; 2, 10. 13; 3, 4. 6.

corriente de Jesús. Pero en los otros escritos no hay una clara unión entre Cristo y la salvación[28], con la excepción del Apocalipsis, donde la salvación se adscribe «al Cordero» (Ap 7, 10).

CONCLUSIÓN

En el pensamiento judío siempre se acentuó la tarea de Dios como salvador, tanto de la nación como de los individuos. Mientras los seres humanos llevaban a cabo ciertos actos salvadores, tales como una victoria militar y la liberación de los oprimidos, de ellos difícilmente se decía nunca que salvaban a los hombres del pecado para la vida eterna. Y el perdón de los pecados y la resurrección de los muertos eran cosas consideradas como funciones exclusivas de Dios.

En el Nuevo Testamento no solo se dice de Jesús que salva a los hombres de la muerte y del pecado para la vida eterna, sino también que perdona los pecados y efectúa la resurrección final de los muertos. Él mismo, según los Evangelios sinópticos, perdonó los pecados y consideró un derecho propio salvar a los hombres de los pecados. Es probable también que enseñara que Él mismo había de conducir a los hombres a la vida eterna. Los escritos del Nuevo Testamento insisten en atribuirle estas funciones, y el cuarto Evangelio afirma también que resucitará a los hombres en el último día.

---

[28] Santiago dice que la palabra plantada puede salvar (1, 21), y la primera Carta de Pedro afirma que el agua del Bautismo salva (3, 21). Santiago da por supuesto que un cristiano puede salvar a otro de la muerte (5, 20). Y Judas exhorta a los cristianos a salvar a otros del fuego del juicio (Jds, 23). Sin embargo, otros escritos del Nuevo Testamento han evitado con cuidado tales expresiones.

Capítulo X
EL PADRE Y EL HIJO

La creencia en la divinidad de Cristo hace surgir el problema de su relación con el Padre. Si Él podía ser llamado Dios y Señor, si podía actuar como juez, como creador y como salvador, si podía ser objeto de plegaria y culto, y dársele títulos divinos, ¿cuál era su relación con el Dios a quien Él mismo adoraba y a quien los hombres tenían acceso a través de Él? Este es el centro del problema trinitario.

Si a Cristo se le consideraba como alguien que venía de parte de Dios a los hombres, se le podía explicar en términos de extensión de la divina personalidad. Su divinidad podía explicarse uniéndolo a la Sabiduría o a la Palabra, o adjudicándole funciones estrictamente divinas. Pero si se le consideraba como alguien que representaba a los hombres ante Dios y que oraba a Dios, se necesitaba una distinta forma de interpretación. En un capítulo anterior se distinguió entre extensión e interacción de la divina personalidad[1]. Sabiduría y Palabra son conceptos usados para describir la extensión de la divina personalidad. Pero no son adecuados para responder del modo como Cristo y Dios se relacionan mutuamente, y se influyen mutuamente.

La idea que se usó en posteriores explicaciones de la doctrina de la Trinidad para ilustrar la interacción de la divina personalidad fue la de Padre e Hijo. Se encuentra en el Nuevo Testamento, y en ocasiones el modo de su presentación pone de manifiesto que los escritores intentaban conscientemente dar una respuesta al problema. El tema Padre-Hijo no es el único que expresa la relación. La más importante declaración paulina sobre esta materia (Flp 2, 6 y ss.) no incluye la palabra «Hijo». En la Carta a los Hebreos, el título «Sumo Sacerdote» se emplea para des-

---

[1] Ver pp. 52-4

cribir la interacción entre Dios y Cristo. Pero la idea de Padre-Hijo fue, a la larga, la que más influenció el pensamiento cristiano. De todos los títulos que describen la interacción de Jesús con Dios, «Hijo de Dios» es el más acomodado para expresar la idea de la divinidad de Jesús. La mayor parte de los títulos de Jesús se emplean para mostrar cómo procede de Dios, pero no para explicar su interacción con Dios. Como «Hijo del Hombre» viene para salvar, servir y juzgar al género humano. Como «Cristo» es ungido para regir a los hombres. Como «Señor» tiene dominio sobre el universo creado. Todos estos títulos describen la relación de Jesús con el mundo; pero «Hijo de Dios» describe su relación con Dios. El título de «Sumo Sacerdote», usado con gran efecto en la Carta a los Hebreos, muestra cómo Jesús aparece ante Dios para interceder por los hombres, pero no implica que el mismo Jesús sea Dios. Es un título de interacción, pero no de divinidad. «Hijo de Dios» sugiere tanto la divinidad de Jesús como la existencia de una relación de familia dentro de la divinidad.

En este capítulo trataremos de la interpretación neotestamentaria de la relación entre el Padre y el Hijo, pero aludiendo a antecedentes paganos y hebreos.

EL MUNDO GENTIL

Ya se ha tratado del uso del título «Padre» en el mundo gentil[2]. Se puede encontrar en muchos cultos, en la religión de la India, en la religión tradicional griega, en las religiones mistéricas, que disfrutaron de gran popularidad en los comienzos de la era cristiana, y en la filosofía. Complementaria de la creencia de que Dios es Padre, es la de que hay hijos de Dios. En la mitología griega se decía que los hijos habían nacido de la unión de dioses y de diosas, y algunos de los dioses tuvieron hijos de la unión con los mortales. Por ejemplo, Hércules era hijo de Zeus y de Alcmene, Aquiles, de Peleo y la diosa Tetis, Eneas era hijo de Anquises y de la diosa Afrodita. Tales hombres, naturalmente, eran llamados «hijos de dioses».

En los países del Medio Oriente se desarrolló una tradición según la cual el rey era el hijo de los dioses. En Babilonia se le consideraba como

[2] Ver pp. 56-7.

hijo adoptivo de los dioses, pero no como hijo físico. Y, sin embargo, en Egipto se creía que el rey era descendiente de dios por nacimiento. Esta creencia llevaba a la convicción de que el mismo Faraón era dios. En los Imperios helenísticos y romanos la deificación del gobernante se relacionaba frecuentemente con la creencia de que era un hijo de los dioses. A Alejandro el Grande se le describía como hijo del dios egipcio Ammón. Los tolomeos egipcios recibían títulos como «hijos de Isis y de Osiris», «engendrados por los dioses», «hijos del Sol», «hijo de dios y diosa». Los emperadores romanos, comenzando por Augusto, fueron llamados *divi filius* («hijo de dios»), y se construyeron templos en su honor, primero en Oriente y luego en Occidente.

En el clima politeísta del mundo antiguo, un hombre que era saludado como hijo de dios, también era tratado como un dios. Si pertenecía a una familia divina era dios. Otros hombres, además de los reyes y de los héroes, eran reconocidos como divinos. Por ejemplo, Apolonio de Tiana era llamado «hijo de Zeus». Más aún, en las religiones mistéricas se había proclamado que todos los iniciados eran hijos de Dios. En los escritos de Hermes se dice que un hombre puede nacer de nuevo de la misma manera que Hermes nació de nuevo llegando a ser «dios e hijo de dios». En la filosofía estoica encontramos la idea de que todos los hombres son vástagos de la divinidad. Cleantes dice en su himno a Zeus: «Porque nosotros somos tu descendencia».

El título «Hijo de Dios» se empleaba de un modo tal en Oriente que sugería de inmediato que el que lo llevaba era un ser divino y a menudo un dios. Cuando los cristianos se lo aplicaban a Cristo, su salvador, a los oídos de los gentiles tenía que sonar a algo así como que le consideraban un dios.

EL PENSAMIENTO HEBREO

El tema Padre-Hijo en el cristianismo tiene sus orígenes en el pensamiento hebreo, no en el gentil. Aunque el tema era algo perfectamente inteligible para los gentiles, para la comprensión de su origen en el cristianismo debemos dirigirnos al Antiguo Testamento. El uso hebreo del título «Padre» aplicado a Dios se ha tratado en un capítulo anterior[3]. El

---

[3] Ver pp. 58-9.

título «Hijo de Dios» también se encuentra en los escritos hebreos. Se usa de muchas maneras en el Antiguo Testamento. En Gn 6, 2 y en Jb 1, 6; 2, 1; 38, 7 se refiere a ángeles, miembros de las huestes celestiales. Más frecuentemente, sin embargo, se refiere a la nación hebrea. A Moisés se le mandó que llevase al Faraón el mensaje de Dios: «Israel es mi hijo, mi primogénito» (Ex 4, 22). Según Os 11, 1 Dios dice: «Cuando Israel era niño, yo le amé, y de Egipto llamé a mi hijo». En otros pasajes se habla del pueblo en plural como «hijos». La traducción inglesa es corrientemente *children* («niños»), pero el hebreo literalmente significa «hijos». De esta manera, Dios dice en Is 1, 2: «Hijos crié hasta hacerlos hombres, y ellos se rebelaron contra mí». Y en los Jub 1, 24: «Yo seré para ellos Padre y ellos serán para mí mis hijos».

El uso del plural «hijos» supone que cada individuo es hijo de Dios, y no solo colectivamente como nación. Según algunos escritores, es un estado que se concede al justo. Así, en el Sal 13, 8: «Él amonestará al justo como a un hijo de su amor, y le educará como se educa a un primogénito». El hijo de Sirac escribe:

«Sé para los huérfanos un padre,
haz con su madre lo que hizo su marido.
Y serás como un hijo del Altísimo;
Él te amará más que tu madre» (Si 4, 10).

El título de «Hijo de Dios» también se aplicó al rey. Dios dice de David: «Yo seré su Padre y Él será mi hijo» (2 Sm 7, 14). Como en la religión babilónica, se creía que el rey llegaba a ser hijo de Dios, cuando subía al trono. Esta idea se encuentra en el Sal 89, 26-7:

«Me invocará: ¡Tú, mi Padre,
mi Dios y mi roca de salvación!
Y yo haré de Él mi primogénito,
el Altísimo entre los reyes de la tierra»[4].

No hay seguridad de si el título de «Hijo de Dios» se le había aplicado al Mesías antes del tiempo de Jesús. En unos pocos dichos rabínicos, de después del tiempo de Cristo, se dice del Mesías que es «el Hijo de

---

[4] Cf. Sal 2, 7: «Tú eres mi hijo; este día te he engendrado».

Dios», pero no hay constancia de la identificación antes del tiempo de Cristo[5]. La descripción del Mesías como παῖς en 4 Esdras probablemente se refiere al Siervo más bien que al Hijo de Dios[6].

En 1 Enoc 105, 2, donde Dios dice «Yo y mi Hijo» probablemente sea una interpolación posterior. Sin embargo, Strack-Billerbeck hacen notar que el título «Hijo de Dios» se le da al Mesías en la literatura rabínica, cuando se citan pasajes como el Sal 2, 7. Según los evangelistas (Mc 14, 62 y paralelos), el Sumo Sacerdote identifica al Cristo con el «Hijo del Bendito»[7]. Existe por lo demás algún indicio de que, antes de que el Nuevo Testamento se escribiera, se había identificado al Cristo con el Hijo de Dios.

El uso del título «Hijo de Dios» en el Antiguo Testamento no presupone divinidad. A veces, cuando se refiere a los ángeles, implica un estado sobrenatural, pero cuando se refiere a la nación o al rey o al individuo quiere decir que ellos son elegidos de Dios, y que están unidos íntimamente con Él. El mismo título, aplicado a Jesús, no suscita el problema de la unidad de Dios. Sin embargo, pudo usarse el título para el intento de dar una respuesta al problema. En el Nuevo Testamento, Cristo se apropió el título y otros se lo dieron también. Se usaba de tal manera que explicara la relación entre Jesús y su Padre.

LOS DICHOS DE JESÚS

En sus mismos dichos, Jesús expresa ser diferente de los demás hombres. Se describe a sí mismo como el Hijo del Hombre que vendrá en las nubes a juzgar. Manifiesta poder ejercer la divina prerrogativa del perdón, y, con cierta renuencia, admite que Él es el Cristo. Pero por medio del título «Hijo de Dios» es como más claramente expresa su relación con Dios. Hay cuatro pasajes en los que admite su filiación.

---

[5] STRACK-BILLERBECK, *Kommentar zum NT*, III, pp. 15-22; DALMAN, *Words of Jesus*, pp. 268-89.

[6] Cf. 4 Esd 7, 28; 13, 32. 37. 52; 14, 9. *Filius meus* en la traducción latina probablemente estropea el término griego παῖς Cf. MOWINCKEL, *He that Cometh*, p. 294.

[7] CULLMANN, *Christologie*, p. 280, piensa que la conexión pudo haber sido hecha ya a causa de la íntima unión entre la idea del Rey y la expectación del Mesías. Cf. DODD, *Interpretation of the Fourth Gospel*, p. 253.

1. «Mas de aquel día y hora, nadie sabe nada, ni los ángeles en el cielo, ni el Hijo, sino solo el Padre» (Mc 13, 32).

Dalman y Bultmann piensan que en su forma original este era un dicho judío[8], y que «ni el Hijo, sino el Padre» es una adición cristiana. Pero Schmiedel está en lo cierto al argüir que este es uno de los «pilares fundamentales»[9] en que se puede fundamentar la genuina enseñanza de Jesús. Los evangelistas no habían recogido un dicho, en el que el conocimiento de Jesús estuviera limitado, aunque hubiesen creído que el dicho era genuino.

2. «Todavía le quedaba uno, su hijo querido; les envió a este el último, diciéndose: "Respetarán a mi hijo". Pero aquellos labradores se dijeron entre sí: "Este es el heredero. Vamos, matémosle, y será nuestra la herencia"» (Mc 12, 6. 7).

Estas palabras provienen de la parábola de los labradores de la viña y hacen referencia a la muerte de Jesús. Bultmann dice que no es una parábola genuina de Jesús por la forma alegórica y por su contenido. No hay razón, sin embargo, para pensar que Jesús no pudiera redactar su enseñanza en forma alegórica; y la naturaleza del contenido sugiere que la parábola fue expuesta antes de su muerte, porque no se describe en ella el modo de la muerte del hijo. Además, es consecuente con la reticencia de Jesús sobre su filiación, a la que se habría referido por el método alusivo de la alegoría.

3. «El Sumo Sacerdote le preguntó de nuevo: "¿Eres tú el Cristo, el hijo del Bendito?". Jesús respondió: "Sí, yo soy, y veréis al Hijo del Hombre sentado a la diestra del Poder y venir entre las nubes del cielo"» (Mc 14, 61, 2).

En Mateo la respuesta de Jesús se expresa de forma distinta:

«Tú lo has dicho. Y yo os declaro que, a partir de ahora, veréis al Hijo del Hombre sentado a la diestra del Poder y venir sobre las nubes del cielo» (Mt 26, 64).

---

[8] DALMAN, *op. cit.*, p. 194; BULTMANN, *Geschichte der Synoptischen Tradition*, p. 130.
[9] *Encyclopaedia Biblica*, p. 1881.

En Lucas, tanto la pregunta como la respuesta son diferentes de las de Marcos y Mateo:

«"Si tú eres el Cristo, dínoslo". Él respondió: "Si os lo digo no me creeréis. Si os pregunto, no me responderéis. De ahora en adelante, el Hijo del Hombre estará sentado a la diestra del poder de Dios". Dijeron todos: "Entonces, ¿tú eres el Hijo de Dios?". Él les dijo: "Vosotros lo decís: Yo soy"» (Lc 22, 67-70).

Aunque el modismo griego εἶπας, «Tú has dicho» (Mt 26, 64), era un equivalente a «Sí», no hay pruebas de que el equivalente arameo tuviera la misma implicación. La frase de Mt 26, 64 sugiere que Jesús quiere expresar que Él es el Hijo del Hombre más bien que Hijo de Dios. No niega sin más su divina filiación, pero inmediatamente traslada el énfasis a otro título. Su repugnancia a contestar directamente pudo tener como causa la pregunta sobre su mesianidad y no sobre su filiación. Pero en la narración de Lucas las dos cuestiones están separadas. En sus dos contestaciones, Jesús rehúsa ser directo, pero en la respuesta a la pregunta sobre su filiación no traslada el énfasis a otro título[10].

Ya que es difícil entender por qué Mateo o Lucas hayan querido alterar la versión de Marcos, es probable que las palabras originales de la contestación de Jesús se encuentren en Mateo o Lucas, y que sean: «Tú has dicho». Esto no constituye una negación de la filiación, sino un modo de rehusar afirmarlo delante del Sumo Sacerdote. Jesús no se negó a afirmar su filiación delante de los demás. Era el afán de sus jueces en hacerle caer en una trampa lo que le llevó a dar una respuesta que no le comprometiera.

4. «Todo me ha sido entregado por mi Padre, y nadie conoce quién es el Hijo sino el Padre; y quién es el Padre sino el Hijo, y aquel a quien el Hijo se lo quiera revelar» (Lc 10, 22 = Mt 11, 27).

La autenticidad del dicho ha sido objeto de discusión. Se ha señalado su semejanza con el estilo del cuarto Evangelio; pero esto no desautoriza su originalidad, porque, efectivamente, algunos de los dichos de Juan pudieron servir de base. Bousset señala que existe un paralelo en los

---

[10] CULLMANN, *op. cit.*, pp. 119-21.

escritos herméticos, que sugiere que el dicho pudo haber estado influenciado por ideas externas[11]. El dicho hermético dice: «Yo te conozco, Hermes, y tú (me conoces) a mí. Yo soy tú y tú eres yo»[12]. Como los dichos evangélicos no contienen alusión alguna a la identificación entre el Padre y el Hijo, y el único paralelo verbal con el dicho de Hermes lo constituye la palabra «conocer», la comparación ofrece escaso respaldo a la teoría de la dependencia de las ideas de Hermes.

Aun cuando la cláusula «nadie conoce quién es el Hijo, sino el Padre», omitida por algunos de los Padres, sea una interpolación[13], el resto del dicho habla de Jesús como de alguien que tiene un conocimiento único e íntimo del Padre.

El título «Hijo de Dios» aparece en otras ocasiones en los Evangelios sinópticos, pero no en los labios del mismo Jesús. Los poseídos del demonio le llaman «Hijo de Dios» (Mc 3, 11; 5, 7). En la tentación, Satán le pide que pruebe con milagros que es el «Hijo de Dios» (Mt 4, 3. 6 = Lc 4, 3. 9). En el bautismo de Jesús se oye una voz del cielo que dice: «Tú eres mi Hijo amado» (Mc 1, 11). En la transfiguración la voz dice así: «Este es mi Hijo amado» (Mc 9, 7). Al narrar Mateo la confesión de Pedro en Cesarea de Filipo, Pedro dice: «Tú eres el Cristo, el Hijo de Dios vivo» (Mt 16, 16). Mateo recoge también las palabras de los que, estando Jesús en la cruz, se burlaban de Él: «Si tú eres el Hijo de Dios, baja de la cruz»; y gritaban: «Él confió en Dios; que le salve ahora, si de verdad le quiere; ya que dijo: "Soy Hijo de Dios"» (Mt 27, 40. 43). En la crucifixión, el centurión dice: «Verdaderamente este hombre era Hijo de Dios» (Mc 15, 39), pero desde su punto de vista pagano «hijo de Dios» pudo no querer significar otra cosa que «un ser divino», como los semidioses o los héroes[14].

Aunque los dichos de Jesús sobre su filiación son pocos, algunos de ellos tienen una fuerte raigambre en la tradición. Sus palabras sobre filiación no implican igualdad con el Padre. Había cosas que el Hijo no conocía (Mc 13, 32). Pero como Hijo tenía una relación única con el Padre (Mt 11, 27 = Lc 10, 22). Y en momentos importantes de su vida —el bautismo y la transfiguración— era singularmente consciente de su filiación.

---

[11] Papyrus, Lond. CXXII. 50.
[12] BOUSSET, *Kyrios Christos*, p. 48 y ss.
[13] Semejante es el punto de vista de T. W. MANSON, *Sayings of Jesus*, p. 80.
[14] Según Lc 23, 47, el centurión dijo: «Ciertamente este era un hombre justo».

La singularidad de su filiación se pone de manifiesto en la manera como habla de los otros como «hijos de Dios». Los obradores de la paz serán llamados «hijos de Dios» (Mt 5, 9), y aquellos que aman a sus enemigos y oran por sus perseguidores serán «hijos de su Padre» (Mt 5, 44-5; cf. Lc 6, 35). Jesús enseña que los hombres pueden llegar a ser hijos de Dios. Pero Jesús, Él mismo, es ya Hijo de Dios.

Algunos estudiosos han enseñado que la filiación de Jesús hay que considerarla, en primer lugar, como una filiación adoptiva. No hay pruebas a favor o en contra de esto en los dichos de Jesús. El argumento para un adopcionismo está basado en acontecimientos de la vida de Jesús, tales como su bautismo, su nacimiento y su resurrección, y será discutido en la próxima sección.

Algunos de los dichos de Jesús sugieren esta subordinación al Padre. En respuesta a un hombre que le llamaba «Maestro bueno», dijo: «¿Por qué me llamas bueno? Nadie es bueno sino Dios» (Mc 10, 18). Cuando esto se analiza unido a la afirmación que limita el conocimiento de Jesús (Mc 13, 32) y a la declaración hecha por Él en el huerto de Getsemaní, en la que se sujeta a la voluntad de su Padre («No lo que yo quiero, sino lo que quieres tú», Mc 14, 36), queda claro que en su ministerio terrenal Él hablaba y se comportaba como quien está subordinado al Padre. Aunque declaró tener una relación única con el Padre, rendía tributo a la obediencia y participaba de las limitaciones humanas en el conocer.

Sus dichos sobre su propia resurrección y la venida del Hijo del Hombre no indican que creyera que se mantendría de alguna manera subordinado en el futuro. Como Hijo del Hombre desempeñaría la divina función de juzgar y estaría sentado a la mano derecha del poder (Mc 14, 62). Si se sugiere alguna forma de subordinación por medio de la frase «mano derecha del Poder» esta es de naturaleza más débil.

LA IGLESIA PRIMITIVA

Los Hechos de los Apóstoles contienen pocas alusiones a Jesús como Hijo de Dios.

1. El Texto Occidental dice: «Yo creo que Jesucristo es el Hijo de Dios» (8, 37).

Estas son palabras del eunuco de Etiopía que fue bautizado por Felipe.

2. «Y en seguida se puso a predicar a Jesús en las sinagogas: que él era el Hijo de Dios» (9, 20).

Esta es una explicación de la predicación de Pablo inmediatamente después de su conversión.

3. «Tú eres mi Hijo, hoy te he engendrado» (13, 33). Esta cita del Salmo 2, 7 aparece en la alocución de Pablo en Antioquía de Pisidia.

Este lenguaje de los Hechos sugiere que «Jesucristo es el Hijo de Dios» era una forma primitiva del credo cristiano. Cullmann defiende que «la divina filiación de Jesucristo y su elevación a la dignidad de *Kyrios*, como consecuencia de su muerte y resurrección, son los dos elementos esenciales en la mayoría de las confesiones del primer siglo»[15]. Cullmann apoya su punto de vista aduciendo Hch 8, 37, citado antes, y los pasajes siguientes:

«Teniendo, pues, tal Sumo Sacerdote que penetró los cielos, Jesús, el Hijo de Dios, mantengamos firme la fe que profesamos» (Hb 4, 14).
«Quien confiese que Jesús es el Hijo de Dios, Dios permanece en él y él en Dios» (1 Jn 4, 15).
«...acerca de su Hijo, nacido del linaje de David según la carne» (Rm 1, 3).

Cullmann admite que la afirmación de la divina filiación falta en algunas de las confesiones cristianas (e. g., 1 Co 15, 3 y ss.; 1 P 3, 18 y ss.; 1 Tm 3, 16; 2 Tm 4, 1). Más aún, tres de las confesiones de filiación provienen de esos escritos que acentúan grandemente la filiación: Pablo, Juan y Hebreos. La única confesión que no proviene de ellos es la de Hch 8, 37, que se encuentra solamente en el Texto Occidental[16].

Por lo demás, debemos hablar con cautela sobre la popularidad de este título en la Iglesia primitiva, porque parece haber sido empleado

---

[15] CULLMANN, *Earliest Christian Confessions*, p. 57.
[16] Cree Cullmann que su argumento puede aducir como prueba 2 Tm 2, 8 y Flp 2, 6 y ss. Estos pasajes, sin embargo, podrían ser puestos en duda, porque no contienen el título «Hijo de Dios». Son pruebas del hecho de que los escritores eran conscientes de la Filiación divina de Jesús. En Flp 2, 6 y ss. se dice de Jesús: «Siendo de condición divina», y en 2 Tm 2, 8: «Descendiente de David». Pero si ellos se estaban refiriendo a las fórmulas de confesión de la Filiación, seguramente habrían incluido el título de «Hijo de Dios».

principalmente por aquellos escritores que hicieron un esfuerzo constante para dar una explicación de la relación entre Cristo y Dios.

Esto no quiere decir que la confesión no existiera. En su *Christologie*, argumentando a partir del suceso de la confesión en el bautismo del eunuco por Felipe (Hch 8, 36-8), Cullmann afirma que la confesión de Jesús como Hijo de Dios se usó en el bautismo. Señala que la propia conciencia de Jesús de su filiación puede descubrirse en su bautismo en el Jordán[17].

El título está ausente de muchos de los escritos más cortos del Nuevo Testamento. Esto no sucede en absoluto en las Cartas Pastorales, en Santiago, en 1 Pedro o Judas. Aparece dos veces en el Apocalipsis, una a propósito de Jesús (Ap 2, 18) y otra a propósito de los creyentes (Ap 21, 7). La 2 Pedro recoge las palabras de Dios en la transfiguración: «Este es mi Hijo amado». El título parece haber ganado más amplia aceptación al ser usado como instrumento, como medio para dar respuesta a un problema, en concreto al problema de la relación de Cristo con Dios.

Se ha afirmado que los primeros cristianos creían que Cristo había sido adoptado como Hijo de Dios, en el tiempo, en un determinado momento. Johannes Weiss defiende que este género de cristología se encuentra en la alocución de Pedro en Hch 2, 36 donde se dice que Dios constituyó a Jesús «Señor y Cristo» en la resurrección[18]. Aunque aquí se trata estrictamente de una exaltación a la condición de Señor y Mesías, más bien que a la de Hijo, ello no quiere decir que Jesús tomara posesión de un nuevo estado después de su resurrección. Más aún; en su discurso de Hch 13, 32-3, Pablo dice que la resurrección de Jesús da cumplimiento a las palabras del Sal 2, 7: «Tú eres mi Hijo, hoy te he engendrado».

Hace notar también Weiss la fe de la primitiva Iglesia en la humanidad de Cristo. Pedro describe a Jesús como «un hombre a quien Dios acreditó entre vosotros con milagros, prodigios y señales» (Hch 2, 22). El poder que Jesús ejercitaba era de Dios. La importancia de su tarea reside, no en el estado en que Dios le ha colocado, sino en el hecho de que Dios estaba con Él. Esta actitud ante Jesús la podemos ver no solamente en los Hechos de los Apóstoles, sino también en los Evangelios sinópticos. Después de describir la curación de un hombre enfermo de parálisis, Mateo comenta: «Y al ver esto la gente se sobrecogió y glorificó a Dios,

---

[17] *Christologie*, p. 297.
[18] J. WEISS, *History of Primitive Christianity*, 1, p. 118 y ss. Cf. 11, p. 476.

que había dado tal poder a los hombres» (Mt 9, 8). El poder era de Dios y el sanador, un hombre.

Cuatro sucesos de los Evangelios sinópticos están contra la tesis de Weiss. El primero es la confesión de Pedro de que Jesús es el Cristo (Mc 8, 29). Esta confesión se hizo mucho tiempo antes de la resurrección, y va contra la idea de que Jesús fuera hecho Cristo en su resurrección. El segundo suceso es la transfiguración, cuando Jesús se manifestó en gloria sobrenatural a sus discípulos, y una voz celestial pronunció las palabras: «Este es mi hijo amado» (Mc 9, 7). Estas palabras implican o que Jesús era ya el Hijo de Dios o que llegó a ser Hijo de Dios en la transfiguración. Un tercer pasaje es la historia del juicio de Jesús ante el Sumo Sacerdote, ante quien, según Marcos, admite que es el «Hijo del Bendito» (Mc 4, 61-2). Y el cuarto y más famoso tropiezo para la interpretación de Weiss es la historia del bautismo de Jesús, en el que la voz del cielo dice: «Tú eres mi Hijo amado» (Mc 1, 11). Todos estos pasajes dan a entender que Jesús era o Cristo o Hijo de Dios antes de su resurrección.

Weiss intenta responder a esta dificultad. Los tres primeros pasajes los presenta como declaraciones sobre el futuro de Jesús, y no como descripciones de su estado presente.

«Aun la confesión de Pedro implica en la antigua tradición solamente una ardiente fe en el glorioso futuro de Jesús; en la transfiguración se levantó el velo por un momento y los discípulos vislumbraron lo que iba a ser; y aunque en la presencia del Sumo Sacerdote se reconoció a sí mismo como Hijo de Dios, era solamente en el sentido de que de aquí en adelante —desde ahora, en el inmediato futuro— él ocuparía la posición adecuada. La serie de ideas es perfectamente consecuente; Jesús, un hombre, escogido por Dios, equipado con elevados poderes y revelaciones y destinado para ser el Mesías, pero solamente después de su muerte, exaltado a ser el Hijo de Dios y entronizado en su cargo real de Mesías»[19].

El cuarto pasaje, tomado de la narración del bautismo, lo explica de forma diferente. Cree Weiss que hubo un desarrollo en la cristología. Se sintió como necesario referir el bautismo a la divina filiación de Jesús. El kerigma de Hechos habla de la unción de Jesús con el Espíritu Santo, una

---

[19] *Op. cit.*, 1, p. 122.

clara referencia a su bautismo (Hch 10, 38; 4, 27). Los Evangelios sinópticos hacen constar que la divina voz le llamó «mi Hijo», y el Texto Occidental de Lucas va aún más lejos y atribuye a Dios las palabras del Sal 2, 7: «Este día te he engendrado». Los testimonios dan a entender que los cristianos habían cambiado de opinión sobre el tiempo de la adopción. Primeramente, creyeron que había coincidido con la elevación de Jesús a la derecha de Dios. Más tarde, la colocaron después de su bautismo.

Weiss se esfuerza por conciliar las dos opiniones. Hace una distinción entre la unción y la coronación de Jesús. En su bautismo fue ungido. Después de su resurrección fue coronado. El tiempo transcurrido entre la unción y la coronación tuvo un precedente en las historias de Saúl y de David, quienes fueron ungidos cierto tiempo antes de su real accesión al trono (1 Sm 10, 1 y ss., 16, 13)[20].

Los argumentos de Weiss van a ser refutados ahora punto por punto. Primeramente, la fecha de la adopción a la exaltación está basada en solo dos pasajes de Hechos. En Hch 2, 36 Pedro dice que Jesús fue hecho Señor y Cristo después de su exaltación. Nada se dice sobre su filiación en Hch 2; pero la cita del Sal 2, 7 en Hch 13, 33 da a entender e implica que Jesús fue hecho Hijo de Dios en su resurrección; y aunque habla del acto de engendrar, esto puede ser una forma más viva de describir una adopción. Weiss ha demostrado que la cristología de los Hechos implica un cambio de estado después de la resurrección. No ha demostrado, sin embargo, que esta sea una doctrina prominente de la Iglesia primitiva. Exceptuados todos los discursos de los Hechos, solamente hay dos breves pasajes que ofrecen pruebas de adopcionismo.

En segundo lugar, la interpretación de Weiss de los sucesos de los Evangelios sinópticos está sujeta a discusión. En la transfiguración la voz divina dijo: «Este es mi hijo amado». Sugiere Weiss que las palabras constituían una profecía de la gloria futura. Pero igualmente podían perfectamente referirse a una adopción que tuvo lugar en ese momento o a una relación que ya existía.

Lo mismo cabe decir para las palabras de Dios en el bautismo de Jesús. Con excepción del modo de entender a Lc 3, 22 el Occidental, no hay un claro testimonio de que Jesús comenzara a ser Hijo de Dios en su bautismo. La prioridad de la versión Occidental no ha sido determinada. Streeter afirma que este pasaje ha desaparecido de muchas versiones

[20] *Ibid.*, p. 122.

de Lucas, a causa de la asimilación a otros Evangelios[21]. Es también probable, sin embargo, que la versión Occidental fuera insertada en el texto más tarde, en un área donde prevalecía el adopcionismo. Si la versión de Marcos es original, la idea de que la adopción tuvo lugar en el bautismo de Jesús no queda descartada, pero no está presente con claridad.

En tercer lugar, los pasajes de los Hechos que hablan de la unción de Cristo (Hch 4, 27; 10, 38) no defienden por sí mismos un adopcionismo. Según estos pasajes, Jesús llegó a ser el Mesías cuando fue ungido con el Espíritu. Es bastante probable que fuera ya Hijo de Dios antes de que asumiera el cargo de Mesías.

Solamente hay tres pasajes en los Hechos y en los Evangelios sinópticos que proporcionan pruebas claras de adopcionismo (Lc 3, 22, Texto Occidental; Hch 2, 36; 13, 33), y uno de ellos (Lc 3, 22) es discutido. Otros pasajes de Marcos podrían ser interpretados como adopcionistas, pero igualmente podrían ser interpretados de otra manera. Nosotros no podemos concluir de este conjunto de testimonios que el adopcionismo fuera la más temprana forma de cristología, o que los autores de estos pasajes entendieron sus implicaciones cristológicas. Los autores de los Evangelios sinópticos y de los Hechos creían que el bautismo y la resurrección de Jesús eran el cumplimiento de ciertos dichos del Antiguo Testamento, pero no trataron de lograr un detallado informe sobre el origen de la filiación de Cristo.

Otro argumento, empleado en favor de la opinión de que el adopcionismo fue la más antigua forma de cristología, tiene que ver con el orden del evangelio más antiguo. Marcos comienza su narración con el bautismo de Jesús, y no dice nada de su nacimiento, infancia y juventud. Puede discutirse el que Marcos diera por supuesto que Jesús llegó a ser Hijo de Dios cuando fue bautizado. En el prefacio al Evangelio, sin embargo, el título de «Hijo de Dios» se usa categóricamente, como si siempre se le hubiera aplicado a Jesús.

Sería todavía más temerario argüir que Lucas y Mateo llevaron el adopcionismo a un estadio muy anterior, cuando introdujeron la narración

---

[21] B. H. STREETER, *The Four Gospels*, pp. 143, 188, 276; cf. HARNACK, *History of Dogma*, 1, p. 191. LAGRANGE, *Critique Textuelle*, p. 171, sugiere que Justino, que da la variante del Occidental en su *Dialogue with Trypho*, LXXXVIII, 8, pudo haber sido el responsable de la cita del Sal 2, 7. C. S. C. WILLIAMS, *Alterations to the Text of the Synoptic Gospels and Acts*, p. 47, señala que la variante no es apoyada por varias importantes autoridades occidentales, incluyendo las versiones siríacas, uno de los manuscritos del Antiguo Africano, e Ireneo y Cipriano.

del virginal nacimiento de Jesús (Mt 1, 20; Lc 1, 35). La historia de la infancia enseña que Jesús era el Hijo de Dios no por adopción, sino por nacimiento. Un niño que nació de una mujer a quien el Espíritu Santo cubrió con su sombra no era un hijo adoptivo. Si hubiera sido adoptado por Dios, habría tenido un padre natural, como también su padre por adopción. Pero, aunque la cristología de las narraciones de la infancia excluye un literal adopcionismo, esto no implica la preexistencia de Cristo, sino que estaría de acuerdo con la opinión de que Cristo vino a la existencia por primera vez cuando nació de María.

La cristología de la Iglesia primitiva no se completó del todo. Los versículos discutidos pudieron haber conducido hacia una creencia en el adopcionismo. Del mismo modo, lo pudieron hacer, como lo han hecho, hacia la cristología tradicional. No ha sido la intención presentar una declaración detallada de doctrina, ni se ha intentado una formulación con el fin de defender a la Iglesia contra las herejías. Esos versículos estudiados no muestran que la Iglesia primitiva tuviera una forma especial de cristología, sino más bien que ella experimentaba caminos hacia una explicación más claramente formulada de la persona de Cristo.

LAS CARTAS PAULINAS

Poniendo de relieve tanto la humanidad como la divinidad de Cristo, Pablo suscita el problema de la relación de Cristo con el Padre. Según Pablo, el Jesús de la tierra era inferior al Padre.

Fue enviado al mundo por Dios, que «no perdonó ni a su propio Hijo, antes bien, lo entregó por todos nosotros» (Rm 8, 32). Cuando vino a la tierra, «se despojó de sí mismo, tomando condición de siervo» (Flp 2, 7). Esta inferioridad la aplica no solamente al Cristo terreno. El Cristo exaltado es el Señor, pero el Padre es Dios. Pablo habla frecuentemente de «el Dios y Padre de nuestro Señor Jesucristo», y de «Dios Padre y el Señor Jesucristo»[22]. Hay «un solo Dios» y «un solo Señor»[23]. Declaraciones como estas sugieren que, esté Jesús lo exaltado que se quiera, no es Dios.

---

[22] Rm 1, 7; 1 Co 1, 3; 2 Co 1, 2; Ga 1, 3; Flp 1, 2; Col 1, 3; 1 Ts 1, 1; 2 Ts 1, 2; Flm 3; Ef 1, 2.
[23] 1 Co 8, 6; Ef 4, 6.

Por otra parte, Pablo habla de Cristo como «Dios por encima de todas las cosas» (Rm 9, 5), y lo presenta como juez y creador[24]. Él es la imagen del invisible Dios (Col 1, 15), y los hombres le invocan como Señor al dirigirse a Dios como Señor (1 Co 12, 3). Estas opiniones tan dispares de Cristo nos presentan un problema. Pero ¿fueron un problema para Pablo? Frecuentemente se da por supuesto que los escritores del Nuevo Testamento no se daban cuenta de los problemas planteados por sus propios escritos. Hablando de la actitud de Pablo frente a cuestiones como estas: «¿Se podía mantener el monoteísmo?» o «¿podía hacerse justicia a la humanidad de Cristo?». R. S. Franck dice: «El mismo Pablo no vio problemas. El carácter carismático de su teología impidió que surgieran en su mente»[25]. Pero ¿pudo realmente Pablo haber ignorado la dificultad surgida de su actitud con respecto a Cristo? Aun cuando no haya formulado claramente el problema, tuvo que darse cuenta de su existencia. Y ciertamente algunas de sus declaraciones contribuyen a su solución.

Hay pocas pruebas de que Pablo aceptara una cristología adopcionista. Una interpretación de Rm 1, 3 y ss. nos conduciría a una posición adopcionista. Este pasaje presenta a Cristo como *«constituido* Hijo de Dios con poder, según el espíritu de santidad, por su resurrección de entre los muertos». La primera palabra puede traducirse «declarado», «señalado», «separado» o «constituido». Si quiere decir «señalado», podría dársele una interpretación adopcionista al pasaje. Sin embargo, la tercera traducción, «separado» es la más apropiada, ya que en Rm 1, 1 Pablo usa ἀφορίζειν para significar «separar», y ὁρισθέντος, que aparece muy próximo, probablemente tiene el mismo significado. Dice Pablo que por la resurrección Cristo fue separado del resto de los hombres para ser «Hijo de Dios con poder». Antes de la resurrección —está implícito— Él llegó a ser «Hijo de Dios por la humillación». Este pasaje describe un cambio de la humillación al poder, pero no una adopción dentro de la filiación.

Pablo escribe frecuentemente como si Cristo tuviera una posición subordinada al Padre. Es natural para él describir al Cristo terreno como subordinado, porque el Cristo terreno era «Hijo de Dios en la humillación» y «despojado de sí mismo». Como un hombre oró a Dios, y fue obediente a Dios. Pablo no limita este estado de subordinación, sin

---

[24] Col 1, 16; 1 Ts 5, 2 y ss.; 2 Ts 2, 1-12.
[25] R. S. Franck, *The Doctrine of the Trinity*, p. 37.

embargo, al Cristo de la tierra, sino que lo extiende al Señor resucitado. La misma resurrección fue un acto no de Cristo, sino del Padre. «Dios le resucitó de entre los muertos»[26]. De nuevo, cuando Pablo escribe de «el Dios y Padre de nuestro Señor Jesucristo» no piensa exclusivamente en el Jesús terreno. El Padre es *Dios* y el Cristo resucitado es el *Señor*. El pasaje más llamativo que muestra la eterna subordinación de Jesús al Padre es 1 Co 15, 24-8:

«Luego, el fin, cuando entregue a Dios Padre el Reino, después de haber destruido todo Principado, Dominación y Potestad. Porque debe él reinar hasta que ponga a todos sus enemigos bajo sus pies. El último enemigo en ser destruido será la muerte. Porque ha sometido todas las cosas bajo sus pies. Mas cuando él dice que «todo está sometido», es evidente que se excluye a Aquel que ha sometido a él todas las cosas. Cuando hayan sido sometidas a él todas las cosas, entonces también el Hijo se someterá a Aquel que ha sometido a él todas las cosas, para que Dios sea todo en todo».

Estas palabras describen un señorío de duración temporal. Cuando todos los enemigos de Dios hayan sido destruidos, el Señor Jesucristo entregará su reino al Padre. Aquí parece estar enseñando Pablo una subordinación, que no se limita a la vida terrena de Cristo, sino que es definitiva y absoluta. El estado final del Hijo es el de sujeción a Dios. Y en este pasaje Dios no es el Padre, Hijo y Espíritu Santo, sino solamente el Padre.

En sus cartas posteriores, Pablo no incluye ninguna declaración que signifique subordinación tan explícita. Pero la idea de subordinación de Cristo al Padre continúa presente. En Colosenses, aunque a Cristo se le presenta como creador y se dice que toda la plenitud de Dios mora en Él (1, 16. 19; 2, 9), a Cristo se le distingue de Dios. Se dice a los Colosenses: «Y vuestra vida está oculta con Cristo en Dios» (3, 3). Y a Dios se le presenta como «el Padre de nuestro Señor Jesucristo» (1, 3).

El esfuerzo más constante en los escritos de Pablo para explicar la relación de Cristo con el Padre está en Flp 2, 5-11. Este pasaje afirma que Cristo siendo de condición divina no retuvo ávidamente el ser igual a Dios.

---

[26] Rm 4, 24; 8, 11; 10, 9; 1 Co 6, 14; 15, 15; 2 Co 4, 14; Ga 1, 1; Col 2, 12; 1 Ts 1, 10; Ef 1, 20.

A Cristo no se le llama realmente Dios, pero se dice de Él que es de condición divina. Él es colocado al lado de Dios en el orden de las cosas. La humillación voluntaria («se despojó de sí mismo») es necesaria antes de que tome la forma de hombre. Este énfasis en la propia gestión de Cristo en su encarnación manifiesta que Cristo no es una marioneta en las manos del Padre. La encarnación fue un acto del mismo Cristo tanto como del Padre. Cuando se despojó de sí mismo, estaba claramente subordinado al Padre. Fue «obediente hasta la muerte» (2, 8). Era necesaria la acción del Padre para levantarle de su humillación. Dios «le exaltó» (2, 9). En su estado de exaltación recibió «un nombre sobre todo nombre» (2, 10). Del contexto se infiere que este nombre es «Señor». Pues se le dio un nombre de tal modo «que al nombre de Jesús, toda rodilla se doble en los cielos, en la tierra y en los abismos y toda lengua confiese que Cristo Jesús es Señor, para gloria de Dios Padre» (2, 10. 11).

El título «Señor» lleva consigo implicaciones de divinidad, pero Cristo no es llamado Dios. El Padre es Dios, y la última palabra es para Él. Todo va dirigido para su gloria. El honor que se da a Cristo es, en último término, honor dado a Dios Padre.

Este pasaje representa el paso más cercano de Pablo hacia una solución del problema de la relación de Cristo con el Padre. El subordinacionismo está menos marcado que en 1 Corintios. Solo se hace mención de él claramente en la narración de la humillación. No se dice explícitamente que el Cristo preexistente o el exaltado estaba sujeto al Padre. El énfasis se pone en la divinidad de Cristo, más bien que en su subordinación. Antes de su encarnación tenía la forma de Dios, en igualdad con Dios. Después de su exaltación se le dio el nombre de Señor y recibió aquella obediencia de todas las criaturas que, según Is 45, 23, iba a ser dada a Dios. Pero todavía realmente no es llamado Dios [27].

En Rm 9, 5, Pablo llama espontáneamente Dios a Jesús. No es propio de este escrito reflexivo que diera este título a Jesús. La razón para esta reticencia es la dificultad de encontrar una adecuada explicación de la relación de Cristo con el Padre. Esta reticencia es mantenida aún en Filp 2, 5 y ss. Pablo explica que Cristo pertenece al mismo orden del ser que Dios Padre, pero da a entender que, en definitiva, Dios Padre es el supremo. Dentro del orden de la Divinidad el Padre tiene prioridad sobre el Hijo.

---

[27] Se ha sostenido en otro capítulo (pp. 100-101) que Pablo pudo haber escrito este himno en Filipenses. De todas formas, seguro que aceptó su doctrina, y representa ella su opinión sobre la relación entre el Padre y el Hijo.

EL PADRE Y EL HIJO

LA CARTA A LOS HEBREOS

El autor de esta carta era consciente de que Cristo era Dios, pero a menudo habla como si Cristo fuese inferior a Dios. Por una parte, dice de Cristo: «Tu trono, oh, Dios, por los siglos de los siglos» (1, 8) y le presenta como creador, fulgor de la gloria del Padre y el que «sostiene todo con su palabra poderosa» (1, 2. 3). Y por otra, Jesús es el Sumo Sacerdote que intercede por los hombres ante Dios (caps. 3-10, pássim).

Dos son las principales fórmulas para explicar el escritor la relación de Cristo con el Padre: la fórmula Padre-Hijo y la fórmula Dios-Sacerdote.

Únicamente dos veces se le da a Dios el título de «Padre». Se trata de 12, 9 y de 1, 5; esta última es una cita de 2 Sm 7, 14. Pero la palabra «Hijo» se emplea once veces aplicada a Cristo (1, 2. 5 —dos veces—, 8; 3, 6; 4, 13; 5, 5. 8; 6, 6; 7, 28; 10, 29). También en 7, 3 se dice que Melquisedec fue «asemejado al Hijo de Dios». Y de los creyentes en 12, 7. 8, que son semejantes a hijos de Dios: «Como a hijos os trata Dios». Y, sin embargo, una lista de citas no hace justicia a la importancia para Hebreos del concepto Padre-Hijo. El tema principal de la sección 1, 1-3. 6 es la superioridad de Jesús sobre los ángeles y Moisés, porque Él es el Hijo de Dios. Él, como Hijo, es la culminación de la revelación de Dios. Primeramente Dios habló a los profetas. Y «en estos últimos tiempos nos ha hablado por medio del Hijo» (1, 1. 2). Este Hijo es agente en la creación, «por quien también hizo los mundos». Él es «el heredero de todo». Posee los atributos adscritos por el judaísmo a la Sabiduría, porque Él es «resplandor de su gloria e impronta de su esencia». Después de haber realizado la purificación de los pecados, se sentó a la derecha de Dios. Como Hijo de Dios que es, también es tenido por Dios: «Tu trono, oh Dios, es por los siglos de los siglos» (1, 8). Él ha puesto los fundamentos de la tierra (1, 10), y es eterno (1, 12). Fue hecho un poco inferior a los ángeles (2,7), pero ha sido exaltado de tal manera que todo fue sometido bajo sus pies. Por su muerte y sus sufrimientos actúa como autor de la salvación de los hombres y lleva «muchos hijos a la gloria» (2, 10). Mientras que Moisés fue un servidor en la casa de Dios, Jesús es un hijo que está al frente de su casa (3, 5. 6).

Estos capítulos iniciales de la carta muestran a Jesús como el eterno Hijo de Dios, creador, salvador y Señor. Nos lo presentan como a quien uno puede dirigirse, no solo como Hijo de Dios, sino también como Dios.

Con todo, este Hijo de Dios llegó a hacerse hombre y a estar sujeto a las humanas flaquezas. «Y aún siendo Hijo de Dios, con lo que padeció experimentó la obediencia» (5, 8). Fue crucificado y hollado por los pies de los hombres. Fue tentado, a pesar de estar «sin pecado» (4, 15), y puede ayudar a los que son probados (2, 18). Como un hombre oró y suplicó al Señor Dios. Ofreció «ruegos y súplicas con poderoso clamor y lágrimas al que podía salvarle de la muerte» (5, 7).

Aquí, por consiguiente, como en Pablo, se da un contraste entre el Hijo eterno de Dios y el humillado, tentado, paciente y muerto Hijo de Dios. La idea de Hijo explica este contraste entre poder y humillación. Él es Señor y Creador, esplendor de la gloria de Dios. Como Hijo es también diferente del Padre y le rinde obediencia.

Hay dos pasajes en la Carta a los Hebreos a los que se les puede dar una interpretación adopcionista. El primero es Hb 1, 5, en el que hay una cita del Sal 2, 7:

«Hijo mío eres tú;
Yo te he engendrado hoy».

Al autor le interesa sobre todo la primera parte del versículo: «Tú eres mi Hijo». Aporta pruebas de la filiación de Jesús, pero no se preocupa de establecer la fecha de adquisición de esa filiación. Aunque el versículo podría aplicarse para defender un adopcionismo, el autor de Hebreos lo emplea para muy distinto propósito.

El segundo de estos pasajes es Hb 1,5, basado en 2 Sm 7, 14:

«Yo seré para él Padre;
y él será para mí Hijo».

Aquí de nuevo la fuerza se pone en la filiación de Cristo y no en el hecho de que la filiación haya tenido principio en una fecha particular.

El adopcionismo no está en armonía con la doctrina de esta carta. Precisamente el capítulo del que se han hecho estas citas presenta a Jesús como el eterno Hijo de Dios, que puso los fundamentos de la tierra, y cuyo trono permanecerá por los siglos de los siglos.

Del capítulo 3 en adelante, se emplea la fórmula de Sumo Sacerdote juntamente con la de Hijo. Jesús, como Sumo Sacerdote, participó de las tentaciones y enfermedades de los hombres. Era Él un sacerdote de distinto rango del de los sacerdotes levíticos, porque era sacerdote según el orden de Melquisedec. Y tiene prioridad sobre Melquisedec, porque la naturaleza del de Melquisedec fue modelada sobre el del Hijo de Dios. A Melquisedec se le describe como «no teniendo comienzo de días, ni fin de vida, asemejado al Hijo de Dios» (Hb 7, 3).

Cristo, Sumo Sacerdote, fue eterno, y después de su exaltación fue hecho perfecto (2, 10; 5, 9; 7, 28). Aparece ante Dios en el santuario del cielo intercediendo por los hombres (7, 25; 9, 24). Ahora bien, en la medida en que Él es intercesor está subordinado al Padre. Está de acuerdo con este punto de vista el que, aunque Jesús es esperado que venga como Salvador (9, 28), es Dios, y no Jesús, quien es el Juez. El puesto de Jesús es el de mediador. Dice el escritor:

«Vosotros, en cambio, os habéis acercado... a Dios, Juez universal, y a los espíritus de los justos llegados ya a su consumación, y a Jesús, mediador de una nueva alianza» (12, 23. 24).

La Carta a los Hebreos, lo mismo que Pablo, coloca a Cristo dentro del eterno orden divino del ser, pero cree que Cristo es inferior o subordinado al Padre. Hasta qué punto el escritor era consciente del problema que esto constituía no podemos conocerlo. Pero sus argumentos sobre el sacerdocio de Melquisedec y su interés en recalcar el estado exaltado del Hijo de Dios sugieren que iba tras una solución del problema que es esencial para la doctrina de la Trinidad.

LOS ESCRITOS DE JUAN

Los escritos de Juan contienen una más amplia exposición de la relación entre el Padre y el Hijo. Mayor que cualquier otra parte del Nuevo Testamento. La paradoja de la relación se expresa en Jn 1, 1: «La palabra estaba con Dios, y la palabra era Dios». A través de los escritos de Juan, sin embargo, el título de Cristo que más descuella es el de «Hijo», y el que más frecuentemente se aplica a Dios es el de «Padre». Vincent Taylor estima que en el cuarto Evangelio el título de «Padre» aparece 121 veces y 16 en las cartas de Juan, frente a 123 veces en el resto de todo el Nuevo Testamento. Casi la mitad de los ejemplos de esta palabra en el Nuevo Testamento pertenecen a los escritos de Juan. El título «Hijo» aparece 28 veces en el cuarto Evangelio, y 24 en las cartas de Juan, frente a 67 veces en el resto del Nuevo Testamento. Este título tiene un lugar distinguido en el cuarto Evangelio, y la relación Padre-Hijo es la categoría dominante para una descripción de la relación entre Cristo y su Padre.

Parece haber sido Juan más consciente del problema que otros escritores. No existe una formal exposición de esto. Incidentalmente sí se ha tratado de esto. Pero, especialmente en los Discursos de Despedida, los comentarios se han desarrollado de tal manera que queda claro que el evangelista ha aportado mucha ideología a la cuestión.

Por una parte, a Jesús se le presenta como la Palabra que tomó parte en la creación, que era Dios y estaba con Dios. Él es juez y salvador, y Tomás se dirige a Él como Dios. Él mismo se aplica títulos tales como «Resurrección y Vida», «Buen Pastor», «Pan de Vida», todos los cuales implican un estado de exaltación. Y por otra parte, hay dichos que presuponen subordinación al Padre:

«El Padre es más que yo» (Jn 14, 28).
«Porque, como el Padre tiene vida en sí mismo, así también le ha dado al Hijo el tener vida en sí mismo» (Jn 5, 26).
«El Hijo no puede hacer nada por su cuenta, sino lo que ve hacer al Padre» (Jn 5, 19).
«Mi doctrina no es mía, sino del que me ha enviado» (Jn 7, 16).

Frecuentemente el evangelista dice que las palabras de Jesús tienen una significación eterna, y no las aplican solamente a su vida encarnada. Cuando Jesús se describe a sí mismo como «la viña» y a su Padre como «el labrador», está atribuyendo la iniciativa al Padre (Jn 15, 1 y ss.). Esta sección habla no solamente de la relación entre Jesús encarnado y sus discípulos, sino también de la relación que Jesús resucitado tenía con ellos. Y los otros dichos que se han citado probablemente se refieren al estado inmortal de Jesús.

Una de las maneras que tiene Juan de establecer una paradoja es enfatizar la unidad del Padre y del Hijo. Cuando aparecen estas afirmaciones en apretada cercanía con las afirmaciones de la inferioridad de Cristo con respecto al Padre, queda claro que el evangelista era conocedor del problema. Un ejemplo de cómo van entretejidos estos dos hilos del pensamiento se da en Jn 10, 29. 30:

«El Padre, que me las ha dado, es más que todos; y nadie puede arrebatar nada de la mano del Padre. El Padre y yo somos una sola cosa».

El Padre y el Hijo

La primera parte de este pasaje muestra la supremacía del Padre. La segunda, la unidad del Padre y el Hijo. Otro ejemplo de cómo se encuentran las dos líneas del pensamiento lo tenemos en Jn 17, 22:

«Yo les he dado la gloria que tú me diste, para que sean uno como nosotros somos uno».

La gloria se la da el Padre. Pero la unidad del Padre y el Hijo es un hecho reconocido que proporciona un modelo para la unidad de la Iglesia.

El Cristo resucitado, lo mismo que el Jesús de la tierra, habla como uno que depende del Padre. En Jn 20, 21, Jesús dice a sus discípulos: «Como el Padre me envió, así os envío yo». Volvió a sus discípulos con autoridad, y continúa actuando como juez. Él está en la categoría de la Divinidad. Cuando un hombre se llega a Dios, se llega al Padre y al Hijo. El destino del creyente es estar en el Hijo y en el Padre. «Si permanece en vosotros lo que habéis oído desde el principio, también vosotros permaneceréis en el Hijo y en el Padre» (1 Jn 2, 24). Y tanto el Padre como el Hijo permanecen en el creyente. «Si alguno me ama guardará mi palabra, y mi Padre le amará y vendremos a Él y haremos morada en Él» (Jn 14, 23).

Una norma se está estableciendo en el pensamiento de Juan. La Palabra eterna participaba de la gloria del Padre antes de que el mundo existiera (17, 5). Tomó parte en la creación del mundo y se encarnó como Jesucristo. Al resucitar de entre los muertos recibió la gloria que tenía antes de la creación del mundo (17, 5). Mora en aquellos que creen en Él, y lo hará por siempre. Es juez. Es salvador. Es pan de vida, el buen pastor. Es también llamado Dios, tanto al principio como al final del Evangelio. Y, con todo, fue enviado por el Padre. Fue enviado por el Padre aun después de la resurrección. Es el Padre quien le da autoridad para salvar y para juzgar. Es engendrado por el Padre y está en el seno del Padre.

El evangelista se daba cuenta del problema de la relación de Cristo con el Padre, y la naturaleza de esta afirmación manifiesta que intentó dar una solución. La profunda atención que se dedica a la relación entre el Padre y el Hijo, el énfasis que se pone en la dependencia del Hijo, combinado con el énfasis sobre su autoridad, y la explícita y deliberada afirmación de que Él es Dios son pruebas suficientes de que el escritor no solamente era consciente del problema, sino también de que intentaba darle una respuesta.

La exposición hecha hasta aquí manifiesta que el Nuevo Testamento nunca explicó a Cristo deliberadamente en términos de adopcionismo. Tendremos que estar de acuerdo con Rawlinson, que dice que si los cristianos provenientes de la gentilidad hubieran sido dejados a sí mismos, es posible que la divinidad de Cristo hubiera sido explicada en línea con el adopcionismo. Pero, como dice Rawlinson, «los cristianos provenientes de la gentilidad no fueron dejados a sí mismos»[28]. Su fe les había sido expuesta por Pablo, Juan y el autor de la Carta a los Hebreos.

Los otros escritores del Nuevo Testamento no resolvieron las implicaciones de sus afirmaciones sobre Cristo. No eran adopcionistas.

La postura adoptada por Pablo, Juan y el autor de la Carta a los Hebreos no era ni siquiera subordinacionista. Ninguno de estos escritores denota nada de esto. Como Hijo de Dios, obedece al Padre, es enviado a la tierra por su Padre, y es levantado de entre los muertos por su Padre. Aun en su exaltación, es después del Padre, porque es su Hijo. Es dejarse llevar por falsas apariencias llamar a esto subordinacionismo, porque a Cristo se le coloca en el orden de la Divinidad. Algunos de los principales teólogos de la Iglesia cristiana han admitido que dentro del orden de la divinidad Cristo es después del Padre. De esta manera, Agustín dice que el Padre tiene una prioridad metafísica[29], y Calvino, que el Padre tiene primacía en el orden[30]. Pablo, Juan y el autor de la Carta a los Hebreos no resolvieron el problema en detalle o con sutil refinamiento, pero en lo esencial están de acuerdo con la última idea, al admitir que el Padre tiene la prioridad, pero que el Padre y el Hijo son Dios.

---

[28] A. E. J. Rawlinson, *New Testament Doctrine of Christ*, p. 269.
[29] *De Trinitate*, XV. 47. Cf. L. Hodgson, *The Doctrine of the Trinity*, pp. 142-75.
[30] *Institutes*, 1, VIII. 18-26. Cf. Hodgson, *op. cit.*, pp. 171-73.

3
LA DIVINIDAD DEL ESPÍRITU

Capítulo XI

DE LA NATURALEZA DEL ESPÍRITU Y SU RELACIÓN CON CRISTO

La doctrina del Espíritu Santo ha sido durante mucho tiempo la Cenicienta de la teología. Ha sufrido mucho abandono y ha sido siempre una de las doctrinas más difíciles de tratar. En el Nuevo Testamento, aunque hay muchas declaraciones sobre la actividad del Espíritu, no es fácil hacer una suma o expresar de una forma sistemática los puntos de vista u opiniones de los escritores. La Iglesia eventualmente formuló una precisa declaración de su visión del Espíritu. El Credo Niceno dice que el Espíritu es adorado juntamente con el Padre y el Hijo; y el Credo Atanasiano repite las afirmaciones de muchos de los Padres cuando dice: «Así que el Padre es Dios, y el Hijo es Dios, y el Espíritu Santo es Dios». Pero la doctrina del Espíritu no acaparó demasiado la atención de los teólogos, que centraron las controversias teológicas en torno a la Persona de Cristo. Si el cristianismo hubiera sido una religión binitaria, enseñando que la doctrina sobre Dios comprende dos personas, sus conflictos doctrinales no hubieran sido muy diferentes de lo que en realidad fueron. El Espíritu parece haber sido introducido en la doctrina sobre Dios casi como una idea tardía sobre la que los hombres no tenían decididas opiniones, ni favorables ni hostiles.

A pesar del abandono de la doctrina, los teólogos de la Iglesia primitiva se sintieron impulsados a incluir al Espíritu como una tercera persona de la Divinidad. La razón de esto fue en parte su conciencia de que la Iglesia era un templo del Espíritu, y que el Espíritu obraba a través de sus instituciones. Pero el principal argumento fue su fidelidad a la tradición bíblica. Aunque el Nuevo Testamento no contiene una doctrina desarrollada del Espíritu, su exposición sobre la naturaleza y actividad del

Espíritu es tal que ningún teólogo posterior podía dejar a un lado al Espíritu en su exposición sobre la naturaleza de Dios.

La naturaleza del Espíritu en el Nuevo Testamento será el tema de la primera parte de este capítulo: ¿era el Espíritu una persona o una fuerza impersonal? El tema de la segunda parte: declaraciones en el Nuevo Testamento sobre la relación del Espíritu con Cristo. Y en el próximo capítulo ofreceremos las pruebas de la creencia de que el Espíritu es Dios.

LA PERSONA DEL ESPÍRITU

Nuestro estudio sobre la actitud del Antiguo Testamento en torno al Espíritu se concluyó afirmando que al Espíritu se le describía frecuentemente en un lenguaje que indicaba tratarse de una persona íntimamente relacionada con Dios, capaz de hablar a los hombres, de lanzarlos a la acción y a la profecía y de sentir emociones. A pesar de que en muchos lugares se le presentaba de tal modo que podía dar lugar a considerarle como un poder impersonal, lo que de verdad subyacía en ellos era que se trataba de un agente consciente[1].

Esta creencia se aceptó en el Nuevo Testamento. Hay abundantes testimonios de que al Espíritu se le consideraba como ser personal, capaz de experimentar pena y dar su aprobación, de prohibir y ser mentido, de guiar y de inspirar.

Cuando Jesús previno a sus discípulos de la tribulación que les aguardaba, dijo: «...hablad lo que se os comunique en aquel momento. Porque no seréis vosotros los que hablaréis, sino el Espíritu Santo» (Mc 13, 11). No era una mera fuerza irracional la que prometió que les dirigiría.

En su exposición sobre el Espíritu Santo en los Hechos de los Apóstoles, E. F. Scott dice: «En uno o dos pasajes de los Hechos (al Espíritu) parece que se le considera como una fuerza personal; Felipe es arrebatado por él, como lo había sido Elías; habla a Pedro; Ananías miente al Espíritu. Pero más frecuentemente se le concibe impersonalmente como una energía divina que, al mismo tiempo, es una especie de sustancia»[2].

Esta es una engañosa afirmación. En los Hechos hay sesenta y dos alusiones al Espíritu. En dieciocho de estas, se presenta al Espíritu en

---

[1] Ver pp. 43-5.
[2] *The Spirit in the New Testament*, p. 87.

términos que sugieren tratarse de una persona que habla, que prohíbe, designa, envía, atestigua, arrebata, previene, es engañada, tentada y resistida. Las más de las otras alusiones describen cómo a hombres se les infunde el Espíritu y actúan a través o en el Espíritu[3], y, aunque estas alusiones no implican en sí mismas que el Espíritu sea una persona, por lo menos no contradicen la impresión dada por los otros pasajes.

También Pablo habla del Espíritu como si se tratase de una persona. El Espíritu es contristado, atestigua, exclama, conduce e intercede[4]. Se dan otras muchas alusiones que no implican directamente la creencia de que el Espíritu sea personal, pero son compatibles con ella[5].

Según los escritos de Juan, el Espíritu atestigua, habla, enseña, conduce como guía[6]. Es descrito como παράκλητος, que puede traducirse por «Confortador» o «Abogado», que son títulos personales[7]. El evangelista da el título de παράκλετος tanto a Jesús como al Espíritu[8], y no hay razón para dudar de que ambos Paráclitos eran considerados persona.

Un lenguaje semejante, implicando que el Espíritu es personal, se encuentra en otras partes del Nuevo Testamento. Según la primera Carta de Pedro, el Espíritu testifica (1, 11). Según la primera Carta a Timoteo, habla (4, 1). El autor de Hebreos dice que el Espíritu habla y atestigua en los escritos del Antiguo Testamento (3, 7). Y varias veces en el Apocalipsis se dice del Espíritu que habla (2, 7. 11. 17. 29; 3, 6. 13, 22; 14, 13).

Si estos ejemplos fuesen pocos en número, habrían podido tenerse en poco, como metafóricos. Pero una vez que provienen de diferentes autores, y son comparativamente numerosos, no pueden dejarse a un lado ligeramente. Un Espíritu que intercede, y a quien se le puede entristecer y que puede dar su aprobación, es un ser personal. Y el Paráclito del cuarto Evangelio, que guía e instruye a los hombres y que desempeña

---

[3] El Espíritu habla (1, 16; 8, 29; 10, 19; 11, 12; 13, 2; 28, 25), prohíbe (16, 6), decide (15, 28), designa (20, 28), envía (13, 4), atestigua (5, 32; 20, 23), arrebata (8, 39), previene (16, 7), es engañado (5, 3), es tentado (5, 9) y resistido (7, 51; cf. 6, 10).

[4] Por ejemplo, a hombres se les infunde el Espíritu (2, 4; 4, 8; 9, 17; 13, 9); actúan a través del Espíritu (21, 4); y en el Espíritu (19, 21).

[5] Rm 8, 14. 16; 8, 26; Ga 4, 6; Ef 4, 30.

[6] Jn 14, 26; 15, 26; 16, 13; 1 Jn 5, 7.

[7] C. K. BARRETT, *JTS*, N. S., 1, p. 14, dice que Paráclito en el cuarto Evangelio se refiere al Espíritu de la *paraclesis* o exhortación cristiana. Si esto es así, el equivalente inglés más próximo a παράκλητος sería «exhortar», que es justamente un título tan personal como «Confortador» o «Abogado», aunque suene ligeramente incongruente.

[8] Cuando Jesús llama al Espíritu ἄλλος παράκλητος (Jn 14, 16) se está refiriendo al Espíritu, y presupone que el mismo es παράκλητος. Cf. 1 Jn 2, 1.

algunas de las funciones de Cristo, no puede ser explicado como una fuerza impersonal.

No toda descripción del Espíritu presupone que es personal. Algunos pasajes sugieren más bien que es una fuerza dinámica que se infunde a los hombres, que les llena y habita en ellos. Ciertamente que la mayor parte de las alusiones al Espíritu estarían en línea con esta idea. Por ejemplo, las profecías sobre el bautismo con el Espíritu no se refieren a «el Espíritu» sino a «Espíritu»[9]. Esta omisión del artículo definido y la comparación con el bautismo de agua insinúa que el Espíritu es algo así como una emanación fluida más bien que una persona. En el capítulo segundo de los Hechos se dice de los discípulos que se llenaron del Espíritu Santo. El acontecimiento es considerado como el cumplimiento de la profecía de Joel que decía que Dios «derramaría su Espíritu sobre toda carne». El genitivo partitivo «de mi Espíritu»[10] sería más apropiado para una esencia impersonal, que para una persona. De otras frases, como «ferviente en Espíritu», «siendo sostenido en el Espíritu Santo», y las repetidas frases paulinas «en el Espíritu», se dice apoyan la opinión de que el Espíritu es un poder o una emanación más que una persona[11]. Cuando Jesús dice a los discípulos en el cuarto Evangelio «recibid Espíritu Santo»[12], no hay un artículo definido antes de la palabra πνεῦμα («Espíritu»). En un punto tan crucial de la historia del Evangelio no queda esclarecido cuál es la naturaleza del Espíritu. La frase «partícipes del Espíritu Santo», que aparece en la Carta a los Hebreos, sugiere algo impersonal[13].

En las cartas, el número de referencias ciertamente personales al Espíritu es pequeño comparado con el amplio número de alusiones que pueden ser interpretadas de otra manera. Y lo mismo sigue siendo verdad tratándose de los Hechos y de los Evangelios sinópticos.

Bultmann hace una distinción entre la interpretación animista y dinámica del Espíritu[14]. Según la interpretación animista, el Espíritu es un poder independiente y personal, que puede irrumpir como un demonio

---

[9] Mc 1, 8; Mt 3, 11; Lc 3, 16.
[10] ἀπὸ τοῦ πνεύματός (Hch 2, 18).
[11] Cf. Hch 15, 29 (Texto Occidental); 18, 25; Rm 9, 1; 12, 11; 14, 17; 15, 16; 1 Co 6, 11; 12, 3. 9. 13; 14, 16, etc.
[12] λάβετε πνεῦμα ἅγιον (Jn 20, 22).
[13] μετόχους... πνεύματος ἁγίου (Hb 6. 4; cf. Hb 3, 14, μέτοχοι τοῦ Χριστοῦ donde se usa el artículo determinado).
[14] *Theology of the New Testament*, I, pp. 155-57.

sobre el hombre, y tomar posesión de él. Según la interpretación dinámica, el Espíritu es un poder impersonal que, como algo fluido, llena al hombre. Piensa Bultmann que los Hechos y las Cartas Paulinas emplean la palabra «Espíritu» en los dos sentidos. El sentido animista es característico del Antiguo Testamento. El dinámico es propio del pensamiento helenístico.

La fuerza del argumento de Bultmann es innegable. Hay, por supuesto, un fundamento para la interpretación dinámica en el pensamiento hebreo, como también en el helenístico. Pero Bultmann, con razón, hace un contraste entre las dos actitudes en relación al Espíritu.

Sobre la distinción de Bultmann hay que hacer un comentario de tipo general. Las descripciones dinámicas del Espíritu no implican realmente que el Espíritu sea impersonal. Serían compatibles con la creencia de que el Espíritu es personal. Por otra parte, las referencias que presuponen que el Espíritu es personal están en conflicto con la creencia de que el Espíritu es impersonal. La única interpretación que puede explicar todas las referencias y mantener una general compatibilidad es la que nos dice que el Espíritu es personal.

Sería equivocado, por supuesto, dar por sentado que el Nuevo Testamento es siempre coherente. Los escritores no estaban entrenados en la lógica y no intentaban construir un sistema de pensamiento. La coherencia no era su fin primario. Sin embargo, tampoco deliberadamente jugaban con la incoherencia. Donde las paradojas eran inevitables, las aceptaban; pero cuando las podían evitar, ellos no las buscaban. Y puesto que no hay incoherencia entre las descripciones personales del Espíritu y aquellas que no son necesariamente personales, no hay un motivo fuerte para creer que los escritores del Nuevo Testamento abrazaran de común acuerdo y al mismo tiempo dos doctrinas conflictivas sobre el Espíritu.

La suposición de que los escritores eran consecuentes en su actitud para con la persona del Espíritu está confirmada por el examen de ciertos pasajes, en los que se describe al Espíritu animista y dinámicamente al mismo tiempo. En los Hch 2, 4 se describe al Espíritu primero dinámicamente: «Y todos quedaron llenos del Espíritu Santo»; y después, anímicamente: «Y se pusieron a hablar en otras lenguas, según el Espíritu les permitía expresarse». La primera referencia podría ser tanto personal como impersonal. La segunda solo puede ser personal. En la narración de este hecho de Pentecostés, el autor no trata de poner de manifiesto una paradoja en su concepción del Espíritu. No existe una buena razón para detectar aquí una incoherencia. El autor trata al Espíritu como un ser personal que, por ser divino, puede llenar a muchos y distintos hombres al mismo tiempo.

Otro pasaje, en que descripciones animistas y dinámicas van juntas, es Hch 11, 12-16. En Hch 11, 16 se alude al Bautismo con Espíritu Santo, que podría ser interpretado en sentido dinámico. Pero en el versículo 12 dice Pedro: «El Espíritu me dijo que fuera con ellos sin dudar», lo que indica la naturaleza personal del Espíritu.

Las dos distintas actitudes aparecen en apretada cercanía en Hch 13, 2-9. En el versículo 9 se dice que Saulo estaba lleno de Espíritu Santo; pero en el versículo 2 habla el Espíritu Santo, y en el 4 «envía» a Bernabé y a Saulo.

El autor no era consciente de ninguna incoherencia cuando incluyó en el mismo pasaje descripciones del Espíritu en sentido animista y en sentido dinámico. Le era posible hacer esto porque las referencias dinámicas eran compatibles con los pasajes en que se decía del Espíritu que se comportaba como una persona. Esto es verdad tratándose no solo de los Hechos de los Apóstoles, sino también de los escritos de Pablo y de Juan y de los dichos del mismo Jesús. Cuanto más meditaban los cristianos sobre el Espíritu y cuanto más experimentaban su actividad en sus propias vidas y en la vida de la comunidad, más conscientes eran de su naturaleza personal.

EL ESPÍRITU Y CRISTO

En las profecías del Antiguo Testamento no se relacionaba frecuentemente al Mesías con el Espíritu. Isaías, sin embargo, profetizó la venida de un príncipe en el que reposaría el espíritu septiforme (11, 2), y el Deutero-Isaías dice que el Espíritu del Señor reposaría sobre uno que fue ungido para predicar la buena noticia a los humildes (61, 1). Pero son pasajes aislados. La actividad del Espíritu en el Mesías es un tema ciertamente menor en el Antiguo Testamento.

Se hace una relación entre el Espíritu y el Siervo en Is 42, 1. Yavé dice del Siervo: «He puesto mi espíritu sobre él». Sin embargo, al Siervo no se le relaciona claramente con el Mesías hasta el Nuevo Testamento[15].

---

[15] Ver pp. 172-73.

Aunque la relación entre el Espíritu y el Mesías no era un tema dominante en el Antiguo Testamento, había materia para un más amplio desarrollo. Juan Bautista dio un paso adelante, según los Evangelios sinópticos, al profetizar la venida de quien bautizaría con el Espíritu Santo[16]. Se ha discutido la autenticidad de esta profecía: T. W. Manson afirma que Juan Bautista profetizó la venida de un profeta que bautizaría con el fuego del juicio[17]. De aquí la alusión al «bautismo de fuego» en Mateo y Lucas. Porque creían que esta profecía se había cumplido cuando Cristo envió al Espíritu a la Iglesia, los primeros cristianos añadieron las palabras «con Espíritu Santo» a la profecía del «bautismo de fuego». Marcos omite la palabra «fuego», pero retiene la alusión al Espíritu Santo.

Manson apoya su teoría citando Hch 19, 1-6 en donde los discípulos de Juan dicen que ellos no han oído si existe un Espíritu Santo. Si los discípulos de Juan no sabían del Espíritu-bautismo, dice Manson, es porque no se había aludido a esto en las enseñanzas del maestro.

Büchsel, sin embargo, afirma que Juan[18] pronunció realmente una profecía de un bautismo con el Espíritu. El Bautista, sigue diciendo Büchsel, profetizó un bautismo de juicio y de salvación. El que ha de venir será abrasador de paja, tanto como recolector de trigo. El quemador de paja corresponde al bautismo de fuego. El recolector de trigo, al bautismo con el Espíritu Santo.

Hechos 19 no presenta una dificultad insuperable a la interpretación de Büchsel. Los discípulos de Juan dijeron que ellos no habían oído si había un Espíritu Santo. Esto podía significar que no conocían que la profecía de Juan sobre el Espíritu se hubiese cumplido. No que Juan no hubiese hecho una profecía sobre el bautismo con el Espíritu[19].

La explicación de Büchsel sobre la enseñanza de Juan es convincente. El Bautista, como los grandes profetas, habla no solamente del juicio, sino también de restauración[20]. Incorporó a su doctrina la conocida pro-

---

[16] Mc 1, 8; Mt 3, 11; Lc 3, 16.
[17] *Sayings of Jesus*, pp. 40-1.
[18] *Der Geist Gottes im Neuen Testament*, pp. 141-44.
[19] En Hch 19, 2 se lee: Ἀλλ' οὐδ' εἰ πνευμα ἅγιόν ἐστιν ἠκούσαμεν. Revised Version traduce: «No, nosotros ni siquiera oímos que el Espíritu Santo haya sido dado». Probablemente esto era la paráfrasis de un creyente; pero una traducción más literal se encuentra al margen: «No, nosotros ni siquiera oímos que existiera un Espíritu Santo».
[20] C. K. Barrett, *The Holy Spirit and the Gospel Tradition*, p. 126, sugiere que la forma primera del dicho se refirió al bautismo de aliento y fuego (πνεύματι καὶ πυρί). En este caso, el dicho se referiría solamente al juicio y no a la restauración.

fecía de Joel sobre la efusión del Espíritu. Cuando «el que había de venir» llegara, habría un día de remuneración y también de condenación.

Si está en lo cierto Büchsel, nos es posible entender el desarrollo del primitivo pensamiento cristiano. La doctrina de Juan capacita a los Apóstoles para comprender y explicar su experiencia de Pentecostés[21].

Cuando Jesús comenzó su ministerio, Juan ya había pronunciado sus profecías que relacionaban al Espíritu con el «que había de venir». El Bautista, sin embargo, no unió al Espíritu con el Mesías, sino que esperaba que «el que había de venir» sería Elías, cuya vuelta había sido predicha por Malaquías. Jesús corrigió esta parte de la enseñanza de Juan y dijo que Juan era Elías, mientras que Él mismo era el Mesías[22]. Es verdaderamente sorprendente que los dichos de Jesús al respecto sean muy pocos en número. Puesto que las profecías sobre el Espíritu estaban en el ambiente al comienzo del ministerio de Jesús, se podía haber esperado que hablase con mucha más amplitud sobre la materia. Si lo hubiera hecho así, los evangelistas hubieran aprovechado la oportunidad para perpetuar su doctrina. Su relativo silencio da a entender que Jesús tenía muy poco que decir sobre el Espíritu. Un grupo de estudiosos va más lejos y dice que las referencias de los Sinópticos al Espíritu no son declaraciones genuinas de Jesús, sino que fueron introducidas en la tradición del Evangelio para apoyar la doctrina de la Iglesia. Por lo demás, será necesario examinar las pocas alusiones al Espíritu que aparecen en los dichos de Jesús. Debemos recordar que la mayor parte de los estudiosos que se cuestionan la autenticidad de la enseñanza de Jesús sobre esta materia, también se cuestionan la autenticidad de la enseñanza del Bautista. Como se han dado ya las razones para aceptar la relación sinóptica de la doctrina de Juan, habrá que dar por supuesto que Jesús estaba enterado de las profecías de Juan.

---

[21] Consta que la unión entre el Espíritu y el Mesías se hizo antes del tiempo de Juan Bautista. El Documento de Damasco dice: «Y Él (Dios) les hizo conocer por su ungido su Santo Espíritu y la revelación de la verdad» (Doc. de Dam. 11, cf. MILLAR BURROWS, *The Dead Sea Scrolls*, p. 350). Aunque este documento pertenece al siglo X u XI después de Cristo, refleja la doctrina de la secta Qumran que parece haber florecido en el siglo primero antes de Cristo. Posiblemente el Bautista fue influenciado por la doctrina de la secta Qumran.

[22] Mc 9, 13: «Pues bien, yo os digo que Elías ha venido ya, y han hecho de él cuanto han querido, como estaba escrito de él». Este dicho identifica a Juan Bautista con Elías. Mateo clarifica más el significado cuando dice: «Entonces los discípulos comprendieron que se refería a Juan el Bautista» (Mt 17, 13).

DE LA NATURALEZA DEL ESPÍRITU Y SU RELACIÓN CON CRISTO

1. De los siete pasajes en los que se dice que Jesús habló del Espíritu, el primero es el de Mc 3, 29, que tiene paralelos en Mt 12, 31 y en Lc 12. 10. La versión de Marcos dice así:

«Pero el que blasfeme contra el Espíritu Santo, no tendrá perdón nunca, antes bien, será reo de pecado eterno».

Este dicho aparece en la narración de la controversia en la que los escribas acusaban a Jesús de echar demonios por Belcebú, el príncipe de los demonios. Branscomb presenta este hecho como «un producto de la edad apostólica»[23], punto de vista compartido por muchos peritos[24]. Sugiere que el dicho es una respuesta a un cargo que se levantó no contra Jesús durante su ministerio, sino contra sus seguidores después de Pentecostés.

Sin embargo, el dicho tiene visos de autenticidad. Era la clase de respuesta exigida por las circunstancias. Jesús era acusado de servirse del jefe de los demonios para obrar sus milagros. Contestó que los estaba obrando en virtud del poder del Espíritu Santo de Dios. Acusar al Espíritu Santo de ser Belcebú era el más grave pecado posible.

Este ataque a la autenticidad del dicho no ha tenido éxito. Los intentos hechos para mostrar su dependencia de un conocimiento de los Setenta no han resultado convincentes[25]. El dicho es perfectamente creíble

---

[23] BRASCOMB, *St. Mark*, p. 74.
[24] Cf. C. K. BARRETT, *op. cit.*, pp. 103-7.
[25] C. K. BARRETT, *ibid.*, pp. 104-5, se esfuerza en probar que el dicho se formó bajo la influencia de los Setenta. Afirma que hay señales en los Evangelios de la versión griega de Is 63. El más próximo paralelo en el Antiguo Testamento a «blasfemia contra el espíritu» lo constituye Is 63, 10, «ellos contristaron a su Espíritu Santo». En este pasaje habla el profeta de la liberación de los israelitas de Egipto. En 63, 14a, según el texto masorético, dice: «El Espíritu de Yavé los llevó a descansar». En los Setenta se dice: «El Espíritu descendió desde el Señor y los dirigió». Barrett dice que hay próximos paralelos entre el lenguaje de los Setenta en este punto y el lenguaje de las narraciones bautismales en los Evangelios sinópticos. Tanto la profecía como las narraciones bautismales emplean el verbo καταβαίνειν para describir el descenso del Espíritu. En ambos casos se emplea el verbo ἀνοίγειν para describir el abrirse de los cielos (ver Is 64, 1).

Barrett no ha mostrado, sin embargo, que hay una íntima relación entre los Setenta en Is 63 y Mc 3, 28-30. La relación verbal no está allí. Hay solamente la unión entre dos ideas, «contristando al Espíritu Santo», y «blasfemando contra el Espíritu». Además, los paralelos entre Is 63 y las narraciones bautismales no son muy grandes. No es llamativa coincidencia que las palabras καταβαίνειν y ἀνοίγειν estén en ambas. Es llamativo que mientras Is 63 usa ὁδηγεῖν para describir la dirección del Espíritu, Mt 4, 1 use ἀνάγειν y Lc 4, 1 use ἄγειν.

y probablemente fue pronunciado por Jesús en discusión con sus censores.

La versión Q de este dicho es considerada generalmente como dotada de menos autenticidad que la de Marcos. Lucas 12, 10 dice:

«A todo el que diga una palabra contra el Hijo del Hombre, se le perdonará; pero al que blasfeme contra el Espíritu Santo, no se le perdonará».

La práctica de algunos peritos es dar por supuesto que de dos dichos similares solamente uno puede ser original. Esta es una suposición insostenible. Los oradores públicos se repiten a sí mismos, y a veces se repiten sin exactitud. Pronuncian dichos que son similares, pero no idénticos. Jesús pudo hacer lo mismo, y no hay por qué extrañarse de que se hayan conservado dichos que son semejantes, pero no exactamente iguales. Este dicho en particular pudo haber sido influenciado por las necesidades teológicas y apologéticas de la Iglesia, pero probablemente es auténtico, puesto que subordina el Hijo del Hombre al Espíritu, y semejante idea no es posible que fuera inventada por los discípulos de Jesús.

J. Wellhausen y otros han sugerido que «Hijo del Hombre» es una tergiversación del arameo *bar nasha*, que se podría traducir por «hombre». Dicen que el dicho significa que las blasfemias contra los hombres serían perdonadas, pero no las blasfemias contra el Espíritu Santo[26].

C. K. Barrett defiende la interpretación de Orígenes, quien dice que los gentiles blasfemaban en su ignorancia contra el Hijo del Hombre, pero que los cristianos, dándose cuenta, blasfemaban contra el Espíritu. La blasfemia de estos últimos estaba fuera del perdón[27].

Sin embargo, como el término «Hijo del Hombre» normalmente se dirige al Mesías que viene, en la doctrina de Jesús es mejor aceptar la opinión de que «Hijo del Hombre» en este dicho se refiere a Jesús. La blasfemia contra el Cristo se compara con la blasfemia contra el Espíritu. Lo ofensivo del dicho para un cristiano ortodoxo es prueba de su autenticidad.

2. Marcos 13, 11 (cf. Mt 10, 20; Lc 12, 12; 21, 15):

«Sino hablad lo que se os comunique en aquel momento. Porque no seréis vosotros los que hablaréis, sino el Espíritu Santo».

---

[26] J. WELLHAUSEN, *Einleitung*, 2.ª ed., p. 66 y ss.
[27] C. K BARRETT, *op. cit.*, p. 106.

Este dicho ha sido frecuentemente rechazado como no auténtico. Una razón para este escepticismo en torno a él es que aparece en el Apocalipsis de Marcos. Pero aun cuando el Apocalipsis como conjunto no sea una relación fidedigna de las enseñanzas de Jesús, podría incluir un determinado número de dichos genuinos[28].

Otra razón para rechazar este dicho nos la proporciona E. F. Scott, quien dice que «aparecen circunstancias que no surgen hasta un tiempo posterior»[29]. Pero ¿por qué no habría Jesús de proveer contra futuros peligros? Él conocía que sus discípulos se encontrarían en situaciones peligrosas en que se pondría a prueba su coraje y su ingenio. Marcos 13, 11 recoge cómo él les aseguraba que en tales momentos sus palabras serían guiadas por el Espíritu Santo. El dicho tiene por donde quiera que se le mire sello de autenticidad.

De los dos paralelos al dicho en el Evangelio de Lucas, la versión en Lc 21, 15 es ligeramente diferente de la forma de Marcos. Dice: «Yo os daré elocuencia y sabiduría». C. K. Barrett afirma que es esta la forma original del dicho. La versión de Lc 21, 15 no puede ser secundaria, a pesar de que Lucas no eliminase las alusiones al Espíritu Santo. Barrett saca la conclusión de que la forma del dicho en Marcos apareció durante las persecuciones que sobrevinieron a la Iglesia[30].

Taylor difiere de Barrett en cuanto que dice que la versión de Lucas «tiene claramente un sabor a Juan y parece reflejar la doctrina del Cristo exaltado»[31]. Este argumento no es muy consistente, porque es bastante posible que el estilo de Lucas pueda tener de vez en cuando un sabor a Juan, sin necesidad de haber sido influenciado por Juan.

Los argumentos de Barrett no logran convencer, no por las razones de Taylor, sino porque da por supuesto que Jesús no pudo pronunciar ambos dichos, Mc 13, 11 y Lc 21, 15. Lucas, sin embargo, sí creía posible que Jesús profiriera dos dichos similares, puesto que ha recogido tanto el dicho de Lc 12, 12, que es semejante al de Mc 13, 11 y el de Lc 21, 15. Seguramente que si 12, 12 fuese un desarrollo de 21, 15, es difícilmente posible que Lucas incluyera 21, 15. Como es bastante posible que los dos dichos fueran proferidos por Jesús, no hay razón para rechazar uno de los dos.

---

[28] Cf. V. TAYLOR, *The Gospel according to St. Mark*, pp. 636-44.
[29] *Op. cit.*, p. 73.
[30] *Op. cit.*, p. 131 y ss.
[31] *Op. cit.*, p. 509.

3. Lucas 11, 13:

«Si pues, vosotros, siendo malos, sabéis dar buenas cosas a vuestros hijos, ¡cuánto más el Padre del cielo dará el Espíritu Santo a los que se lo pidan!».

Este dicho tiene un paralelo en Mt 7, 11 en que las palabras «cosas buenas» aparecen en lugar de «Espíritu Santo». La mayor parte de los peritos opinan que solamente uno de estos dichos es auténtico[32]. Si esta suposición es correcta, la forma original es la de Mateo, ya que Lucas introduciría la alusión al Espíritu por razones doctrinales. La posibilidad de que Jesús expresara ambos dichos similares se ha descartado demasiado fácilmente. El argumento para la autenticidad de este dicho, sin embargo, no es tan convincente como en los dos anteriores dichos. Una alteración de Mt 7, 11 pudo acontecer por un simple cambio verbal. Por tanto, poco peso puede atribuirse a Lc 11, 13 como toma fiel del dicho de Jesús.

4. Mt 12, 28:

«Pero si por el Espíritu de Dios expulso yo los demonios, es que ha llegado a vosotros el Reino de Dios».

Lucas 11, 20 dice así: «Pero si por el dedo de Dios Yo...». Aunque Lucas tiene afición por arcaísmos tales como «el dedo de Dios», es improbable que omitiera aquí una referencia al Espíritu. Puesto que cada uno de estos dichos aparece en el mismo contexto, es improbable que ambos sean originales de Jesús. Lucas es quien parece conservar la forma original del dicho, que no incluye la palabra «espíritu».

5. Lucas 4, 18:

Según Lucas, Jesús leyó Is 61 cuando predicó en la sinagoga de Nazaret. El pasaje leído comienza con estas palabras: «El Espíritu del Señor está sobre mí». Jesús dijo que aquella profecía había tenido cumplimien-

---

[32] E. g. BÜCHSEL, *Der Geist Gottes*, p. 189; C. K. BARRETT, *op. cit.*, pp. 126-27; T. W. MANSON, *op. cit.*, p. 82; E. F. SCOTT, *op. cit.*, pp. 73-4; J. M. CREED, *The Gospel according to St. Luke*, p. 158.

to aquel mismo día. De ser auténtica esta narración y de haberse aplicado realmente Jesús a sí mismo estas palabras, el dicho es de suprema importancia para la comprensión de su doctrina sobre el Espíritu. Creed y otros muchos sostienen que los detalles de la predicación fueron improvisados por los evangelistas. Piensan que Lucas hizo una suplencia llena de colorido para la más breve narración de Marcos, de la predicación de Jesús en 1, 15[33]. Por otra parte, Vincent Taylor hace notar que en la narración de Marcos de la visita de Jesús a Nazaret hay una transición brusca del asombro de las gentes ante la actuación de Jesús, a su indignación contra Él. Pregunta Taylor: «¿Es presumible un discurso como el propuesto en Lucas 4, 23-7?»[34]. Ciertamente que Jesús pudo muy bien predicar tal sermón, porque estaba grandemente influenciado por Isaías en sus últimos capítulos. Interpretaba su propio ministerio en términos del Siervo Paciente[35]. Y se hizo eco de estas palabras de Is 61, 1 en Lc 7, 22 (Mt 11, 5), cuando dijo: «Se anuncia a los pobres la Buena Nueva». Hay un fuerte fundamento para suponer que Jesús citaba a Is 61 como una profecía sobre sí mismo.

6. Marcos 12, 36 (cf. Mt 22, 43).

Las palabras «David mismo dijo, movido por el Espíritu Santo» introducen una cita del Salmo 110, 1. Se dice que el mismo Jesús hizo la cita. Era algo muy natural para un judío del tiempo de Jesús hablar de los Salmos en este sentido. Los judíos creían que las Escrituras habían sido escritas bajo la guía del Espíritu Santo. No hay razón para dudar de la autenticidad del dicho.

7. Marcos 14, 38 (cf. Mt 26, 41).

«Que el espíritu está pronto, pero la carne es débil».

Wellhausen y otros han rechazado este dicho, porque dicen que el contraste entre la carne y el espíritu es paulino[36]. El contraste se encuen-

---

[33] J. M. CREED, *op. cit.*, p. 66.
[34] *Op. cit.*, p. 298 (cf. Mc 6, 1-6a).
[35] La opinión de que Jesús se identificaba a sí mismo con el Siervo es puesta en tela de juicio por KNOX, *The Death of Christ*. Cf. M. D. HOOKER, *Jesus and the Servant*.
[36] J. WELLHAUSEN, *Das Evangelium Marci*, p. 120.

tra, sin embargo, antes de Pablo, ya que puede verse en el Antiguo Testamento[37]. En todo caso, se trate o no de un dicho auténtico, se habla del espíritu del hombre, no del Espíritu Santo. Jesús está hablando de la debilidad de sus discípulos, que no tenían fuerza para mantenerse despiertos.

De los siete dichos sobre el Espíritu, que han sido examinados, dos son probablemente no auténticos (Lc 11, 13 y Mt 12, 28), y uno no viene al caso. Los otros cuatro tienen una gran garantía de autenticidad, y proporcionan una pequeña, pero importante cantidad de información sobre la actitud de Jesús con respecto al Espíritu. Consideraba al Espíritu como persona capaz de hablar por medio de los hombres y contra quien se podía proferir una blasfemia. El Espíritu era el Espíritu de Dios y guiaba a los hombres en la composición de las Escrituras. El más importante de todos estos dichos es la cita de Is 61, 1, en la que Jesús dice que el Espíritu Santo le ha ungido. La bendición del Espíritu era la garantía de su ministerio mesiánico.

Aunque estos dichos puedan ser considerados como genuinos, es sorprendente que los evangelistas no hayan recogido algunas enseñanzas más de Jesús sobre el Espíritu. Con su experiencia de la actividad del Espíritu en la Iglesia se podría haber esperado que hubieran incluido un gran número de palabras de Jesús sobre este tema. Su silencio ¿sería señal de que Jesús tenía muy poco que decir sobre el Espíritu? Se han sugerido varias explicaciones.

E. F. Scott piensa que en los días de Jesús la doctrina del Espíritu estaba relegada a la oscuridad, y que Jesús «nunca volvía a formas arcaicas». La idea del Espíritu, cree él, no le iba a Jesús, porque sentía que distanciaba a Dios. Los «arrebatos de la emoción religiosa», que iban asociados a la idea del Espíritu, eran «extraños a Jesús»[38]. El argumento de Scott queda abierto a la discusión. Puesto que Juan Bautista enseñó sobre el Espíritu, como hemos sostenido, y puesto que los judíos esperaban que en el futuro se comunicaría el Espíritu —lo que no puede negarse—, Jesús no pudo haber mirado la idea del Espíritu como «un tipo arcaico». No era una idea anticuada, sino objeto de una viva expectación.

Vincent Taylor afirma que no todos los dichos de Jesús en torno al Espíritu se han conservado. Como no había debates doctrinales en la

---

[37] Cf. Is 31, 3.
[38] *Op. cit.*, pp. 77-80.

primitiva Iglesia, los dichos no eran necesarios para la controversia, y además que, como la Iglesia era consciente de la presencia del Espíritu, los dichos no eran necesarios para robustecer la fe de la comunidad[39].

Taylor da demasiada importancia a la controversia en la formación de la tradición. La doctrina era evangélica y también polémica. Los cristianos deseaban hacer partícipes a otros de sus experiencias y habrían atesorado las enseñanzas de Jesús sobre el Espíritu, no solamente para refutar a sus críticos, sino también para atraer a otros a la Iglesia.

Cree C. K. Barrett que el pensamiento escatológico de Jesús es la llave que da libre acceso al misterio. Jesús no profetizó la existencia de una comunidad llenándose del Espíritu, porque no previó un intervalo entre su resurrección y la Parusía. Y si no esperaba un período intermedio entre los dos acontecimientos, no había lugar para unas enseñanzas sobre el Espíritu[40].

La teoría de Barrett implica algunas suposiciones altamente dudosas. La primera de ellas es la de que Jesús esperase una inmediata Parusía. Él mismo confesó no saber la fecha del Día del Señor, y aunque Él no hubiese esperado un largo intervalo entre su muerte y la Parusía, es una suposición arbitraria la de que Él no esperaba un período intermedio. En segundo lugar, Barrett supone que ni Juan Bautista ni Jesús dijeron algo sobre el Espíritu. Y, sin embargo, hay buenas razones para creer que los evangelistas conservaron auténticos apuntes de las enseñanzas sobre el Espíritu tanto del Bautista como de Jesús. No se da, como presupone Barrett, la ausencia absoluta, sino más bien la escasez de doctrina que ha de ser explicada.

La más satisfactoria respuesta al problema es la de R. N. Flew, quien afirma que «hay pocos dichos sobre el Espíritu, porque Jesús vio que se necesitaba una comprensión del Espíritu más rica y profunda que la que sus discípulos, con su carencia de penetración, podían recoger del Antiguo Testamento; y que esta reinterpretación de la tarea del Espíritu solamente podía ser vivida en su propio ministerio»[41]. La falta de interés por la doctrina no fue la causa del relativo silencio de Jesús, sino el darse cuenta de que el futuro de la doctrina dependía de su actividad más bien que de sus enseñanzas. Él mismo hizo indicaciones sobre la importancia de la tarea del espíritu en su propia vida. Pero se contentó con dejar a

---

[39] *The Doctrine of the Holy Spirit*, pp. 53-4.
[40] *Op. cit.*, p. 160.
[41] *Jesus and His Church*, 2.ª ed., p. 51.

los apóstoles descubrir el poder del Espíritu por su propia experiencia, porque era la única manera de poder aprender realmente sobre Él. Después de Pentecostés comprendieron que Jesús había hecho posible la efusión del Espíritu, y Pablo encontró que la moral que Jesús les había dejado era una moral espiritual que reemplazaba al legalismo de los judíos, y que su muerte sacrificial había establecido una nueva y espiritual alianza.

La tarea del Espíritu en la expansión de la Iglesia es el tema fundamental de los Hechos de los Apóstoles, y aunque la doctrina del autor sobre el Espíritu no es tan rica y profunda como la de Pablo, no guarda silencio sobre la relación del Espíritu con Cristo. La profecía de Juan Bautista se cumplió en Pentecostés, y, en su alocución de Hch 2, Pedro afirma que Cristo resucitado ha derramado el Espíritu sobre los Apóstoles. Fue también Pedro quien recordó cómo Jesús había sido ungido con el Espíritu Santo, presumiblemente en su bautismo (Hch 10, 38). No hay insinuación alguna en los Hechos de que Cristo se identifique con el Espíritu. En Hch 16, 7 el «Espíritu de Jesús» es nombrado, y hay alusiones también al «Espíritu del Señor»[42], pero «el Señor» puede significar tanto Dios como Jesús.

En las Cartas Paulinas el Espíritu y Cristo están íntimamente asociados. En algunos pasajes, Pablo escribe como si fuesen casi idénticos. Este aspecto de la doctrina de Pablo será lo primero que consideraremos.

El más conocido de los pasajes en que Pablo parece identificar al Espíritu con Cristo es 2 Co 3, 17-18:

«Porque el Señor es el Espíritu, y donde está el Espíritu del Señor, allí está la libertad. Pero todos nosotros, que con el rostro descubierto reflejamos como en un espejo la gloria del Señor, nos vamos transformando en esa misma imagen cada vez más gloriosos, conforme a la acción del Señor, que es Espíritu».

Estas palabras no pueden ser comprendidas fuera de su contexto. Pablo en la carta ha estado apuntando el contraste entre la antigua alianza, ratificada en el desierto, y la nueva alianza, establecida por Cristo. Moisés fue el ministro de la antigua alianza, y cuando bajó de la montaña, su rostro fulguraba, pero la gloria de su rostro gradualmente se iba desvaneciendo. No únicamente un solo hombre, sino todos los miembros de

---

[42] Hch 5, 9; 8, 39.

la Iglesia son ministros de la nueva alianza. Todos poseen una gloria que no se va desvaneciendo, sino que se agranda. Cuando Moisés bajaba de la montaña, se puso un velo sobre su rostro, para que los hijos de Israel no pudieran ver el esplendor que iba desapareciendo. Y cuando se lee la antigua alianza, este velo permanece. Bajo la nueva alianza, sin embargo, el velo ha desaparecido. «Pero cuando se hayan convertido al Señor», escribe Pablo, «entonces caerá el velo» (3, 16)[43].

La cuestión crítica es si «el Señor» en 2 Co 3, 17 se refiere a Cristo o a Yavé. Los peritos han defendido las dos interpretaciones. Bousset, Gunkel, Dodd y Strachan defienden que la frase «ahora el Señor es el Espíritu» identifica a Cristo con el Espíritu[44]. E. F. Scott y Rawlinson dicen que «el Señor» en 2 Co 3, 17 se refiere a Yavé en Ex 34, 34, al que alude Pablo en el versículo precedente[45]. Sostiene Scott que «el Señor es el Espíritu» es una forma resumida de decir: «El Señor representa el dominio del Espíritu».

El contexto apoya la conexión con Yavé y con la cita del Éxodo. Pero si citas del Antiguo Testamento que originariamente se referían a Yavé a veces son transferidas por Pablo a Cristo[46], es posible que en 2 Co 3 él quisiera significar «Cristo» en lugar de «Señor». Por otra parte, en esta carta no hay un claro ejemplo de aplicación del título «Señor» a Dios Padre. En otras partes de la carta, el «Señor» es Cristo[47]. Estas consideraciones respaldan la opinión de que Cristo y el Espíritu están siendo identificados.

Si, con todo, Pablo deliberadamente hubiera intentado identificarlos, habría seguido el curso más normal de su pensamiento. De hecho, el argumento en este momento no tiene que ver nada con Cristo. Aunque se hace mención de Cristo en el capítulo, el contraste de esta sección se da entre el designio de la ley y el designio del Espíritu. Pablo afirma que el Señor a quien Moisés comparaba era el Espíritu, a quien pertenecía la

---

[43] Este versículo recuerda Ex 34, 34: «Siempre que Moisés se presentaba delante de Yavé para hablar con Él, se quitaba el velo hasta que salía».

[44] BOUSSET, *Kyrios Christos*, 1.ª ed., p. 126; GUNKEL, *Die Wirkungen des Heiligen Geistes*, p. 90; DODD, *Apostolic Preaching*, p. 47; STRACHAN, *Second Epistle to the Corintians*, p. 88.

[45] E. F. SCOTT, *op. cit.*, p. 181; cf. RAWLINSON, *New Testament Doctrine of the Christ*, p. 155.

[46] Ver pp. 110-112, 124-125.

[47] Son posibles excepciones 6, 17 y 12, 1. 8. Sin embargo, es importante advertir que casi inmediatamente después de este pasaje fundamental en 2 Co 3, hay una clara alusión al Señorío de Cristo en 2 Co 4, 5: «No nos predicamos a nosotros mismos, sino a Cristo Jesús como Señor».

nueva alianza. La identificación de Cristo con el Espíritu no se encontraba en el primer plano del pensamiento de Pablo. Si hubiese sido preguntado, quizá habría admitido que el Señor de quien hace alusión el Éxodo era Cristo, del mismo modo que creía que el Señor en Jl 2, 32 y el Señor en Is 45, 23 y ss. era Cristo. Si él hubiese admitido esto se habría seguido que en 2 Co 3, 17 identificaba no solamente a Yavé sino también a Cristo con el Espíritu. Sin embargo, Pablo no sacó las consecuencias de esta afirmación. A lo más, se podría sostener que aunque él no identifique conscientemente a Cristo con el Espíritu, las implicaciones de su pensamiento pueden conducirnos a una tal identificación.

Hay varios ejemplos en los escritos de Pablo de adscripción de funciones similares a Cristo y al Espíritu. Una de estas funciones es la intercesión. Según Rm 8, 26b «el mismo Espíritu intercede por nosotros con gemidos inefables». En el mismo capítulo (Rm 8, 34) escribe Pablo: «Es Cristo Jesús... quien también intercede por nosotros». La proximidad de estos dos versículos sugiere que Pablo hablaba de la misma persona en ambos. Un examen más detenido de los pasajes pone de manifiesto que la idea de la intercesión del Espíritu tiene diferente origen de la intercesión de Cristo. Pablo no asigna una misma y única actividad primero al Espíritu y después a Cristo. Describe dos diferentes actividades, una que corresponde al Espíritu y otra a Cristo. El primer versículo describe la plegaria que es dirigida por el Espíritu. Aun cuando la plegaria de un hombre sea ininteligible, constando de clamores y gemidos aparentemente incoherentes, es el Espíritu quien intercede «con gemidos inefables». Sin embargo, el segundo versículo se refiere a la defensa que el Cristo celestial hace para el perdón del hombre pecador. Estas plegarias no son hechas por seres humanos, porque son intercesiones del Espíritu. Son hechas por Cristo al Padre. «Es Jesús, el que murió; más aún, el que resucitó, el que está a la diestra de Dios, y que intercede por nosotros». La idea tiene su origen en Is 53, 12c, donde se dice del Siervo que «intercede por los transgresores». En el Nuevo Testamento lo hacen suyo no solo Pablo, sino también el autor de la Carta a los Hebreos, quien afirma que «está siempre vivo para interceder en su favor», y también Juan, quien describe a Cristo como «uno que aboga ante el Padre»[48].

Como las referencias a la intercesión en Rm 8 aluden a dos clases de intercesión, no prueban que Pablo identificase a Cristo con el Espíritu.

---

[48] Hb 7, 25; 9, 24; 1 Jn 2, 1.

Otros paralelos significativos son aquellos en que se dice que tanto Cristo como el Espíritu «moran en» o «están en» los miembros de la Iglesia. La más importante ilustración de esta forma de pensar la encontramos en Rm 8, 9 y ss.:

«Mas vosotros no estáis en la carne, sino en el espíritu, ya que el Espíritu de Dios habita en vosotros. El que no tiene el Espíritu de Cristo, no le pertenece; mas si Cristo está en vosotros, aunque el cuerpo haya muerto ya a causa del pecado, el espíritu es vida a causa de la justicia. Y si el Espíritu de Aquel que resucitó a Jesús de entre los muertos habita en vosotros, Aquel que resucitó a Jesús de entre los muertos dará también la vida a vuestros cuerpos mortales por su Espíritu que habita en vosotros».

El Espíritu de Dios y el Espíritu de Cristo son idénticos en este pasaje. La relación del Espíritu con Cristo no es tan clara. El Espíritu «mora en vosotros», y Cristo «está en vosotros». No se sigue, sin embargo, que el Espíritu y Cristo sean la misma persona. Pablo no escribe sobre «el que resucitó al Espíritu de entre los muertos». Aun cuando las funciones de Cristo y del Espíritu se sobrepongan, no se sigue que las dos personas sean idénticas.

Otra importante relación entre Cristo y el Espíritu la encontramos en la manera que tiene Pablo de describir la vida de los cristianos. Es una vida que está tanto «en Cristo» como «en el Espíritu». Los ejemplos en que nos salen al paso estas y otras frases similares son muy numerosos. La primera frase «en Cristo» se emplea para describir casi todos los aspectos de la vida cristiana. Los neófitos son «bautizados en Cristo» o «sepultados con Él en el Bautismo»[49]. En su nueva condición ellos son «uno en Cristo Jesús»[50]. La vida de los cristianos está «oculta con Cristo en Dios»[51]. Ellos se alegran «en el Señor»[52].

Ellos también «hablan en Cristo». Se mandan y se exhortan unos a otros «en Cristo»[53]. «Se les preside en el Señor»[54]. Como comunidad son

---

[49] Rm 6, 3-4; Ga 3, 27; Col 2, 12.
[50] Ga 3, 28.
[51] Col 3, 3.
[52] Flp 3, 1; 4, 4.
[53] 2 Co 2, 17; 12, 19.
[54] 1 Ts 5, 12.

«un cuerpo en Cristo»[55]. Cuando terminen sus vidas terrenas, se les llamará «los muertos en Cristo» o «los que durmieron en Cristo»[56].

La frase «en el Espíritu», que se traduce por ἐν (τῷ) μνεύματι o (τῷ) πνεύματι se usa de una manera similar. Los hombres caminan y viven en el Espíritu[57]. En el Espíritu también confiesan su fe y hablan de los misterios de Dios[58]. Y en un Espíritu son bautizados[59].

A pesar de estas semejanzas, las expresiones «en Cristo» y «en el Espíritu» no son intercambiables en los escritos de Pablo. No son exhortados los cristianos a «vestirse del Espíritu», o a «conformarse a la imagen del Espíritu», sino que se les llama a «vestirse de Cristo», y a «conformarse a su imagen». Como hace observar L. S. Thornton, Rm 6, sería «intolerablemente obscuro» si «Espíritu de Cristo» fuera sustituido por «Cristo»[60]. Por supuesto, le sería imposible a Pablo hablar de «el morir en el Espíritu», o de la resurrección del Espíritu de entre los muertos.

Thornton intentó clarificar la diferencia entre «Cristo» y «el Espíritu». «La inhabitación del Espíritu», escribe, «implica la inhabitación de Cristo; consiguientemente la inhabitación de Cristo es inseparable de la vivificación. Pero al Espíritu nunca se le considera como el *contenido* de la vida vivificada. Él es agente de la revelación, que trae el contenido de la verdad al espíritu del hombre; y por natural consecuencia tenemos la mente de Cristo»[61].

Esta distinción entre contenido y agente es artificial. Si los cristianos caminan por la acción del Espíritu, si su conducta es el fruto del Espíritu, si su Iglesia y sus individuos son templos del Espíritu, entonces el Espíritu es el contenido de la vida vivificada. El Cristo que habita y el Espíritu que mora puede cada uno ser tenido como contenido o como agentes. Thornton muestra encontrarse en dificultades, al acudir a los cuatro Evangelios como una justificación de su interpretación de Pablo:

«En la doctrina de San Pablo el paralelismo y la identificación entre Cristo y su Espíritu son tan estrechos que, considerando este aspecto

---

[55] Rm 12, 5; cf. 1 Co 12, 20; Ef 4, 12.
[56] 1 Ts 4, 16; 1 Co 15, 18.
[57] 2 Co 12, 18; Ga 5, 16. 25.
[58] 1 Co 12, 3; 14, 2.
[59] 1 Co 12, 13.
[60] L. S. THORNTON, *The Incarnate Lord*, p. 323.
[61] *Ibid.*, p. 324.

solamente, podríamos suponer que son sencillamente idénticos en todo, y de esta manera concluir que los DOS deben considerarse Uno. Si, con todo, advertimos las marcadas diferencias del lenguaje paulino al describir, respectivamente, las funciones de Cristo y de su Espíritu, y si entonces nos dirigimos a la doctrina de San Juan sobre el Paráclito, llegará a estar claro que esta simple identificación no puede mantenerse. La identificación hay que entenderla mejor como una mutua interpretación con divergencia de funciones»[62].

Thornton dice bien que hay alguna diferencia en las funciones. Pero esta diferencia depende en gran manera del hecho de la vida encarnada, muerte y resurrección de Cristo. Puesto que el Espíritu no murió ni resucitó, los hombres no pueden morir y resucitar con el Espíritu. El lenguaje de Pablo al tratar del Espíritu puede entenderse solamente cuando nos damos cuenta de que él verdaderamente no separó al Espíritu como una persona distinta. Aunque el problema de Cristo era para él un problema real, el problema de la relación del Espíritu con el Padre o el Hijo no lo era. La razón hay que encontrarla en la distinción que se hizo en un capítulo anterior entre la extensión y la interacción de personalidad[63]. El judaísmo consideraba la Palabra, la Sabiduría y el Espíritu como una extensión de la personalidad de Dios, pero no había mucha constancia de que correspondieran a Dios en una completa y recíproca relación personal. En Pablo, el Espíritu está mucho más a la par de estos conceptos judíos. El Espíritu de Dios guía a los hombres y los conduce, pero hay pocas insinuaciones de que el Espíritu corresponda a Dios. Aun cuando Pablo describe al Espíritu intercediendo, lo hace a través de la boca de un hombre, cuando le capacita para orar. La celestial intercesión de Cristo envuelve un grado mucho mayor de actividad recíproca que la intercesión del Espíritu. Sin embargo, mientras que hay pocos ejemplos en las cartas de Pablo de interacción entre el Padre y el Espíritu, los hay muy numerosos para la interacción entre el Padre y el Hijo. El Hijo no era solamente un intercesor celestial, sino que había recibido de su Padre un reino y se lo entregaría de nuevo. Aun antes de su encarnación escogió no permanecer en igualdad con Dios, sino despojarse de sí mismo, abandonando la opulencia de su existencia divina, trocándola por la pobreza

---

[62] *Ibid.*, p. 360.
[63] Ver pp. 52-4.

de la vida humana. Ciertamente que aquí no se da una mera extensión de la personalidad del Padre, sino un ser con su propia voluntad, que toma sus propias decisiones, y que obra recíprocamente en amor con su Padre.

Los escritos de Juan logran una mayor claridad que Pablo en su exposición sobre la relación entre el Espíritu y Cristo. Al Espíritu no se le identifica con Cristo. Tanto en las palabras de Jesús como en el plan general de los escritos, el Espíritu es un ser distinto. «Y yo rogaré al Padre», dice Jesús, «y Él os dará otro Paráclito, para que esté con vosotros para siempre, el Espíritu de verdad»[64]. El primer Paráclito era Jesús, el segundo, el Espíritu. Es este Espíritu el que descendió sobre Jesús en su bautismo, y sin el cual el hombre no puede entrar en el Reino de Dios[65]. Aunque Jesús era portador del Espíritu, el resto de la humanidad estaba incapacitado para recibir al Espíritu hasta que Jesús hubiese sido glorificado[66]. El mismo Cristo resucitado dio, finalmente, el Espíritu a los discípulos[67]. La función del Espíritu era glorificar a Cristo, y revelar la verdad sobre Él. «Él me glorificará», dice Jesús, «porque recibirá de lo mío y os lo comunicará a vosotros»[68]. El Espíritu guía a la verdad completa[69].

Es posible que cuando dice Jesús: «Me voy y volveré a vosotros»[70], hable de la venida del Espíritu. Pero, puesto que en el mismo capítulo habla de la diferencia entre Él mismo y el «otro Paráclito», es más probable que «yo volveré a vosotros» se refiera a su propia resurrección.

Juan dice que el Espíritu mora en los cristianos y está en ellos[71]. Por otra parte, nunca se insinúa que los cristianos habiten en el Espíritu, como habitan en Cristo y en el Padre. La distinción que hace Thornton sobre la doctrina de Pablo es más exacta aplicándola al cuarto Evangelio. El Espíritu es el agente que conduce a los hombres al conocimiento de Cristo y a la comunión con Él. Cristo es aquel en quien vive el cristiano.

---

[64] Jn 14, 16-17.
[65] El bautismo de Jesús se presupone en Jn 1, 32-4. En Jn 3, 5 Jesús dice: «El que no nazca de agua y de Espíritu no puede entrar en el Reino de Dios».
[66] «Porque aún no había Espíritu, pues todavía Jesús no había sido glorificado» (Jn 7, 39b).
[67] Jn 20, 22.
[68] Jn 16, 14.
[69] Jn 16, 13.
[70] Jn 14, 28.
[71] Jn 14, 17.

De la naturaleza del Espíritu y su relación con Cristo

Las Cartas de Juan tienen poco que decir sobre el Espíritu, pero cuando se hace alusión a él, se le distingue de Cristo. El Espíritu da testimonio de Cristo y capacita a los hombres para confesar a Cristo[72]. No se indica que el Espíritu se identifique con Cristo.

Los escritos de Juan hacen una estricta distinción entre Cristo y el Espíritu. Aunque su doctrina del Espíritu no es tan rica y completa como la de Pablo, la relación del Espíritu con el Padre y el Hijo está más clara que en Pablo. La causa de esto, en parte, es porque uno de los escritos de Juan es un Evangelio. El autor del Evangelio, cuyos pensamientos estaban centrados sobre la vida encarnada de Cristo, estaba obligado a distinguir entre Cristo y el Espíritu. Sin embargo, Pablo, al escribir sus cartas, pensaba principalmente en el Cristo resucitado, el Cristo de su propia vivencia y de la vivencia de la Iglesia. Por esta razón no distinguió tan claramente entre Cristo y el Espíritu, como hizo el cuarto evangelista. La existencia de Pablo se centraba en Cristo y en el Espíritu; el Espíritu moraba en él y también Cristo. El Apóstol no se preocupó de la relación metafísica entre los dos, y no hizo un esfuerzo constante por distinguir entre sus personas y sus actividades.

La doctrina del Espíritu no se encuentra tan destacada en el resto del Nuevo Testamento como en Juan y en Pablo. En la medida en que aparece así, no tenemos garantía para creer que el Espíritu fuera Cristo. La única declaración para tal opinión se encuentra en la Carta a los Hebreos, en la que los cristianos son llamados «portadores de Cristo» y «portadores del Espíritu Santo»[73], pero a esta declaración se le da poca importancia, dada la tendencia general de la carta a considerar al Espíritu como distinto de Cristo. Los que entregaron a la muerte a Jesús no solo hollaron al Hijo de Dios, sino que lo hicieron a despecho de la gracia del Espíritu, que en el contexto ha de ser distinto del Hijo de Dios. Y cuando Jesús se ofreció a sí mismo, actuó por medio de «el Espíritu eterno»[74].

El Nuevo Testamento apoya la opinión de que el Espíritu no se identificó con Cristo, sino que fue mirado como personal, aunque, como hemos visto, muchas de las referencias son compatibles con la opinión de que era una fuerza impersonal. El Espíritu no respondió al Padre de

---

[72] Jn 4, 2; 5, 8.
[73] Hb 3, 14; 6, 4; cf. 3, 1.
[74] Hb 10, 29; 9, 14.

la misma manera que el Hijo. Solamente Pablo habla del Espíritu que intercede; y aun este pasaje queda mejor interpretado como una descripción de la dirección dada por el Espíritu a las propias plegarias de los hombres y a las intercesiones de los mismos, que como parte de un diálogo entre el Espíritu y el Padre.

Capítulo XII

EL ESPÍRITU Y DIOS

Según el Credo Atanasiano, el Espíritu Santo es absolutamente Dios, y comparte sin atenuación la divinidad del Padre y del Hijo. El Espíritu, como el Padre y el Hijo, es Dios y Señor, increado, incomprensible, eterno y todopoderoso. Examinemos si en el Nuevo Testamento hay algún indicio de esta doctrina. Se tratará el problema de la misma manera que se hizo con el de la divinidad de Cristo. Lo primero será preguntar si al Espíritu se le llamó Dios alguna vez en el Nuevo Testamento. Lo segundo, examinar si el Espíritu recibió adoración y se le dirigieron plegarias. Y lo tercero, investigar el papel desempeñado por el Espíritu en la ejecución de las funciones estrictamente divinas.

¿FUE LLAMADO DIOS EL ESPÍRITU?

Solamente unos pocos pasajes pueden aducirse para defender que el Espíritu fue llamado Dios en el Nuevo Testamento, y los testimonios de estos pasajes son de dudoso valor. Vamos a examinar tres pasajes separadamente.

1. 1 Co 6, 19-20:

«¿O no sabéis que vuestro cuerpo es santuario del Espíritu Santo, que está en vosotros y habéis recibido de Dios, y que no os pertenecéis? ¡Habéis sido bien comprados! Glorificad, por tanto, a Dios en vuestro cuerpo».

Afirma Agustín que este pasaje presupone que el Espíritu Santo es Dios[1]. Tomando las palabras «en vuestro cuerpo» como una frase adjetiva dependiente de la palabra «Dios», él traduce la última cláusula así: «Glorificad, por tanto, a Dios en vuestro cuerpo». Agustín dice que, puesto que el cuerpo es llamado «templo del Espíritu Santo que está en vosotros», «el Dios en vuestro cuerpo» tiene que ser el Espíritu Santo.

La interpretación de Agustín está equivocada y se debe a la ausencia en latín del artículo definido. El griego es así:

«δοξάσατε δή τὸν θεὸν ἐν τῷ σώματι ὑμῶν».

Y la traducción latina que da Agustín es:

«Glorificate ergo Deum in corpore vestro».

Sin embargo, puesto que el artículo definido τὸν no se repite antes de la frase ἐν τῷ σώματι ὑμῶν, la frase es adverbial y no adjetiva. El griego quiere decir: «Glorificad, por tanto, a Dios en vuestro cuerpo», y la preposición ἐν se usa como instrumental o como local.

Otra versión anterior, que Agustín parece no haber conocido, apoyaría su creencia de que el Espíritu en este pasaje es identificado con Dios. Marción y Tertuliano entendían así: «Glorificate et portate Deum in corpore vestro» («Glorificad y llevad a Dios en vuestro cuerpo»)[2]. Esto implicaría que Dios se identifica con «el Espíritu Santo que está en vosotros». La prueba textual demuestra, sin embargo, que la lectura de Marción y Tertuliano es fruto de errores de escritura[3].

En 1 Co 6, 19-20, Pablo no identifica al Espíritu Santo con Dios. Exhorta a los corintios a glorificar a Dios en su cuerpo, que es templo del Espíritu. La distinción que hace Pablo entre el Espíritu y Dios se pone de manifiesto en el versículo 19 cuando habla de «el Espíritu Santo, que está en vosotros, que habéis recibido de Dios». Dios es el donante y el Espíritu su regalo.

2. 2 Co 3, 17-18:

---

[1] Agustín, *De Trinitate*, 1, 13.
[2] Esta interpretación está apoyada también por la Vieja Latina y la Vulgata.
[3] Ver Lietzmann, *Il Korintherbrief*, p. 29, para una explicación completa.

«Porque el Señor es el Espíritu, y donde está el Espíritu del Señor, allí está la libertad. Mas todos nosotros, que con el rostro descubierto, reflejamos como en un espejo la gloria del Señor, nos vamos transformando en esa imagen cada vez más gloriosos, conforme a la acción del Señor, que es el Espíritu».

Ya se ha indicado que «el Señor» en este pasaje está por «Yavé»[4]. Pablo interpreta una alusión al Ex 34, 34, en el que se afirma que «Moisés se presentaba delante del Señor». Dice que el Señor delante del que Moisés se presentó era el Espíritu. Pero queda en pie una cuestión adicional: ¿Pensó Pablo que el Señor y el Espíritu eran idénticos? Lietzmann sostiene que Pablo quería decir que Él, que es Señor como persona, es Espíritu como sustancia[5]. Esta interpretación sería correcta si el griego se leyera ὁ δὲ κύριος πνεῦμα ἐστιν («El Señor es Espíritu»). Pero como el griego dice τὸ πνεῦμα en vez de πνεῦμα, la explicación de Lietzmann no es satisfactoria.

Solamente puede ser comprendido el pasaje teniendo en cuenta el contexto. Pablo está contraponiendo la antigua alianza con la nueva. Contrapone la ley de la letra con la ley del Espíritu. El Antiguo Testamento dice que cuando Moisés se presentaba ante el Señor se quitaba el velo de su cara. Pablo afirma que el Señor a quien Moisés se presentaba representa la dispensación del Espíritu. Aunque Moisés inauguró una alianza de la letra, el Señor estuvo por el reino del Espíritu. Cuando el hombre acude al Señor, afirma Pablo, se quita el velo y el hombre encuentra libertad de vida en el Espíritu, en contraste con la esclavitud de vida bajo la ley.

Pablo pondera el hecho de que Moisés tuvo contacto con el reino del Espíritu. No se ha dado un intento continuado para explicar la relación precisa entre el Señor, Yavé, y el Espíritu. Pero no puede negarse que Pablo realmente diga que «el Señor *es* el Espíritu». No se contenta con decir que el Señor es el donante o dispensador del Espíritu, o que el Señor es espíritu (omitiendo el artículo definido).

¿Diremos entonces que Pablo deliberadamente identifica al Espíritu Santo con Yavé? No existe ninguna otra prueba para este punto de vista en los escritos de Pablo, y aun el contexto inmediato va en

---

[4] Ver pp. 225-28.
[5] *Il Korintherbrief*, pp. 13-5.

contra de esta identificación. Cuando escribe: «El Señor es el Espíritu», y añade, «y donde está el Espíritu del Señor, hay libertad», la aparente identificación está seguida por las palabras «Espíritu del Señor», que sugieren que el Espíritu y el Señor son diferentes. Lo que Pablo pretende decir es que el Señor está representado por el Espíritu en su relación con los hombres. En cuanto atañe a los hombres, el Señor se relaciona con ellos como Espíritu. No obstante, el lenguaje empleado por Pablo muestra la dirección en la que se mueve su pensamiento. No intenta identificar al Espíritu con Yavé; pero, habiendo escrito «el Señor es el Espíritu», no cambia sus palabras, sino que las hace realmente idóneas con una referencia a «el Espíritu del Señor». Su mente no estaba todavía preparada para un reconocimiento de que el Espíritu era Dios. Su pensamiento sobre el Espíritu llevaba la misma dirección que al tratar de Cristo. Pero, tratándose de aquel, no fue tan lejos. En Rm 9, 5 reconoció que Cristo era Dios, honor que nunca concedió al Espíritu.

3. Juan 4, 24:

«Dios es espíritu, y los que adoran, deben adorarle en espíritu y verdad».

Si el griego πνεῦμα se traduce por «un Espíritu», es posible que se esté identificando a Dios con el Espíritu. Pero semejante traducción es engañosa. En este versículo, πνεῦμα se usa con un sentido adjetivo[6]. Dios pertenece al reino del Espíritu. De aquí que la adoración que le es propia sea adoración ofrecida en Espíritu.

Solamente un pasaje, 2 Co 3, 17-18, de los tres que hemos analizado, sugiere que el Espíritu pueda ser explícitamente identificado con Dios. Y la declaración de Pablo está seguida por una tal modificación que no se puede decir que él haya aceptado conscientemente la identificación.

---

[6] Cf. C. H. DODD, *Interpretation of the Fourth Gospel*, p. 225; BULTMANN, *Ev. Joh.*, p. 141.

¿RECIBIÓ ADORACIÓN EL ESPÍRITU? ¿SE LE DIRIGIERON PLEGARIAS?

Solamente hay un versículo en el Nuevo Testamento que pueda interpretarse en el sentido de que el Espíritu fuera adorado.

El texto griego de Filp 3, 3 es el siguiente:

«ἡμεῖς γάρ ἐσμεν ἡ περιτομή, οἱ πνεύματι θεοῦ λατρεύοντες, καὶ καυχώμενοι ἐν Χριστῷ Ἰησοῦ, καὶ οὐκ ἐν σαρκὶ πεποιθότες».

La *Revised Version* traduce de esta manera:

«Porque nosotros somos la circuncisión, quienes adoramos en el Espíritu de Dios, y nos gloriamos en Cristo Jesús, sin poner la confianza en la carne».

La frase decisiva es οἱ πνεύματι θεοῦ λατρεύοντες, que puede traducirse (con la R. V.) por «quienes adoramos en el Espíritu de Dios» o, alternativamente, «quienes adoran el Espíritu de Dios», puesto que el verbo λατρεύειν está seguido de un objeto en caso dativo. Si πνεύματι θεοῦ es el objeto de λατρεύειν, el versículo es prueba de que el Espíritu Santo era adorado. Los comentaristas modernos no piensan seriamente en la posibilidad de que πνεύματι θεοῦ sea el objeto del verbo, pero en tiempos anteriores el versículo fue aceptado, a veces, como prueba de la práctica de la adoración al Espíritu. Tal es la interpretación dada por Agustín[7]. Para apoyar la opinión de que πνεύματι θεοῦ es objeto, está el paralelismo que resultaría entre el Espíritu y Cristo. Se da una simetría en la cláusula «quienes adoramos en el Espíritu de Dios, y nos gloriamos en Cristo Jesús». Sin embargo, la interpretación de Agustín no es convincente, porque Pablo hace resaltar el hecho de que el servicio religioso y la adoración cristiana se ofrecen a través del Espíritu y no por medio de la mera observancia de la ley. De aquí que la traducción de la *Revised Version* es la que ha de preferirse: «Quienes adoran en el Espíritu de Dios».

Una lectura alternativa de θεῷ por θεοῦ ofrecen algunos peritos. Entonces, la traducción sería «quienes adoran a Dios en Espíritu». El

---

[7] *De Trinitate*, 1, 13.

fundamento para θεοῦ, sin embargo, es mucho más fuerte que para θεῷ. Es ciertamente posible que ni θεοῦ ni θεῷ apareciesen en el texto original, porque ninguno aparece en el Chester-Beatty Papyrus. Entonces habría que traducir la cláusula «quienes adoramos en el Espíritu».

No hay pruebas en el Nuevo Testamento de que el Espíritu fuese adorado o de que se le dirigiesen plegarias. Aun en los documentos de los primeros cinco siglos los testimonios son sumamente raros. Dice L. Hodgson que al Espíritu no se le dirigieron ni himnos ni plegarias antes del siglo X[8]. Sin embargo, consta que el Espíritu fue adorado en unión con el Padre y el Hijo. Se rendía adoración no solo a través del Espíritu, sino también al Espíritu. Según el Credo Constantinopolitano, el Espíritu ha de ser adorado y glorificado juntamente con el Padre y el Hijo. Y Basilio de Cesarea afirma que en el tercer siglo Orígenes empleaba una fórmula de gloria en la que al Espíritu se le colocaba al mismo nivel que al Padre y al Hijo[9].

Hay otra prueba más antigua. Según la «Ascensión de Isaías» tanto Cristo como el Espíritu Santo son objeto de adoración (Asc. Is. 9, 36):

«Y yo vi al Señor y al segundo ángel, y ellos estaban de pie. Y el segundo a quien yo vi estaba a la izquierda de mi Señor. Y pregunté: "¿Quién es este?", y él me dijo: "Adórale, porque él es el ángel del Espíritu Santo, que te habla a ti y al resto de los justos"».

Puesto que el ángel del Espíritu Santo equivale al Espíritu Santo, este pasaje pone de manifiesto que el Espíritu era adorado en el tiempo en que fueron escritas estas palabras.

La fecha de la obra es incierta. La sección de la que proviene este

---

[8] *The Doctrine of the Trinity*, p. 232: «Es verdad, en cuanto yo conozco, que no hay ejemplos de himnos o plegarias dirigidas al Espíritu Santo que sean ciertamente anteriores al siglo diez. Y también es verdad que las fórmulas tipo de la adoración cristiana eran ofrecidas por los cristianos al Padre en unión con el Hijo, a través o por medio del Espíritu Santo».

[9] *De Spiritu Sancto*, 73. H. B. Swete, *The Holy Spirit in the Ancient Church*, p. 312 y ss., cita a Niceta de Remesiana, quien en *De Spiritu Sancto*, 5-19, escrito en la segunda mitad del siglo cuarto, escribe: «Es inútil rehusarle (al Espíritu Santo) el nombre de Dios o la adoración debida a Dios, cuando no podéis negar que Él tiene el poder de Dios. Yo, por consiguiente, adoraré al Padre, al Hijo y al Espíritu Santo con una misma religiosa adoración, no separadamente, como los paganos adoran a sus "muchos dioses", sino como a un solo Dios».

pasaje se llama «La visión de Isaías». Se le ha fijado la fecha de por lo menos al final del siglo segundo, y pudo estar en circulación mucho antes[10].

Otro escrito de prueba lo podemos encontrar en Hechos de Tomás, 27, del siglo tercero:

«Ven, Espíritu Santo, y limpia sus riñones y su corazón, e imprime en ellos el añadido sello, en el nombre del Padre, y del Hijo, y del Espíritu Santo»[11].

Este versículo es la conclusión de una invocación en la que se le aplican distintos títulos al Espíritu Santo. La primera invocación está dirigida al «santo nombre de Cristo». Siguen después ocho invocaciones al Espíritu Santo, a quien se le llama «poder del Altísimo..., don del Altísimo..., madre misericordiosa..., comunión del varón..., el que revela los misterios ocultos..., madre de las siete casas..., el mayor de los cinco miembros..., Espíritu Santo».

---

[10] R. H. CHARLES, en su edición de la *Ascensión de Isaías*, dice que la sección conocida como la *Visión de Isaías* (Asc. Is. 6, 40, 40) fue conocida por Ignacio. Según Asc. Is. 11, 16, el virginal nacimiento de Jesús pasó inadvertido a «todos los cielos y a todos los príncipes y a todos los dioses de este mundo». En su carta a los Efesios 19, dice Ignacio que el virginal nacimiento pasó inadvertido al príncipe de este mundo. Charles (pp. XIV y 77) afirma que Ignacio era tributario de *Ascensión de Isaías*. Escribe (p. 77): «A través de 10, 8-40, 19, el secreto de la real naturaleza de Cristo es el tema completo, y como factor subordinado a este, el secreto de la virginidad de María. En la Carta de Ignacio, por otra parte, el tema es introducido bruscamente y evidentemente forma parte de una doctrina admitida, tal como se la presenta en nuestro texto».

El argumento de Charles no convence. La doctrina de que el nacimiento virginal pasó inadvertido a los poderes del mal no tiene por qué haber sido expuesta por primera vez en la *Visión de Isaías*. Pudo haber sido formulada considerablemente antes. Ignacio se refiere a la doctrina en términos generales y lingüísticamente no es dependiente de la *Visión de Isaías*. Ciertamente que, puesto que contiene enseñanzas con sabor a Docetismo (11, 17), es improbable que Ignacio hubiera aceptado una doctrina como demostración de este escrito.

Aunque Charles no ha tenido éxito al querer probar que la *Visión de Isaías* estaba escrita ya en tiempos de Ignacio, al comienzo del siglo segundo, ha demostrado que el escritor de *Actus Petri Vercellenses* conocía este escrito. *Actus Petri Vercellenses* fue escrito o al final del siglo segundo o al comienzo del tercero (pp. XLIV y 77). Ha demostrado también que había resonancias de la *Visión de Isaías* en el Protoevangelio de Santiago del siglo segundo (ver CHARLES, pp. 75-6). Queda claro entonces que la *Visión de Isaías* fue escrito antes del final del siglo segundo.

[11] Ver M. R. JAMES, *The Apocryphal New Testament*, p. 376.

Esta forma de invocación puede ser catalogada como plegaria[12]. Se hace al Espíritu Santo una determinada súplica. Los *Hechos de Tomás* constituyen una prueba de que se dirigieron plegarias al Espíritu Santo en el siglo tercero. Pero como la Ascensión de Isaías y los Hechos de Tomás no pertenecen a la corriente principal de la literatura cristiana, no pueden usarse como pruebas de plegaria y adoración generalmente aceptadas.

La práctica de dirigir plegarias y rendir adoración al Espíritu no se desarrolló rápidamente. No hay indicios de ella en las Escrituras y no toma cuerpo hasta la Edad Media. Aun entonces esto era mucho menos frecuente que la plegaria y la adoración tributadas al Padre y al Hijo.

¿SE CREYÓ QUE EL ESPÍRITU REALIZABA FUNCIONES ESTRICTAMENTE DIVINAS?

En capítulos anteriores ha quedado demostrado que las funciones de juicio, creación y salvación se le adjudicaron a Cristo. Estas eran consideradas por los judíos como funciones pertenecientes estrictamente a Dios. Vamos a analizar ahora si se pensó que estas funciones eran desempeñadas por el Espíritu.

Solamente hay un pasaje en el que se presenta al Espíritu como juez. Se trata de Jn 16, 8-11:

«Y cuando Él (el Paráclito) venga, convencerá al mundo en lo referente al pecado, en lo referente a la justicia y en lo referente al juicio; en lo referente al pecado, porque no creen en mí; en lo referente a la justicia, porque me voy al Padre, y ya no me veréis; en lo referente al juicio, porque el príncipe de este mundo está condenado».

El significado preciso de este pasaje es oscuro y ha sido tema de discusiones[13]. Una cosa, sin embargo, está perfectamente clara: el Espíritu juzga. Se trata de un juicio contra el mundo y vuelve a asegurar al cristiano que él está en lo cierto al resistir el modo de obrar del mundo. No puede decirse, fundamentándose en este pasaje, que el Espíritu fuera

---

[12] Ver p. 111.
[13] Cf., especialmente, Lightfoot, *St. John, ad loc.*

considerado normalmente como el juez supremo en el día del juicio; porque, primeramente, el juicio que, según Juan, ejerce el Espíritu, tendrá lugar continuamente en este siglo; y, en segundo lugar, no es exactamente cierto qué función se supone que desempeñará el Espíritu en el tribunal del juicio. Además, no existe ninguna otra insinuación en los escritos de Juan o en el resto del Nuevo Testamento de que el Espíritu sea considerado juez. Es claro que en Jn 16, 8-11 la doctrina está solamente en embrión.

La segunda función es la de creación. Aunque en posteriores himnos cristianos el Espíritu es saludado como creador, el fundamento bíblico para esta idea no es muy fuerte. Según el Gn 1, 2, el Espíritu de Dios movía la superficie de las aguas al principio de la creación. Otra referencia del Antiguo Testamento se encuentra en Sal 33, 6:

«Por la palabra de Yavé fueron hechos los cielos, por el soplo («Espíritu» o «aliento») de su boca todas sus estrellas».

Aparte de estos dos versículos no hay declaración ni en el Antiguo Testamento ni en el Nuevo que sirva de apoyo a la idea de que el Espíritu hubiese actuado en la creación del mundo.

Sin embargo, al Espíritu se le relaciona frecuentemente en el Antiguo Testamento con la nueva creación. Los judíos esperaban una nueva edad que estaría señalada por una efusión del Espíritu y una renovación de las vidas de los hombres. Esta idea estaba ya comenzando a desarrollarse en los escritos de Ezequiel, quien profetizó que Dios daría a su pueblo un nuevo corazón y un nuevo espíritu (36, 26-7).

«Y os daré un corazón nuevo, infundiré en vosotros un espíritu nuevo, quitaré de vuestra carne el corazón de piedra y os daré un corazón de carne. Infundiré mi espíritu en vosotros...».

En el capítulo 37, Ezequiel describe una visión de huesos muertos, a quienes se reviste de vida. En la *Revised Version* no se usa la palabra inglesa *spirit*, pero la hebrea *ruah*, que puede ser traducida «espíritu», aparece varias veces y se traduce como «aliento» o «aire» (Ez 37, 9):

«Él me dijo: "Profetiza al espíritu, hijo de hombre". Dirás al espíritu: "Así dice el Señor Yavé: Ven, espíritu, de los cuatro vientos, y sopla sobre estos muertos para que vivan"».

Según Ezequiel, al muerto Israel se le revivirá cuando el *ruah* sea exhalado sobre lo muerto. El Espíritu le trae a la nueva vida. Una idea semejante subyace en Is 44, 3:

«Derramaré mi espíritu sobre tu linaje, mi bendición sobre cuanto de ti nazca».

Y según Jl 2, 28, el Señor promete: «Derramaré mi espíritu sobre toda carne».

Aunque los escritores judíos unían la nueva creación con el Espíritu, es casi siempre Dios quien crea, y no el Espíritu. La sola excepción es Ez 37, en donde *ruah* es invocado para que aliente sobre lo muerto y pueda volver a vivir.

La relación entre el Espíritu y la nueva creación no está tan clara en el Nuevo Testamento como en el Antiguo. En ningún pasaje del Nuevo Testamento se describe al Espíritu como agente en la nueva creación. Habla Pablo de una «nueva creación» o de una «nueva criatura», pero no hace mención del Espíritu en el mismo contexto[14]. El Apóstol une al Espíritu con el bautismo y con la vida cristiana[15], y considera la «nueva alianza» como espiritual[16], pero no relaciona al Espíritu con la idea de la nueva creación.

En el cuarto Evangelio, el Espíritu se muestra activo tanto en la nueva creación como en el nuevo nacimiento. La descripción del encuentro de Cristo con los discípulos después de la resurrección está realizada de tal manera que muestre que la nueva creación está teniendo lugar (Jn 20, 22):

«Dicho esto, sopló sobre ellos y les dijo: "Recibid el Espíritu Santo"».

No es, sin embargo, el Espíritu, sino el Padre y el Hijo quienes son agentes en esta ocasión. El Espíritu es el don que el Padre y el Hijo otorgan a los discípulos.

---

[14] 2 Co 5, 17: «Por tanto, el que está en Cristo, es una nueva κτίσις. Ga 6, 15: «Porque nada cuenta, ni la circuncisión, ni la incircuncisión, sino la nueva κτίσις. La palabra κτίσις puede ser traducida por «creación» o «criatura». En ambos casos, Pablo escribe sobre una nueva creación.

[15] Para el bautismo ver 1 Co 6, 11; 12, 13. Para la nueva vida ver del mismo modo Rm 8, 2 y ss.; 1 Co 12, 4 y ss.; Ga 5, 16 y ss.

[16] Cf. 2 Co 3, 6: «El cual nos capacitó para ser ministros de una nueva alianza, no de la letra, sino del Espíritu».

Semejante a la idea de la nueva creación es la del nuevo nacimiento, que Juan relaciona con el Espíritu. Los hombres han de nacer, dice, del agua y del Espíritu para poder entrar en el Reino de Dios (Jn 3, 5). Pero ello no sugiere que sea el Espíritu el agente que trae este nuevo nacimiento.

No hay pruebas en ninguna otra parte del Nuevo Testamento de que el Espíritu fuera agente en la nueva creación o en el nuevo nacimiento. La alusión a Tt 3, 5 sobre «el baño de regeneración y de renovación del Espíritu Santo», lo mismo que la gran conclusión del Apocalipsis, con su descripción del nuevo cielo y de la nueva tierra, no dicen nada de la acción del Espíritu Santo[17]. En otros pasajes del Nuevo Testamento, donde se describe un nuevo nacimiento, no hay indicación alguna de la actividad del Espíritu a ese respecto. Según 1 P 1, 3 fue «el Dios y Padre de Nuestro Señor Jesucristo, quien, por su gran misericordia, mediante la resurrección de Jesucristo de entre los muertos, nos ha reengendrado a una esperanza viva». Es «el Padre de las luces» de quien se escribió en St 1, 18 el que «nos engendró por su propia voluntad, con Palabra de verdad, para que fuésemos como las primicias de sus criaturas».

Hemos analizado la conexión del Espíritu con las funciones divinas de juicio y creación. La tercera función, discutida en la sección sobre la divinidad de Cristo, era la de salvación. De esta no se dice en el Nuevo Testamento que sea realizada por el Espíritu. Al Espíritu nunca se le llama «salvador», y nunca se dice que salve.

Las pruebas consideradas en este capítulo nos llevan a conclusiones en su mayor parte negativas. Si exceptuamos la afirmación de Juan sobre la tarea del Espíritu en el juicio, no existe indicación alguna de que se creyera que el Espíritu realizaba funciones estrictamente divinas. No hay pruebas de que al Espíritu se le dirigieran plegarias o se le rindiera adoración. Y el único pasaje que apoya la creencia de que al Espíritu se le consideraba Dios es 2 Co 3, 17-18. La prueba proporcionada por este pasaje solitario es débil, porque inmediatamente Pablo viene a decirnos que el Señor es el Espíritu; habla del Espíritu del Señor, que sugiere una distinción entre el Señor y el Espíritu.

En el Nuevo Testamento no se da un desarrollo de la doctrina del Espíritu paralelo al desarrollo trazado en la cristología. En tiempos posteriores, el Espíritu fue objeto de plegaria y adoración, y explícitamente

---

[17] Apocalipsis 21 y 22.

se le llamó Dios. Pero esto no sucede en tiempos del Nuevo Testamento.

La doctrina del Espíritu no se desarrolló tan rápidamente como la doctrina de Cristo, y no se rindió adoración al Espíritu tan pronto como se hizo con Cristo. La razón para esta diferencia hay que buscarla en el hecho de que Cristo se encarnó. No hubo problema sobre si Cristo era persona o no. Para la mayor parte de la gente, y especialmente para los judíos, es mucho más fácil adorar a una persona que una idea. Aunque muchos escritores del Nuevo Testamento presentaron al Espíritu como persona, la naturaleza personal de Cristo era mucho más fácil de comprender que la naturaleza personal del Espíritu. La creencia de que Cristo era persona fue aceptada más firmemente que la creencia de que el Espíritu fuese también persona. Por esta razón, la adoración a Cristo surgió mucho antes que la adoración al Espíritu; y los hombres reconocieron a Cristo como Dios mucho tiempo antes de que reconocieran como Dios al Espíritu Santo.

4

DESARROLLO
DEL PROBLEMA TRINITARIO

Capítulo XIII

LAS FÓRMULAS TERNARIAS

En el Nuevo Testamento hay muchas fórmulas que nombran al Padre, al Hijo y al Espíritu Santo. En este capítulo vamos a investigar si el uso de estas fórmulas ternarias indica que ya en tiempos del Nuevo Testamento se dio principio a una doctrina de la Trinidad, como también en qué etapa de la historia de la Iglesia aparecieron estas fórmulas.

Tanto a propósito de las implicaciones doctrinales, como de la fecha de origen de las fórmulas, se han adoptado posiciones muy diversas. Muchos escritores tradicionales las han tomado como prueba de la antigüedad de la doctrina de la Trinidad. Otros muchos modernos dan por supuesto que las fórmulas de ninguna manera sugieren la existencia de una doctrina de la Trinidad. Piensan algunos escritores que las fórmulas trinitarias tuvieron su origen en el mismo Jesús, basando su opinión en las palabras atribuidas a Cristo resucitado en Mt 28, 19. Y también los hay, como Cullmann[1], que afirman que originalmente había fórmulas dirigidas a Jesús; más tarde aparecieron fórmulas bipartitas referidas al Padre y al Hijo; y, como un más amplio desarrollo, quedaron establecidas las ternarias.

Antes de expresar un juicio sobre estas teorías conflictivas, hay que examinar los textos del Nuevo Testamento. Los dividiremos en tres grupos. El primero contendrá solamente un pasaje: Mt 28, 19. Este pasaje se trata separadamente a causa de la gran cantidad de discusiones que ha levantado, y porque más que ningún otro dicho del Nuevo Testamento indica el desarrollo de la doctrina trinitaria. En un segundo grupo vendrán a examen los dichos paulinos, y se incluirán los dichos de Efesios, pero no los de las Cartas Pastorales. Y, finalmente, en el tercero se estudiarán los dichos no paulinos.

---

[1] CULLMANN, *Earliest Christian Confessions*, p. 35 y ss.

MATEO 28, 19

«Id, pues, y haced discípulos a todas las gentes bautizándolas en el nombre del Padre y del Hijo y del Espíritu Santo».

Según Mateo, estas palabras las dijo Jesús a sus discípulos después de su resurrección. La autenticidad de este dicho se ha discutido en el terreno textual, literario e histórico. Muchos peritos suponen que este dicho refleja la enseñanza de la Iglesia a finales del siglo primero, y que no es una expresión del mismo Jesús.

Vamos a ver primero los argumentos textuales que están en contra de la autenticidad del dicho. No hay necesidad de meterse demasiado profundamente dentro del problema, puesto que ya ha sido discutido exhaustivamente. F. C. Conybeare ha intentado demostrar que la forma primitiva del texto era:

«Id, pues, y haced discípulos a todas las gentes en mi nombre»[2].

Eusebio escribe a menudo como si conociera tal versión, aunque también hace referencia a la fórmula ternaria. Afirma Conybeare que Eusebio cita la fórmula ternaria solamente en sus últimas obras, pero esto se lo discute Chase[3], quien piensa que continuó escribiendo como si existiera solo una fórmula simple, aun después de comenzar a referirse a la fórmula ternaria. Conybeare llega a la conclusión de que la forma original del dicho era la fórmula simple, pero su posición no es fuerte. No hay pruebas de manuscritos o versiones que le apoyen, y se dan en Eusebio distintas maneras de hacer alusión a la fórmula única o singular. Chase, por ejemplo, insinúa que Eusebio compara a Mt 28, 19 con Mc 16, 17 («En mi nombre arrojarán demonios»)[4]. Dice Lebreton que compara a Mt 28, 19 con Lc 24, 47 («Y se predicará en su nombre la conversión para perdón de los pecados a todas las naciones»[5]). Crehan opina que Eusebio

---

[2] F. C. Conybeare, *ZNTW*, 11 (1901), pp. 275-88. P. 281. Eusebio parece haber encontrado en los códices de Cesarea la forma siguiente de texto: πορευθέντες μαθητεύσατε πάντα τὰ ἔθνη ἐν τῷ ὀνόματί μου, διδάσκοντες αὐτοὺς τηρεῖν πάντα ὅσα ἐνετειλάμην ὑμῖν.

[3] F. H. Chase, *JTS*, VI, p. 483 y ss.

[4] *Ibid.*, pp. 489-92.

[5] *History of the dogma of the Trinity*, I, p. 438.

da un corto resumen de lo que debía hacer el candidato al bautismo[6]. Es posible también que Eusebio comparara a Mt 28, 19 con los pasajes de Hechos donde se habla del bautismo en el nombre de Jesús. Cualquiera que sea la correcta explicación, los argumentos textuales que van contra la autenticidad de Mt 28, 19 no son convincentes.

Los argumentos de la crítica «literaria» e «histórica» contra la autenticidad de Mt 18, 19 son más fuertes que los textuales. Desde el punto de vista de la crítica «literaria», el versículo no tiene paralelos sinópticos o de otra clase. El pasaje que más se le parece es Mc 16, 15-18, en donde no se hace alusión al nombre ternario. Fuera de la de Mt 28, 19, no existe ninguna otra prueba de que Jesús empleara esta fórmula.

El argumento contra la autenticidad del dicho descansa principalmente en la crítica histórica[7]. En los Hechos de los Apóstoles, el bautismo se confería en el nombre de Jesucristo, y no en el del nombre ternario. ¿Recogerían los Hechos el bautismo en el nombre de uno solo, pregunta la crítica, si Jesús hubiese establecido el bautismo en el nombre de los tres? Además que Pablo habla de ser bautizado en Cristo o en Jesucristo, frases más cercanas a los Hechos que a Mateo. Sería verdaderamente extraño el que no hubiese alusión a la fórmula ternaria, si el mismo Cristo la hubiese empleado.

Intenta explicar Crehan este silencio sobre la fórmula ternaria y arguye que esta era usada por la persona que bautizaba, mientras que la fórmula singular se refería a la confesión que hacía el candidato en orden al bautismo. «El mandato de bautizar, escribe, autorizaba a los discípulos a usar la fórmula trinitaria en el acto de bautizar, mientras que el lenguaje de los Hechos se refiere al papel desempeñado por el candidato en el rito»[8]. Apoya su argumento señalando que, mientras la voz activa de βαπτίζειν se usa en Mt 28, 19, se emplea la pasiva siempre que se alude al bautismo en el nombre de Jesús en los Hechos de los Apóstoles o en las Cartas Paulinas. Las palabras «bautizando en el nombre», etc., afirma, demuestran que el nombre era pronunciado por la persona que iba a realizar el rito, y la forma pasiva «ser bautizado en el nombre», etc., se refiere a la parte tomada por la persona que iba a ser bautizada[9]. No hay un argumento fuerte para

---

[6] CREHAN, *Early Christian Baptism and the Creed*, p. 25.
[7] Cf. W. F. FLEMINGTON, *New Testament Doctrine of Baptism*, pp. 107, 109, y H. G. MARSH, *Origin and Significance of Baptism*, p. 115.
[8] CREHAN, *op. cit.*, p. 76.
[9] *Ibid.*, pp. 76, 88.

sostener la teoría de Crehan. De ninguna manera está claro, ni siquiera en los escritos de los cuatro primeros siglos, que una fórmula ternaria fuera usada solamente por el bautizante, mientras que la confesión en el Señor la hacía la persona que recibía el bautismo. Además, la prueba más antigua, de fuera de las Escrituras, del uso de la fórmula ternaria en el bautismo se encuentra en la Apología de Justino[10]. Dan su apoyo Ireneo, las Constituciones Apostólicas y varios escritos apócrifos[11]. Tales pruebas indican que la fórmula ternaria se empleaba en el bautismo, pero no prueban que se usara de una manera universal. Y es este el apoyo que esperaríamos se concediera a una práctica que había comenzado varias décadas después del ministerio de Jesús en la tierra. Mayor apoyo se habría concedido a una práctica instituida por el mismo Jesús.

No ha explicado Crehan por qué a la fórmula ternaria nunca se la relaciona con el bautismo en el Nuevo Testamento excepto en Mt 28, 19. Ha propuesto una explicación solamente de la diferencia entre «el bautismo en el nombre del Padre, del Hijo y del Espíritu» y «ser bautizado en el nombre de Cristo». Si la persona que dirigía el rito empleaba la fórmula ternaria, es extraño que no quedara constancia de ello en el Nuevo Testamento o en los escritos de los Padres Apostólicos.

La conclusión a que nos lleva la discusión es que la fórmula ternaria es parte del texto original de Mt 28, 19, pero que no es probable que fuera dicha por el mismo Jesús. Probablemente se trata de una fórmula que se desarrolló en la Iglesia primitiva y se le atribuyó después a Jesús. Una fórmula de esta naturaleza pudo haber estado en uso durante cierto tiempo antes de ser incluida en la tradición del Evangelio. Como debió haber sido incluida en la tradición alrededor del año 80 d. C., es probable que hubiera sido empleada diez o veinte años antes. Sin embargo, no puede aducirse como prueba sobre la enseñanza de Jesús o de la primitiva Iglesia de Jerusalén.

LOS DICHOS PAULINOS

«Nosotros, en cambio, debemos dar gracias en todo tiempo a Dios por vosotros, hermanos, amados del Señor, porque Dios os ha escogido des-

---

[10] *Apol.*, I, 61.
[11] IRENAEUS, *Epideixis*, 3; *Const. Apol.*, III, 16. Para detalles de la prueba ver CREHAN, *op. cit.*, pp. 79-84.

de el principio para la salvación mediante la acción santificadora del Espíritu y la fe en la verdad. Para esto os ha llamado por medio de nuestro Evangelio, para que consigáis la gloria de Nuestro Señor Jesucristo» (2 Ts 2, 13-14).

Estos versículos prueban que Dios, Cristo y el Espíritu se encontraban, en primer lugar, en la mente de Pablo. Y, sin embargo, no demuestran que fuera consciente del problema de la Trinidad. Pero esto no es sorprendente, cuando consideramos un pasaje como este, porque el problema de la Trinidad fue tratado años más tarde.

«Hay diversidad de carismas, pero el Espíritu es el mismo; diversidad de ministerios, pero el Señor es el mismo; diversidad de operaciones, pero es el mismo el Dios que obra todo en todos» (1 Co 12, 4-6).

Es evidente la muestra de lo trino en esta sección. Weiss[12] defiende que Pablo tenía en la mente una fórmula parecida a la de 2 Co 13, 14. En 1 Co 12 y capítulos siguientes, Pablo habla de la tarea del Espíritu. Según su experiencia, el Espíritu, el Señor y Dios son operativos en la vida cristiana. Ellos proporcionan unidad a los diversos dones y actividades de los cristianos individualmente. Lo mismo que en 2 Ts 13, 14, no hay doctrina de la Trinidad, pero hay material para el desarrollo de la doctrina. Un paso adelante en la doctrina, sin embargo, se da en 1 Co, en la medida en que Pablo pone gran énfasis en el trabajo del Espíritu.

«La gracia del Señor Jesucristo, el amor de Dios y la comunión del Espíritu Santo sean con todos vosotros» (2 Co 13, 14).

Como hace notar Weiss, esta puede ser una fórmula de la Iglesia, que Pablo hizo suya. Sin embargo, es igualmente probable que Pablo propagara una fórmula, que él usaba por doquier: «La gracia del Señor Jesús (Cristo) sea con vosotros»[13], y que esta expresión fuese el resultado de su propia experiencia religiosa.

Se ha afirmado que este dicho no es un paso hacia una confesión trinitaria, sino una manera de expresar la acción de Dios en lo referente

---

[12] *1 Korintherbrief*, ad loc.
[13] Rm 16, 20. 24; 1 Co 16, 23; 1 Ts 5, 28; 2 Ts 3, 18.

a la salvación[14]. La fórmula nos dice que Dios envió a su Hijo, dio el Espíritu y salvaría, finalmente, a los creyentes. Aunque esta opinión es correcta en su afirmación de que la fórmula expresa la acción de Dios en lo que se refiere a la salvación, está equivocada al suponer que la fórmula no es un paso hacia una confesión trinitaria. Era el producto de pensamientos encauzados hacia una doctrina trinitaria, y su frecuente uso en la Iglesia aceleraría el crecimiento de esta doctrina.

Los tres pasajes que acaban de ser mencionados llevan claramente la huella de la fórmula ternaria. Muchos otros dichos de Pablo, sin embargo, revelan, previo examen más detenido, la influencia del modelo trinitario; ahora haremos mención de algunos de estos:

«Y que la ley no justifica a nadie ante Dios es cosa evidente... Cristo nos rescató de la maldición de la ley... y por la ley recibiéramos el Espíritu de la Promesa» (Ga 3, 11-14).

«La prueba de que sois hijos es que Dios ha enviado a nuestros corazones el Espíritu de su Hijo, que clama ¡Abbá, Padre!» (Ga 4, 6).

«Y es Dios el que nos conforta juntamente con vosotros en Cristo y el que nos ungió y el que nos marcó con su sello y nos dio en arras el Espíritu en nuestros corazones» (2 Co 1, 21-22).

«Evidentemente sois una carta de Cristo, redactada por ministerio nuestro, escrita, no con tinta, sino con el Espíritu de Dios vivo» (2 Co 3, 3).

«Que el Reino de Dios no es comida ni bebida, sino justicia, paz y gozo en el Espíritu Santo. Toda vez que quien así sirve a Cristo se hace grato a Dios y aprobado por los hombres» (Rm 14, 17-18).

«De ser para los gentiles ministro de Cristo Jesús, ejerciendo el sagrado oficio del Evangelio de Dios, para que la oblación de los gentiles sea agradable, santificada por el Espíritu Santo» (Rm 15, 16).

«Pero os suplico, hermanos, por nuestro Señor Jesucristo y por el amor del Espíritu Santo, que luchéis juntamente conmigo en vuestras oraciones rogando a Dios por mí» (Rm 15, 30).

«Pues los verdaderos circuncisos somos nosotros, los que damos culto según el Espíritu de Dios y nos gloriamos en Cristo Jesús» (Flp 3, 3).

«...desde el día en que oísteis y conocisteis la gracia de Dios en la verdad; tal como os la enseñó Epafras, nuestro querido consiervo y fiel

---

[14] H. LIETZMANN, *An die Korinther* (ed. Kümel), p. 214.

ministro de Cristo, en lugar nuestro, el cual nos informó también de vuestro amor en el Espíritu» (Col 1, 6-8).

«Pues por él, unos y otros tenemos acceso al Padre en un mismo Espíritu» (Ef 2, 18).

«Cristo Jesús... en quien toda edificación bien trabada se eleva hasta formar un templo santo en el Señor, en quien también vosotros estáis siendo juntamente edificados, hasta ser morada de Dios en el Espíritu» (Ef 2, 20-22).

«Por eso doblo mis rodillas ante el Padre, de quien toma nombre toda familia en el cielo y en la tierra, para que os conceda, según la riqueza de su gloria, que seáis vigorosamente fortalecidos por la acción de su Espíritu en el hombre interior, que Cristo habite por la fe en vuestros corazones, para que arraigados y cimentados en el amor, podáis comprender con todos los santos...» (Ef 3, 14-16).

Otros pasajes se han aducido como prueba de la presencia del modelo trinitario en el pensamiento de Pablo, pero no son de tanto peso como los que han sido citados, y a veces lo trinitario está tan oculto por otras más destacadas ideas que no se puede decir que estuviese conscientemente en la mente de Pablo.

Sin embargo, los pasajes citados muestran que, frecuentemente, Pablo unía al Padre, al Hijo y al Espíritu. Había otras tríadas en su mente, tales como, por ejemplo, la fe, la esperanza y el amor, pero la tríada que menciona más frecuentemente es la que constituye la base de la doctrina de la Trinidad.

PASAJES NO PAULINOS

No hay fórmulas tripartitas como estas en el cuarto Evangelio, pero el modelo trinitario es allí más prominente que en cualquier otra parte del Nuevo Testamento. El próximo capítulo contendrá una exposición del modelo trinitario en el cuarto Evangelio. En el resto de este capítulo se prestará atención a otros escritos.

«Según el previo conocimiento de Dios Padre, con la acción santificadora del Espíritu, para obedecer a Jesucristo y ser rociados con su sangre» (1 P 1, 2).

En este pasaje hay varias frases que recuerdan a 2 Ts 2, 13-14. Tiene también la misma estructura ternaria. Pero la semejanza verbal no es tan grande como para garantizar teoría alguna de dependencia de unos pasajes de los otros.

Selwyn sugirió que 1 P 1, 2 puede haber sido influenciado por Mt 28, 19. «Esto no sería innatural, escribe, si el pasaje de Mateo fue escrito primero como sección final de una colección de *verba Christi*». La naturaleza bautismal de la fórmula de Mateo, dice Selwyn, hubiera hecho esto especialmente apropiado para el escritor de la primera Carta de Pedro. La teoría de Selwyn tiene poca consistencia. Los pasajes de Mateo y de Pedro están de acuerdo solamente en su referencia al Padre. Mientras Pedro habla de Jesucristo, Mateo habla del Hijo. Mientras Pedro habla de la santificación del Espíritu, Mateo habla del Espíritu Santo. No hay que hacer cuestión de la dependencia de un pasaje del otro. La mejor explicación de la semejanza que presentan es que ambos surgen cuando el Padre, el Hijo y el Espíritu comenzaban a unirse en el pensamiento y en la devoción cristiana.

De 1 P 1, 2 no se deduce una doctrina de la Trinidad. Nada se dice sobre la relación entre el Padre, el Hijo y el Espíritu.

«Mas cuando se manifestó la bondad de Dios nuestro Salvador y su amor a los hombres, Él nos salvó, no por obras de justicia que hubiésemos hecho nosotros, sino según su misericordia, por medio del baño de regeneración y de renovación del Espíritu Santo, que Él derramó sobre nosotros con largueza por medio de Jesucristo nuestro Salvador» (Tt 3, 4-6).

Aquí se dice que las tres personas actúan en el bautismo y la salvación.

«¿Cuánto más grave castigo pensáis que merecerá el que pisoteó al Hijo de Dios... y ultrajó al Espíritu de la gracia?» (Hb 10, 29).

En este pasaje no se hace mención del Padre, pero el Hijo y el Espíritu aparecen en cláusulas paralelas. Este pasaje constituye una prueba de que el autor era consciente del modelo trinitario.

«Pero vosotros, queridos, edificándoos sobre vuestra santísima fe y orando en el Espíritu Santo, manteneos en la caridad de Dios, aguardando la misericordia de nuestro Señor Jesucristo para vida eterna» (Jds 20, 21).

Este versículo proviene de una carta escrita en el siglo segundo, cuando era cosa corriente usar fórmulas trinitarias.

«Gracia y paz a vosotros de parte de "Aquel que es, que era y que va a venir", de parte de los siete Espíritus que están ante su trono, y de parte de Jesucristo, el testigo fiel...» (Ap 1, 4. 5).

Aunque el autor habla de siete espíritus más bien que del Espíritu Santo, este pasaje demuestra que estaba influenciado por el modelo trinitario, que para él llegó a ser: Dios-siete espíritus-Jesucristo.

Otros pasajes que llevan vestigios del modelo trinitario son: 1 P 4, 14; Hb 6, 4 y ss. Otro pasaje, que es Hch 20, 28 tendría la forma trinitaria si «de sí mismo» se refiriera a Cristo como Hijo propio de Dios. Entonces se leería el pasaje:

«Tened cuidado de vosotros y de toda la grey, en medio de la cual os ha puesto el Espíritu Santo como vigilantes para pastorear la Iglesia de Dios, que él se adquirió con la sangre de sí mismo».

Pero puede ser que esta no sea la correcta interpretación[15]. Ni la versión de 1 Jn 5, 7. 8, que se refiere al Padre, a la Palabra y al Espíritu, puede ser considerada como parte del texto auténtico. El texto bizantino dice así:

«Tres son los que dan testimonio en el cielo: el Padre, la Palabra y el Espíritu Santo; y estos tres son uno».

Esto es una glosa que pudo haber aparecido en España. Señala Westcott que las palabras no se encuentran en ningún manuscrito griego independiente, en ningún escritor griego independiente, en ningún Padre Latino antiguo, ni en ninguna versión antigua, excepto la Latina, y no en su forma más antigua[16].

Aun cuando hemos hecho caso omiso de estos textos no tan dignos de confianza, permanece un fuerte núcleo de pruebas que demuestran que los escritores del Nuevo Testamento fueron influenciados en el pensa-

---

[15] Ver pp. 86-8 para una discusión del texto.
[16] WESTCOTT, *The Epistles of John*, pp. 202-9.

miento y la expresión por la tríada «Padre, Hijo y Espíritu Santo». En ninguno de estos pasajes, sin embargo, se dan implicaciones doctrinales claras sobre la relación entre el Padre, el Hijo y el Espíritu.

Se han hecho intentos por reconstruir el desarrollo de las fórmulas trinas. Cullmann hace distinción entre confesiones de fe y fórmulas litúrgicas[17]. Las fórmulas trinas que se encuentran en el Nuevo Testamento son, según él, fórmulas de carácter litúrgico, pero no confesiones de fe. Afirma que las confesiones originales de fe eran fórmulas de un solo miembro referidas a Cristo, o fórmulas bipartitas dirigidas a Dios y a Cristo. Estos dos tipos de fórmulas existían probablemente una al lado de la otra desde el principio, pero originalmente las confesiones cristológicas de un solo miembro estuvieron más extendidas. Esta es ciertamente la impresión dada por el Nuevo Testamento. Existe amplia evidencia para con la confesión «Jesús es el Señor» o «Jesús es el Hijo de Dios». Hay también fórmulas bipartitas tales como la de 1 Co 8, 6 y la frecuente frase «Dios Padre y nuestro Señor Jesucristo». Pero probablemente, como dice Cullmann, predominaron las fórmulas simples cristológicas.

Aunque las formas tripartitas en el Nuevo Testamento no son realmente confesiones de fe, demuestran que los cristianos creían en el Padre, en el Hijo y en el Espíritu. La fórmula trina se usa en el bautismo, y pone de manifiesto las más profundas experiencias de cada cristiano. El Padre, el Hijo y el Espíritu Santo dirigen las actividades de la Iglesia cristiana (1 Co 12, 4-6). Al doblar el cristiano la rodilla ante el Padre, él es fortalecido con poder por medio del Espíritu, y Cristo mora en su corazón (Ef 3, 14 y ss.). En la plegaria y en el culto al Padre, el Hijo y el Espíritu están en primer término (Rm 15, 30; Flp 3, 3).

Este modelo trinitario ha sido delineado en Pablo, en Hebreos, en la Primera Carta de Pedro, en las Cartas Pastorales, en Judas, en el Apocalipsis y en Mateo. Aún más claramente lo encontraremos trazado por el cuarto Evangelio en el siguiente capítulo. El modelo se utilizó, parece, en muchas partes de la Iglesia, y no estuvo limitado a la enseñanza de algún escritor. Como dice Chase: «Los escritores hablan sin vacilación ni recelo. Dan por supuesto que sus amigos, a quienes escriben, entenderán inmediatamente sus palabras sobre el Padre, el Hijo y el Espíritu Santo»[18]. Por otra parte, Kelly va demasiado lejos al escribir: «Si los credos trini-

---

[17] O. Cullmann, *op. cit.*, p. 36.
[18] F. J. Chase, *op. cit.*, p. 510.

tarios son escasos, el modelo trinitario que iba a dominar todos los credos posteriores era ya parte y parcela de la tradición cristiana de doctrina»[19]. El modelo trinitario influenciaba el culto de la Iglesia y la misma forma de expresarse los escritores apostólicos. Pero no era todavía «parte y parcela de la doctrina de la tradición cristiana». Solamente podría llegar a ser parte de esta tradición cuando el problema trinitario surgiera y se hicieran intentos por solucionarlo. Como afirmaremos en el próximo capítulo, el problema trinitario surgió en el Nuevo Testamento, sobre todo en el cuarto Evangelio, y solo parcialmente en otros escritos.

[19] J. N. D. KELLY, *Early Christian Creeds*, p. 23.

Capítulo XIV

EL PENSAMIENTO TRINITARIO DEL NUEVO TESTAMENTO

El modelo trinitario de pensamiento sobre Dios no se limita a las fórmulas trinitarias de que tratamos en el pasado capítulo. En el siglo primero d. C. había un movimiento definido, orientado hacia una concepción trina de Dios. A menudo parece haber sido desconocido, porque pocos escritores del Nuevo Testamento muestran algún conocimiento del problema de la Trinidad, y aun del problema de la relación de Cristo con el Padre. Y, sin embargo, en algunos escritos hay signos de una conciencia del problema trinitario.

La parte más importante del problema trinitario reside en la explicación de la relación entre el Padre y el Hijo. En un capítulo anterior se ha expuesto que Pablo, Juan y el autor de la Carta a los Hebreos eran conscientes de las dificultades para explicar esta relación, y empleaban la terminología Padre-Hijo para ilustrarla. Estos tres escritores reconocían que Cristo era Dios, y que había realizado funciones divinas. Le saludaban como Señor, y le aplicaban citas del Antiguo Testamento, que los judíos empleaban solamente para Yavé. Al mismo tiempo, reconocían su humanidad y le presentaban orando al Padre y obedeciéndole. Además, cuando trataban de su relación con el Padre, hablaban como si fuese en algún sentido menos que el Padre, aun después de su resurrección. Pero, reconociendo la prioridad del Padre, no negaban la divinidad del Hijo. El escritor que trata de una forma más completa el problema del Padre y el Hijo es el cuarto evangelista, y es él quien insiste en la idea de que Jesús es Dios.

Cuando Pablo y el autor de Hebreos llaman a Jesús Dios, lo hacen de pasada, como si se tratase de algo no esencial a su argumento, a su materia. Pero el reconocimiento de que Jesús es Dios está deliberadamente vinculado al cuarto Evangelio, que comienza con la afirmación de que la Palabra es Dios y alcanza su punto culminante en el capítulo 20, 28, donde Tomás llama a Jesús «mi Dios». Nada hay de incidental en estas referencias. El evangelista intenta dejar establecido que Jesús es Dios, y en varios pasajes se propone demostrar cómo el unigénito Hijo de Dios, que es también unigénito Dios, está relacionado con Dios Padre.

La segunda parte del problema trinitario es la cuestión de la relación entre el Espíritu y Cristo, y entre el Espíritu y Dios Padre. Esto ha sido tratado en otro capítulo. Ha quedado expuesto que los escritores del Nuevo Testamento consideraban al Espíritu como persona, pero que no le llamaban Dios. No le atribuían funciones divinas con la misma insistencia y regularidad que cuando se trataba de Cristo. No obstante, el Espíritu era tanto el Espíritu de Dios como el Espíritu de Cristo. Se creía que el Espíritu dirigía el culto, y la posesión del Espíritu era una de las principales características de la vida cristiana. Sin embargo, no hay apenas indicación de que hubiera un problema del Espíritu, o de que los escritores encontraran alguna dificultad en lo tocante a la relación entre el Espíritu y el Padre o entre el Espíritu y el Hijo. Aun Pablo, que presenta al Espíritu como un intercesor ante Dios, no muestra un claro conocimiento del problema sobre la relación del Espíritu con el Padre y con el Hijo. La cuestión está presente con claridad solamente en el cuarto Evangelio, donde se intenta demostrar que el Padre, el Hijo y el Espíritu son distintos uno de otro. El Padre, dice el evangelista, envía al Hijo, y el Hijo debe marchar para que venga el Espíritu. De este modo se ha dado una respuesta al problema trinitario. Es solamente el principio de una respuesta, pero es evidente que el problema ya estaba en la mente del autor.

El problema del Espíritu no era el problema fundamental para los escritores del Nuevo Testamento, como no lo sería tampoco para los teólogos posteriores. Los principales temas en juego en la doctrina de la Trinidad son la unidad de Dios y la divinidad de Jesucristo. Las discusiones sobre la persona del Espíritu han provocado pocas controversias en la Iglesia. La dificultad real la ha constituido la divinidad de Cristo. En tiempos del Nuevo Testamento se hizo poco para explicar la relación del Espíritu con el Padre y el Hijo. El problema de Cristo era más urgente que el del Espíritu, porque Cristo había aparecido entre los judíos como un hombre. No era exactamente una emanación de la divinidad. Había vivido una vida de tentación, lucha y plegaria. Cristo había combatido en la lucha por la fe, y aprendido obediencia en las cosas que tuvo que sufrir. Se humilló a sí mismo, haciéndose obediente hasta la muerte, y muerte de cruz. En la cruz levantó su voz a Dios en medio de una situación angustiosa; y, a pesar de estas terribles experiencias, se levantó de la tumba. Estas fueron las acciones de quien no solamente vino de Dios, sino que también se le encaró, le buscó intensamente y le encontró. Por esta razón, el problema de la divinidad de Cristo era mucho más grande que el del Espíritu.

Ya se ha tratado en capítulos anteriores de las relaciones entre el Padre y el Hijo, el Padre y el Espíritu, y el Hijo y el Espíritu. Ahora debemos preguntarnos en qué medida los escritores del Nuevo Testamento eran conscientes del problema como un todo, como problema de mutua relación de Padre, Hijo y Espíritu. Ya se ha analizado un cierto número de fórmulas ternarias. Estas no prueban que los escritores hicieran un esfuerzo consciente para establecer una concepción trina de Dios. Muestran, sin embargo, que las reflexiones de los escritores sobre Dios marchaban en dirección de una concepción trina.

El cuarto evangelista es el único escritor del Nuevo Testamento que entendió claramente la naturaleza trina del problema. Otros escritores, sin embargo, muestran tendencias en dirección al modelo trinitario de pensamiento, que no se limitan a las fórmulas ya discutidas. El desarrollo del pensamiento sobre la materia puede plantearse en tres niveles. El primero es el de las fórmulas ternarias, donde el escritor revela algo sobre el fundamento de su adoración y pensamiento. En este nivel la naturaleza ternaria de las fórmulas no es integrante del tema del escritor. Un segundo nivel es aquel en el que la tríada, Padre, Hijo y Espíritu, es puesta de relieve deliberadamente, pero sin intentar dar solución al problema de su relación. Y el tercer nivel es el que encontramos en el cuarto Evangelio, donde se ve el problema y se intenta darle una explicación. El primer nivel de pensamiento, representado por las fórmulas ternarias, es objeto de discusión. En este capítulo analizaremos los niveles segundo y tercero.

El nivel en que se acentúa la tríada, sin intentar resolver el problema completo, lo encontramos en los Evangelios sinópticos. Ninguno de los dichos del propio Jesús revela algún conocimiento del problema trinitario. Es profundamente consciente de su relación con el Padre, y habla ocasionalmente del Espíritu. Pero nada de lo que dice sugiere que la íntima asociación del Padre, del Hijo y del Espíritu sea relevante en sus enseñanzas. La única excepción es Mt 28, 19, un dicho de después de la resurrección, cuya autenticidad se ha puesto ampliamente en tela de juicio.

Sin embargo, los relatos de los Evangelios muestran rastros más claros del modelo trinitario. En la historia de la vida de Jesús, podemos verlo en su bautismo administrado por Juan, cuando el Padre le llama su Hijo, y el Espíritu desciende sobre Él. Esto no es Trinitarianismo, porque nada se dice sobre la divinidad del Hijo y del Espíritu; y no hay cuestión de interacción entre el Padre y el Espíritu, como tampoco entre el Hijo y el Espíritu. Pero el hecho mismo tiene un modelo ternario. No es precisamente una fórmula, sino una importante narración en la que lo trino es importante, prominente. Está presente la narración en los cuatro Evangelios, directamente relatada en los sinópticos, e indirectamente en el cuarto Evangelio.

Marcos registra el bautismo de Jesús, administrado por Juan, y también la profecía de Juan sobre la venida de quien iba a bautizar con Espíritu. En el Evangelio de Marcos no se recoge el cumplimiento de esta profecía. No se encuentra ni en el cuerpo principal del Evangelio, ni en las tres diferentes conclusiones (la más Larga, la más Corta y las conclusiones más Libres). Es posible que la verdadera conclusión del Evangelio se haya perdido, y que contuviera una alusión al bautismo del Espíritu. En el Evangelio, tal como se conserva, no hay otra referencia trinitaria fuera de la del bautismo de Jesús.

Mateo se muestra más consciente que Marcos a propósito de la naturaleza ternaria de la divina revelación. Su Evangelio comienza con el relato de la infancia, según el cual Jesús fue «concebido del Espíritu Santo» (Mt 1, 20). Y termina con el mandato de Jesús de evangelizar y bautizar: «...bautizándoles en el nombre del Padre, y del Hijo, y del Espíritu Santo» (Mt 28, 19). En la versión de Mateo de un dicho de Jesús, que recoge también Lucas, al Padre, al Hijo y al Espíritu se les menciona juntamente: «Pero si por el Espíritu de Dios expulso yo los demonios, es que ha llegado a vosotros el Reino de Dios» (Mt 12, 28). La versión de Lucas, en la que encontramos «dedo de Dios» en lugar de «Espíritu de Dios», probablemente nos ofrece las palabras auténticas de Jesús. Pero Mateo prefirió una versión que acentuara la acción conjunta del Hijo y del Espíritu.

Estas alusiones ternarias no constituyen un tema dominante en el Evangelio de San Mateo, pero su importancia no debería ser minimizada o tenida en menos. El modelo trinitario aparece en los momentos cruciales de la narración evangélica. Puede rastrearse en el nacimiento de Jesús, que fue enviado por Dios y concebido del Espíritu Santo. Y se encuentra en la narración del bautismo de Jesús, al que Mateo pone más de relieve que los otros evangelistas, porque Mateo incluye un párrafo en que Juan Bautista muestra su resistencia a bautizar a Jesús (Mt 3, 14).

Las narraciones de la infancia de Jesús y del bautismo se encuentran al principio del Evangelio de Mateo. Y al final está la fórmula trina «en el nombre del Padre, y del Hijo, y del Espíritu Santo» (Mt 28, 19). Esta fórmula tiene en sí misma implicaciones doctrinales no trinitarias, pero es prueba de que el modelo trinitario era aceptado y tenido en mucho cuando fue escrito el Evangelio. Su colocación en el mismo final del Evangelio es importante. Los evangelistas no solamente concedieron un lugar a la fórmula dentro del Evangelio, sino un lugar verdaderamente prominente. Un dicho de esta naturaleza al final de un Evangelio es más propicio para el recuerdo que un dicho de la misma importancia en el medio. Es verdad que este dicho no podía ser colocado más que después de la resurrección; pero es significativo que el evangelista escogiera una fórmula ternaria para colocarla al final de toda la narración, cuando podía haber concluido de otras muchas maneras. Ahora el Evangelio de Mateo está cuidadosamente planeado; y la mano del artista literario se advierte en la presencia de la idea ternaria al principio y al final. Pero aunque Mateo aceptara y diera prominencia a lo trino, no muestra ser consciente del problema trinitario. No se preocupa de explicar cómo el Padre, el Hijo y el Espíritu se relacionan entre sí. No piensa que sea necesaria una explicación de la unidad de Dios. Ni siquiera el problema central de la relación entre el Padre y el Hijo constituye un problema para él. Cita las palabras de Jesús sobre su filiación e incluye tanto el hecho del nacimiento virginal, como el de la proclamación de la filiación en el bautismo de Jesús. Pero no ve la relación Padre-Hijo como un problema.

Lucas y los Hechos, que analizaremos conjuntamente, contienen varias señales del modelo trinitario. Lo mismo que Mateo, Lucas comienza con la historia del nacimiento virginal. El ángel dice a María en la Anunciación: «El Espíritu Santo vendrá sobre ti, y el poder del Altísimo te cubrirá con su sombra; por eso el que ha de nacer será santo y será llamado Hijo de Dios» (Lc 1, 35).

Un elemento explicativo, ausente de Mateo en este punto, lo incluye Lucas; la actividad del Espíritu, dice el ángel, es necesaria para asegurar la unicidad y la santidad de Cristo.

Lucas incluye otras varias sugerencias a propósito de lo trino en su narración de la primera parte del ministerio de Jesús. Cuenta la historia del bautismo, y luego, al igual que Mateo, describe cómo Jesús fue conducido por el Espíritu al desierto, donde fue tentado por el diablo durante cuarenta días. Las cuestiones propuestas a Jesús dos veces dicen que Él es Hijo de Dios. La filiación de Jesús y la actividad del Espíritu se enlazan en la lucha contra el diablo. En un aspecto Lucas da más importancia al Espíritu que Mateo. Los dos evangelistas dicen que Jesús fue conducido por el Espíritu al desierto, pero Lucas dice también que después de la tentación «Jesús volvió a Galilea por la fuerza del Espíritu» (Lc 4, 14). Presenta a Jesús abriendo el libro del profeta Isaías en la sinagoga y leyendo: «El Espíritu del Señor sobre mí» (Lc 4, 17-8). Lucas pone de relieve que la victoria de Jesús sobre el diablo fue una victoria del Espíritu, con cuyo poder Jesús estaba capacitado para comenzar su ministerio.

Lucas recoge el cumplimiento de la profecía de «el que va a venir». En un lugar prominente, casi al final del Evangelio (Lc 24, 49) Jesús dice:

«Mirad, yo voy a enviar sobre vosotros la Promesa de mi Padre. Por vuestra parte permaneced en la ciudad hasta que seáis revestidos de poder desde lo alto».

«La Promesa de mi Padre» es el don del Espíritu profetizado por Joel y por Juan Bautista. «El poder desde lo alto» es el Espíritu Santo mismo. Así termina el Evangelio según San Lucas, de la misma manera que comenzó: con la actividad del Padre, del Hijo y del Espíritu.

En los Hechos de los Apóstoles, la promesa del Padre, mencionada en Lc 24, 49, se dice que es el bautismo con Espíritu Santo (Hch 1, 4, 5). Cuando los discípulos reciben el poder del Espíritu se constituirán en discípulos de Cristo (Hch 1, 8). El cumplimiento real de la profecía del bautismo del Espíritu no lo limita Lucas a Pentecostés. Pedro ve su cumplimiento en el descendimiento del Espíritu sobre Cornelio y sus amigos. En Hch 11, 15. 16 dice:

«Había empezado yo a hablar cuando cayó sobre ellos el Espíritu Santo, como al principio había caído sobre nosotros. Me acordé entonces de aquella palabra que dijo el Señor: *Juan bautizó con agua* pero vosotros seréis bautizados en el Espíritu Santo».

El cumplimiento de la profecía no se limitaba a lo que sucedió «al principio», sino que se extiende a actos posteriores del Espíritu.

Pentecostés fue, sin embargo, el fundamental cumplimiento de la profecía. En dos secciones de la alocución de Pedro en Pentecostés se hace alusión a los tres miembros de la Trinidad juntos:

«Y exaltado por la diestra de Dios, ha recibido del Padre el Espíritu Santo prometido, y ha derramado lo que vosotros veis y oís» (Hch 2, 33).

«Convertíos y que cada uno de vosotros se haga bautizar en el nombre de Jesucristo, para remisión de vuestros pecados; y recibiréis el don del Espíritu Santo; pues la Promesa es para vosotros y para vuestros hijos, y para todos *los que están lejos*, para cuantos *llame el Señor* Dios nuestro» (Hch 2, 38-9).

Estas no son precisamente fórmulas en las que se mencione al Padre, al Hijo y al Espíritu. Son pasajes en los que se nos habla deliberadamente de la actividad de los tres. Jesús resucitado, que también había recibido el Espíritu en el bautismo, lo derrama sobre sus seguidores. Aquellos que se bauticen en el nombre de Jesús recibirán el Espíritu, y quienes reciban el Espíritu serán llamados por Dios. Cambia ligeramente la narración en Hch 11, 17, donde se dice que el don del Espíritu sigue, no al bautismo, sino a la respuesta a la fe:

«Por tanto, si Dios les ha concedido el mismo don que a nosotros, por haber creído en el Señor Jesucristo, ¿quién era yo para poner obstáculos a Dios?».

Otros pasajes en los que se advierten rastros de la forma ternaria son:

Palabras de Ananías a Pablo: «Saúl, hermano, me ha enviado a ti el Señor Jesús, el que se te apareció en el camino por donde venías, para que recobres la vista y seas lleno del Espíritu Santo» (Hch 9, 17).

«Las Iglesias por entonces gozaban de paz en toda Judea, Galilea y Samaria; se edificaban y progresaban en el temor del Señor y estaban llenas de la consolación del Espíritu Santo» (Hch 9, 31).

Una referencia al bautismo de Jesús: «*...cómo Dios*, a Jesús de Nazaret, *le ungió con el Espíritu Santo* y con poder» (Hch 10. 38).

Aunque al Padre, al Hijo y al Espíritu se les une de una manera prominente en la primera parte de los Hechos, el tema de la tríada no es dominante en toda la obra. En la última mitad del libro no hay una fórmula trinitaria, ni un modelo trinitario. Cuando Lucas nombra al Padre, al Hijo y al Espíritu en la primera parte de los Hechos, no los menciona precisamente de pasada. El discurso de Pedro el día de Pentecostés, la conversión de Cornelio y la importancia dada a la narración de Pentecostés muestran que Lucas unía en su pensamiento al Padre, al Hijo y al Espíritu. Va más lejos que Mateo en cuanto que describe el cumplimiento de la profecía del bautismo del Espíritu, pero no ve ningún problema en las relaciones entre los miembros de la tríada.

En el pasado capítulo, las fórmulas ternarias fueron tomadas de distintos escritos del Nuevo Testamento, pero en muy pocos de ellos se da una real insistencia sobre el actual modelo trinitario de Padre, Hijo y Espíritu. La verdad es que, aparte de los Evangelios sinópticos y Hechos, solamente Juan y Pablo parecen dar un auténtico relieve al modelo. El modelo trinitario es un gran ausente de la Carta a los Hebreos. Si exceptuamos 6, 4-6, la única posible alusión la constituye 10, 29, en donde aparecen en cláusulas paralelas «Hijo de Dios» y «Espíritu de Gracia». El Libro del Apocalipsis habla de siete espíritus ante el trono de Dios, pero nada se dice de la relación de estos siete espíritus con Cristo. La Carta primera de Pedro comienza con una fórmula trina, y en 1, 11 afirma que el Espíritu de Cristo les predecía los sufrimientos de Cristo. En 2, 5 se dice a los cristianos «que ofrezcan sacrificios espirituales, aceptables a Dios por medio de Jesucristo». Esto no es suficiente para garantizar la suposición de que el escrito intentara recoger algunos pensamientos sobre las relaciones entre el Padre, el Hijo y el Espíritu.

No es sorprendente que en la mayor parte de estos escritos haya ausencia del modelo trinitario, pero el hecho de que exista esta falta en Hebreos necesita un comentario. El autor de Hebreos es consciente claramente del problema central de la doctrina de la Trinidad: la relación entre el Hijo de Dios y su Padre. Porque el autor llama a Jesús Dios y Señor; habla de Él como creador, y le trata como objeto de adoración. El hecho de tratar detalladamente de su tarea y cometido como Hijo y Sumo Sacerdote muestra que el escritor conocía que existía un problema e intentaba solucionarlo. Pero no aborda el problema del Espíritu, y no reconoce un problema trinitario.

Las Cartas Pastorales también fallan en reconocer el problema. De entre ellas se suele citar una fórmula ternaria (Tt 3, 4-6), y aquí se habla de la relación entre el Padre, el Hijo y el Espíritu: Dios nos salvó, dice el escritor, por la renovación del Espíritu Santo, que «derramó sobre nosotros con largueza por medio de Jesucristo, nuestro salvador». El autor de las Cartas Pastorales también habla de Jesús como Dios (Tt 2, 13). Cristo comparte con Dios las funciones de juicio y salvación. Al mismo tiempo, Dios es uno (1 Tm 2, 5) y, como tal, es distinto de Cristo el mediador. Aquí ciertamente está el material de un problema, pero no se indica que el autor fuera consciente del mismo e intentara darle solución.

Aunque las Cartas Paulinas no presentan de una manera completa el problema trinitario, contienen, sin embargo, muchas afirmaciones sobre el Padre, el Hijo y el Espíritu. Catorce de estas se han citado en el anterior capítulo. No todas ellas revelan que Pablo dedicara mucha reflexión a la relación entre los miembros de la tríada. Con todo, varios pasajes demuestran apreciación de la importancia del modelo trinitario.

Así, en Ga 3, 13-14 Pablo escribe:

«Cristo nos rescató de la maldición de la ley, haciéndose Él mismo maldición por nosotros, pues dice la Escritura: *Maldito todo el que está colgado de un madero*, a fin de que llegara a los gentiles en Cristo Jesús, la bendición de Abraham, y por la fe recibiéramos el Espíritu de la Promesa».

Según este pasaje, la finalidad de la crucifixión es que los hombres puedan recibir el Espíritu. Esta unión causal entre los dos hechos es una señal de reflexión sobre la relación entre Cristo y el Espíritu.

Una vez más también cuando dice en Ga 4, 6:

«La prueba de que sois hijos es que Dios ha enviado a nuestros corazones el Espíritu de su Hijo que clama ¡Abbá, Padre!»,

es que ha estado pensando en la relación de los miembros de la tríada. En el mismo contexto, Pablo dice que fue Dios quien envió tanto al Espíritu (Ga 4, 6) como al Hijo (Ga 4, 4).

El modelo trinitario se encuentra en el plan general de algunos escritos de Pablo, como también en fórmulas aisladas. Los primeros ocho capítulos de Romanos pueden dividirse como sigue:

Introducción, 1, 1-17.
El juicio de Dios sobre los gentiles y judíos, 1, 18-3, 20.
Justificación por la fe en Jesucristo, 3, 21-8, 1.
La vida en el Espíritu, 8, 2-30.
Párrafos finales, 8, 31-9.

El fin que se propone Pablo no es describir la relación entre el Padre, el Hijo y el Espíritu. Su propósito es trazar el modelo de salvación del hombre, la ira y el juicio de Dios, la tarea salvadora de Cristo, y la vida nueva de los hijos adoptivos de Dios, que viven en el Espíritu. No obstante, esta exposición del plan de salvación encaja muy bien dentro del modelo trinitario. Dios Padre es quien domina la primera sección, Jesucristo la segunda y el Espíritu la tercera.

La importancia tanto de Cristo como del Espíritu es evidente en los tres primeros capítulos de 1 Corintios, en los que Pablo aboga por la unidad de la Iglesia. Estos capítulos no tienen un plan general estrictamente hablando. Los temas se desarrollan independientemente. El argumento se desglosa de la siguiente manera:

Introducción, 1, 1-9.
Ruegos por la unidad y armonía en la Iglesia, 1, 10-17.
Cristo, poder y sabiduría de Dios, 1, 18-2, 9.
Instrucciones dadas por el Espíritu, 2, 10-16.
Funciones de Pablo y Apolo en la Iglesia de Corinto, 3, 1-9.
Jesucristo, fundamento del trabajo de los hombres, 3, 10-15.
Los hombres, templos de Dios donde mora el Espíritu, 3, 16-17.
Conclusión para iniciar otra sección, 3, 18-23.

Pablo no trata en estos capítulos de explicar la relación entre Cristo y el Espíritu. La exposición de sus cometidos se entremezcla y sobrepone a menudo. Pero muestra una tendencia definida, después de hablar del Hijo, a dirigirse al Espíritu.

La Carta a los Gálatas también tiene rastros de la idea trina. Su croquis es como sigue:

Introducción, 1, 1-5.
Pablo defiende su conducta, 1, 6-2, 21.
Justificación por la fe en Cristo, 3, 1-29.
Adopción como hijos por la redención forjada por Cristo y el envío del Espíritu, 4, 1-7.
Esclavitud de la ley y libertad dada por Cristo, 4, 8-5, 15. Vida en el Espíritu, 5, 16-6, 10.
Conclusión, 6, 11-18.

No hay un rígido modelo trinitario en esta carta. La idea de Dios está presente en todo momento, y a menudo se habla simultáneamente del Hijo y el Espíritu. Pero, por la marcha natural de su pensamiento, Pablo habla primero del Hijo y luego del Espíritu.

Pocas cartas de Pablo están planificadas cuidadosamente. Pero las tres mencionadas: Romanos, 1 Corintios y Gálatas, están estructuradas más cuidadosamente que las otras, y en su trazado hay claras huellas de la tríada del Padre, el Hijo y el Espíritu. Aun cuando el orden del pensamiento sea «Hijo y Espíritu», más bien que «Padre, Hijo y Espíritu», queda claro que Dios Padre tiene la prioridad, puesto que al comenzar cada carta Pablo habla de Dios Padre y del Señor Jesucristo.

Hay que hacer una alusión a la Carta a los Efesios. Aunque el modelo trinitario no domina el pensamiento de la carta, hay varias fórmulas en las que podemos encontrar el modelo y se presta atención a la relación Padre-Hijo-Espíritu Santo. Se da particular importancia a la unidad de la Iglesia, para la que tanto Cristo como el Espíritu son esenciales.

Las ideas se encuentran de la siguiente manera:

Cristo	*El Espíritu Santo*
La Iglesia es su cuerpo (1, 22. 23), cuya cabeza es Él (4, 15).	La Iglesia es la morada de Dios en el Espíritu (2, 22).
La Iglesia tiene a Cristo como piedra angular (2, 20).	
Cristo trajo unidad a la Iglesia, causando la paz (2, 14 y ss.).	La Iglesia está unida en el Espíritu (4, 3; 2, 18).

Estos dos aspectos de la unidad cristiana se juntan en ciertos pasajes. En 2, 20-22, Cristo es la piedra angular, y la Iglesia, la morada de Dios en el Espíritu. En 3, 16-17, Pablo pide que sus lectores sean fortalecidos por el Espíritu en el hombre interior y que Cristo more en sus corazones. Y en 2, 18 dice de los judíos y los gentiles: «Pues por él, unos y otros tenemos acceso al Padre en un mismo Espíritu».

El pasaje más impresionante es 4, 4-6:

«Un solo Cuerpo y un solo Espíritu, como una es la esperanza a que habéis sido llamados. Un solo Señor, una sola fe, un solo bautismo, un solo Dios y Padre de todos, que está sobre todos, por todos y en todos».

Esta parece una fórmula séxtupla o séptupla (si «una esperanza» es incluida). Pero se divide en tres grupos, naturalmente: Cuerpo y Espíritu —Señor, fe, bautismo—, Dios y Padre. Semejante división muestra la influencia en el escritor del modelo trinitario. En este pasaje no intenta poner su acento en la tríada, porque en ese caso el carácter trino de la fórmula hubiera sido más claro. Pero el pasaje deja bien claro, por cierto, cómo el modelo trinitario persistía en el pensamiento de Pablo.

Este examen de las cartas de Pablo no revela un intento consciente de solucionar el problema trinitario. En los capítulos primeros se demostró que Pablo se daba cuenta de algunos de los ingredientes del pensamiento trinitario. Reconocía a Cristo como Dios, pero esta confesión no se entretejió en su teología. Era algo que pertenecía a su creencia personal y a su manera de ofrecer culto; pero no constituía parte de sus públicas ideas. Admitía sin reserva que Jesús era creador, salvador y juez. Jesús pertenecía al orden de la Divinidad, aunque en algún sentido inferior al Padre. El que Pablo ponga el acento continuamente en Dios Padre y en Cristo el Señor, su elevada concepción de la persona de Cristo, pone de manifiesto que se daba cuenta del problema de la unidad de Dios y de la divinidad de Cristo. Con este problema es con el que lucha cuando dice: «Hay un solo Dios Padre y un solo Señor Jesucristo» (1 Co 8, 6). Ante sí tiene esta dificultad cuando en 1 Co 15 afirma que Cristo entrega el Reino al Padre, y en Filipenses cuando describe a Cristo recibiendo la adoración de todas las criaturas «para gloria de Dios Padre». Aquí está el centro cristológico del problema trinitario, y aquí está también un intento por darle una respuesta.

Lo mismo que del Espíritu, Pablo habla de Cristo como persona, y también como intercesor. Pero no siempre se hace una clara distinción entre el Cristo que habita y el Espíritu que habita (ver Rm 8, 9-11). Aunque nunca identifica a Cristo con el Espíritu, no puso en claro la relación del Espíritu con el Padre y el Hijo.

Sin embargo, el modelo trinitario estaba siempre en la raíz, y probablemente Pablo pensó sobre ello más que cuanto los escritos revelan. Porque, con las posibles excepciones de Romanos y Efesios, sus cartas no tenían por objeto ser tratados teológicos, sino dar consejos e instrucciones para situaciones particulares. Además, estaba más preocupado de la obra que de la persona de Cristo, del plan de salvación de Dios más que de su naturaleza. Sería imprudente suponer que nunca pensó en una materia, porque no habla de ella en sus cartas. Sobre sus pensamientos no escritos lo único que podemos hacer es especular. En las cartas, aunque escribe de la relación de Cristo con el Padre, no reconoce un problema trino. Acepta el modelo trinitario de Padre, Hijo y Espíritu, por el que explica la actividad de Dios, pero no demuestra un conocimiento del problema trinitario.

La suprema muestra bíblica de pensamiento trinitario se encuentra en el cuarto Evangelio. Otros escritores trataron ligeramente partes del problema, pero el cuarto evangelista lo ve en su triplicidad. Su respuesta no hace frente a todas sus complejidades. Cuando terminó quedaba mucho campo para el desarrollo y la explicación. Y, aunque nunca use la palabra Trinidad, ve la naturaleza trina del problema.

En varios pasajes de los escritos de Juan el Padre, el Hijo y el Espíritu son mencionados juntos:

«...pero el que me envió a bautizar con agua, me dijo: "Aquel sobre quien veas que baja el Espíritu y se queda sobre él, ese es el que bautiza con el Espíritu Santo". Y yo le he visto y doy testimonio de que este es el elegido de Dios» (Jn 1, 33-4).

«Y yo pediré al Padre y os dará otro Paráclito, para que esté con vosotros para siempre, el Espíritu de la verdad» (14, 16).

«Pero el Paráclito, el Espíritu Santo, que el Padre enviará en mi nombre, os lo enseñará todo, y os recordará todo lo que yo os he dicho» (14, 26).

«Jesús repitió: "La paz con vosotros. Como el Padre me envió, también yo os envío". Dicho esto, sopló sobre ellos y les dijo: "Recibid el Espíritu Santo"» (20, 21-2).

«Todo lo que tiene el Padre es mío. Por eso he dicho: "Recibirá de lo mío y os lo comunicará a vosotros"» (Jn 16, 15).

«Podréis conocer en esto el Espíritu de Dios: todo Espíritu que confiesa a Jesucristo, venido en carne, es de Dios» (1 Jn 4, 2).

«En esto conocemos que permanecemos en Él y Él en nosotros: en que nos ha dado de su Espíritu. Y nosotros hemos visto y damos testimonio de que el Padre envió a su Hijo para ser salvador del mundo» (1 Jn 4, 13-14).

Hay que añadir dos pasajes que no hacen mención de Dios Padre, pero hablan de la relación entre el Hijo y el Espíritu:

«Esto lo decía refiriéndose al Espíritu que iban a recibir los que creyeran en él. Porque aún no había Espíritu, pues Jesús todavía no había sido glorificado» (Jn 7, 39).

«Os conviene que yo me vaya; porque si no me voy, no vendrá a vosotros el Paráclito; pero si me voy os lo enviaré» (Jn 16, 7).

Como los evangelistas sinópticos, Juan se refiere al bautismo de Jesús (Jn 1, 33-4). No nos da una detallada narración del mismo como hacen los otros evangelistas. Se refiere a él solamente de paso. Pero todo lo más notable de las enseñanzas de Juan Bautista, que se refieren al Hijo y al Espíritu se hallan concentradas en Jn 1, 33-4. Realmente el cuarto evangelista hace una unión definida entre el descenso del Espíritu sobre Jesús y el bautismo del Espíritu, que Jesús iba a dar a los otros; una unión que no se hace en otros Evangelios donde la profecía de Juan sobre el Espíritu se mantiene aparte del descenso del Espíritu sobre Jesús.

En el cuarto Evangelio Juan Bautista dice: «Y yo le he visto y doy testimonio de que este es el elegido de Dios». Pero, aunque los otros Evangelios apuntan que la voz del cielo dijo: «Este es mi Hijo», ninguno de ellos dice que el Bautista reconociera el hecho como un signo de la filiación de Jesús. El cuarto evangelista ha sido muy selectivo en su descripción del hecho. Ni siquiera menciona que Jesús fue bautizado. Recoge aquellos aspectos del incidente y aquellas enseñanzas del Bautista que ponen de relieve la unión entre el Padre, el Hijo y el Espíritu. Su selectividad obedece probablemente a un deseo de contrarrestar la excesiva veneración hacia el Bautista[1], pero aprovecha la oportunidad para sondear la triple naturaleza de la vida divina. El Padre envía al Bautista; el Espíritu desciende sobre el Hijo, que se bautizará a sí mismo con el Espíritu Santo.

Los dichos del Paráclito que se han citado (Jn 14, 16. 26; 16, 15) presentan la actividad del Padre, del Hijo y del Espíritu. Se da, por supuesto (14, 16), que Jesús, lo mismo que el Espíritu, es Paráclito (cf. Jn 2, 1). El Padre enviará al Espíritu como Paráclito, ciertamente como «otro Paráclito», que enseñará a los discípulos todas las cosas y les recordará todo lo que les dijera Jesús. Por esta razón, al Espíritu se le llama correctamente «Espíritu de verdad». Pero el Espíritu no puede venir hasta que Jesús se vaya (Jn 16, 7). Aparte de descender el Espíritu sobre Jesús al comienzo de su ministerio, la actividad del Espíritu se coloca después de la resurrección de Jesús. Solamente cuando Jesús haya sido glorifica-

---

[1] C. K. Barret, *St. John*, p. 142.

do por medio de su crucifixión y resurrección puede enviar el Espíritu a los hombres. «El Espíritu no había sido dado todavía, porque Jesús no había sido todavía glorificado» (7, 39). Estos dichos a propósito de la venida del Espíritu se cumplen en Jn 20, 21-2, cuando Jesús da el Espíritu Santo a sus discípulos. Al hacer esto dice que ha sido enviado por el Padre y que Él mismo envía a aquellos a quienes da el Espíritu.

En esta discusión se ha aludido a seis pasajes del Evangelio. Son importantes porque forman una muestra coherente. Barrett dice acertadamente que «no se ha de buscar en los escritos de Juan una simple lógica de pensamiento»[2], pero hay la suficiente lógica en su informe de la relación del Padre, del Hijo y del Espíritu, como para considerarlo como uno de los temas más importantes del Evangelio. La consistencia de las observaciones que se han discutido prueba fuera de toda duda que ha reflexionado sobre la materia y que era consciente de la triplicidad de la actividad divina en Padre, Hijo y Espíritu. Los dos pasajes de la Primera Carta (1 Jn 4, 2, 13-14) añaden poca información sobre el pensamiento del evangelista, pero confirman las ideas básicas. El Espíritu conduce a los hombres a confesar la verdad divina, en concreto al Hijo, a quien Dios envió para ser salvador del mundo.

Se ha presentado el cuarto Evangelio como el que más se aproximó a la posición trinitaria; más que cualquier otro escrito del Nuevo Testamento. Acentúa deliberadamente y con claridad que Jesús es Dios. Nada hay de accidental o improvisado en la exposición que hace Juan de las palabras de Tomás: «Mi Señor y mi Dios» (Jn 20, 28). Deliberadamente dice: «La Palabra era Dios» (Jn 1, 1), y la mejor lectura de Jn 1, 18 contiene las palabras «unigénito Dios». El escritor coloca deliberadamente testificaciones de la divinidad de Cristo al principio y al fin del Evangelio; ya que el capítulo veinte probablemente concluía la primera edición del Evangelio. Como añadidura a esto, Juan dice que el Señor a quien Isaías vio en el templo era Cristo (Jn 12, 41).

Los dichos del Evangelio «Yo soy» implican que Jesús es identificado con el Yavé del Antiguo Testamento, que era llamado «Yo soy el que soy». Y el evangelista deja claro que Jesús compartió las funciones divinas de juicio, creación y salvación.

La relación Padre-Hijo es muy relevante en el cuarto Evangelio. Más que ningún otro escritor del Nuevo Testamento, Juan llama a Jesús el

---

[2] *Ibid.*, p. 76.

Hijo de Dios. Escribe sobre esta relación, porque sabe que este misterio necesita ser explicado. El Padre es más grande que el Hijo, y el Padre envía al Hijo, pero el Padre y el Hijo son uno, porque el Hijo es el amor del Padre. Juan se da cuenta de que hay una paradoja, porque la Palabra estaba en Dios y la Palabra era Dios. Trata de presentar la paradoja, primeramente a través de la idea de Palabra, y después con la idea de Padre e Hijo, muestra de que se esforzaba por dar una solución. La idea de Padre e Hijo era la que mejor caía para una interacción dentro de la Divinidad. Tal idea podía también expresar cómo tanto el Padre como el Hijo eran Dios. Pudo puntualizar la prioridad del Padre sin hacer desmerecer la divinidad del Hijo. Y, finalmente, pudo dar cuenta de la unidad de las dos personas.

El cuarto Evangelio también pone muy de relieve la doctrina del Espíritu. Se ha afirmado ya que el evangelista consideraba al Espíritu como persona, hecho que queda especialmente claro por su uso de la palabra Paráclito. Aunque su explicación de la tarea del Espíritu no es tan gráfica y animada como la de Pablo, sin embargo, encontramos una más constante distinción del Espíritu con relación al Padre y al Hijo que en las cartas de Pablo. El Espíritu, de una manera bastante definida, no es lo mismo que Cristo, porque el Espíritu es «otro Paráclito» y es dado por el Cristo resucitado. Aunque falta el énfasis paulino de la vida en el Espíritu, gana en precisión y claridad por la más constante distinción entre Padre, Hijo y Espíritu que se hace en el cuarto Evangelio.

Es cierto que algunas de las actividades de Cristo y del Espíritu son similares, pero el hecho de que Juan intente distinguir las funciones del Espíritu tanto temporal como cualitativamente de las de Cristo es prueba de que trataba de explicar la triplicidad de la Divinidad.

Realmente Juan no llama Dios al Espíritu. Habla, sin embargo, del Espíritu que da sentencia. Y, más que escritor alguno del Nuevo Testamento, deja claro con el uso de la palabra Paráclito que considera al Espíritu persona.

El cuarto evangelista va más lejos que ningún otro escritor del Nuevo Testamento al acentuar el hecho de que Jesús es Dios, y que el Espíritu es persona, cuyas funciones no son totalmente idénticas a las del Padre y el Hijo. Además, explica más plenamente que ningún otro escritor del Nuevo Testamento la relación entre el Padre y el Hijo. Todas estas cuestiones son básicas en la teología trinitaria. Y cuando esto se considera juntamente con los pasajes en los que el problema es visto claramente como trino, es razonable afirmar que Juan se daba cuenta del problema trinitario. Como dice Barrett, «más que ningún otro escritor del Nuevo Testamento, Juan pone los cimientos para la doctrina de una Trinidad mutuamente igual»[3]. No hay doctrina sobre una Trinidad recíprocamente igual en el Evangelio; solamente están sus fundamentos. Hay doctrina en lo que se refiere a la relación entre el Padre y el Hijo, porque Juan sostiene que los dos son Dios, que ellos son uno, y que el Padre tiene prioridad sobre el Hijo. Aun cuando aquí no haya términos técnicos metafísicos, hay una doctrina. Ciertamente está la esencia de la doctrina posterior. Aquí tenemos no solamente un conocimiento del problema, sino también una respuesta al mismo. En cuanto a la relación del Espíritu con el Padre y el Hijo, el evangelista no ha formulado plenamente su problema, porque realmente no dice que el Espíritu sea Dios. Se mueve en esa dirección. Una vez admitida una pluralidad dentro de la Divinidad, no hay dificultad en incluir al Espíritu lo mismo que al Hijo. Porque el Espíritu no crea tan serias dificultades en esta conexión como las que crea el Hijo. El interés de Juan por el problema trinitario provendría, en parte, de su propia experiencia del Espíritu, y en parte de la creciente tendencia de los cristianos a unir juntos al Padre, al Hijo y al Espíritu Santo. No inventaba una tríada. Explicaba una sociedad que ya estaba reconocida en la comunidad cristiana.

En la percepción del problema de la Trinidad, Juan parece haber ido a la cabeza de los otros escritores del Nuevo Testamento. Como escritor de un Evangelio, se veía forzado a concentrarse en la cuestión de la persona de Cristo. También es posible que conociera lo que escribió Pablo y trató de avanzar en las regiones del pensamiento que el Apóstol no había explorado. Pero la principal razón de la distinguida contribución de Juan al pensamiento trinitario fue su propio genio, que le condujo a investigar la naturaleza de Dios.

Ahora sí es posible contestar a la pregunta: «¿Hay que buscar la doctrina de la Trinidad en la Biblia?». Se responde que no hay una exposición formal de doctrina, sino una respuesta al problema de la Trinidad. Este problema no apareció por primera vez cuando generaciones posteriores de pensadores reflexionaron sobre las Escrituras. Por lo menos tres escritores del Nuevo Testamento —Pablo, Juan y el autor de la Carta a los Hebreos— fueron conscientes del problema. Pablo y el autor de Hebreos no vieron el problema de la triplicidad. Se concentraron en la relación de

---

[3] *Ibid.*, p. 78.

Cristo con Dios. Pablo se dio cuenta del modelo trinitario, pero solamente tomó el problema como binitario. El cuarto evangelista, sin embargo, era consciente de un problema trinitario en las mutuas relaciones del Padre, del Hijo y del Espíritu.

Estos escritores, en la medida en que vieron el problema, intentaron solucionarlo. Sus respuestas no son ciertamente el tema fundamental de sus escritos, pero su manera de hablar de las divinas personas manifiesta que tenían una respuesta. Otros escritores que no vieron el problema, pero atribuyeron importancia al modelo trinitario, fueron Mateo y Lucas. Sus referencias a la tríada están colocadas en tales posiciones clave, que resulta obvio pensar que la consideraron importante.

Ha sido nuestro propósito reflexionar sobre cómo fue planteado primeramente el problema trinitario y qué respuesta se le dio. La respuesta dada no fue ni completa, ni definitiva. Pero su falta de vocabulario metafísico formal nos ayuda a percibir limpiamente el interior del problema trinitario. Una doctrina bíblica de Dios puede comenzar con una exposición de los nombres y títulos de Padre, Hijo y Espíritu, y sus divinas funciones y mutuas relaciones. Semejante exposición de Tres en Uno no puede resumirse en una fórmula eficaz, pero su falta de vocabulario técnico rígido y la ausencia de la palabra «Trinidad» no le quita la condición de doctrina.

Esta explicación de la materia zanja el debate entre Barth y Brunner sobre si la doctrina de la Trinidad está implícita en el Nuevo Testamento. En vez de tratar de encontrar cuándo la teología carismática llegó a ser doctrina formal —como tarea imposible—, nosotros hemos mostrado cómo surgió el problema y su solución. Es cuestión de gusto particular emplear la descripción «Doctrina de la Trinidad» para las enseñanzas contenidas en ciertas partes del Nuevo Testamento, o reservar esta descripción para escritos posteriores. Una cosa es cierta: el problema de la Trinidad surgió y fue solucionado en el Nuevo Testamento. Surgió como consecuencia del desarrollo de la experiencia cristiana, del culto y del pensamiento. Echó sus raíces en la experiencia, porque las personas eran conscientes del poder del Espíritu y de la presencia y señorío del Cristo resucitado. Echó sus raíces en el culto, porque la gente adoraba en el Espíritu, ofrecía sus plegarias a Dios Padre por medio de Cristo, y a veces adoraba al mismo Cristo. Se cimentó en la reflexión, porque los escritores abordaron primeramente el problema cristológico, y después (en todo caso en el cuarto Evangelio), el problema de la triplicidad. Toda la cuestión se basaba en la vida y resurrección del mismo Jesús, quien recibió el Espíritu durante su vida terrena e impartió el Espíritu a los otros después de su resurrección.

Durante muchos siglos la Iglesia cristiana ha interpretado su doctrina sobre Dios en términos de los metafísicos griegos. Pero los escritores bíblicos presentaban la doctrina en términos de su propia experiencia, traducidos por los nombres hebreos de Dios y las ideas hebreas de las funciones divinas. Es una disciplina saludable examinar las enseñanzas bíblicas y observar cómo se expone la naturaleza de Dios sin las categorías patrísticas. Los escritores no se proponen como finalidad principal aclarar todas las complejidades de la naturaleza divina; intentan sobre todo mostrar a Dios como revelado en Cristo y como presente en el Espíritu. Ellos no tuvieron éxito completo en su empeño, como tampoco las posteriores generaciones de escritores cristianos que se sucedieron. La naturaleza divina fue para los escritores bíblicos como para los posteriores cristianos un tremendo y maravilloso misterio.

«¡Oh abismo de la riqueza, de la sabiduría y de la ciencia de Dios! ¡Cuán insondables son sus designios e inescrutables sus caminos! En efecto, ¿quién conoció el pensamiento del Señor? O ¿quién fue su consejero? O ¿quién le dio primero, que tenga derecho a la recompensa?» (Rm 11, 33-34).

Los escritores del Nuevo Testamento conocían sus limitaciones. Eran conscientes de que ellos solo oscuramente podían discernir, y mucho más oscuramente interpretar la naturaleza de la vida divina. Esto no les desanimó. Aunque no habían sido instruidos en métodos sistemáticos de filosofía, no eludieron la tarea de la explicación. Su independencia de las tradiciones filosóficas, el modo sensible de tratar las cosas celestiales, propio de la cultura hebrea, los capacitaba para hacer una exposición de la obra de Dios, a través de Cristo en el Espíritu, que debe siempre proporcionar la base para el pensamiento cristiano sobre el Dios Trino.

ÍNDICE DE NOMBRES Y MATERIAS

Abrahams, I, 134.
Apóstoles, Hechos de los, 154, 161, 176, 193, 195, 212, 213, 214, 215, 226, 265, 267.
Adopcionismo, 100, 197, 198, 199, 200, 204, 205.
Akiba, 30, 31.
«Alenu» Oración, 109, 110, 111.
Ambrosio, 42.
Ángeles, 29, 30, 31, 32, 38, 39, 40, 41, 42, 51, 53, 59, 73, 74, 114, 116, 117, 124, 125, 126, 127, 130, 131, 132, 136, 137, 140, 142, 148, 161, 172, 188, 240.
Apocalipsis de Esdras,
Arato,
Aristóteles, 48.
Ascensión de Isaías, 240, 241.
Ascensión de Moisés, 124.
Atenágoras, 19.
Agustín, 18, 42, 208, 236, 238.

Barrett, C. K., 75, 77, 81, 103, 213, 217, 219, 220, 221, 222, 225, 274, 277.
Barth, K., 27, 26, 278.
Basilio de Cesarea, 239.
Baudissin, W. W. Von, 91.
Bauer, W., 90.
Baur, F. C., 70.
Bendiciones, 41, 122, 128.
Berakoth, 39.
Binitarismo, 18, 43, 211.
Black, M., 76.
Bousset, W., 75, 76, 84, 93, 94, 96, 97, 98, 99, 100, 101, 102, 191, 227.

Branscemb, B. H., 219.
Brunner, E., 21, 22, 278.
Buchsel, F., 44, 217, 218, 222.
Bultmann, R., 75, 76, 79, 89, 94, 95, 99, 103, 112, 113, 114, 139, 189, 190, 214, 238.
Burney, C. F., 76.
Burrows, M., 218.

Calvino, J., 208.
Campbell, J. Y., 126.
Charles, R. H., 124, 125, 126, 138, 141, 171.
Chase, F. H., 250, 251.
Cleantes, 154.
Cristo, Citas del A. T. aplicadas a, 216, 218, 227, 228.
Cristo, 56, 92, 97, 102, 103, 106, 188, 189, 190, 195, 196, 197, 200, 226, 228, 228, 249, 251, 253, 254, 261.
Clemente de Alejandría, 75.
Colwell, E. C., 75.
Conybeare, F. C., 250.
Creación, agentes en la, 31, 34, 38, 47, 48, 56, 73, 109, 124, 143, 145, 148.
Creación, conclusión y meta de la, 124, 143.
— Jesús y la, 20, 40, 119, 149, 151, 154, 161.
— Significado de la,
— Nueva, 144, 158, 160, 166, 243, 244, 245.
— Espíritu y, 229, 242, 243, 245.
— Soporte de la, Creed, J. M., 222, 223.
Credos, Atanasiano, 211, 235.

281

— Formas primitivas de, 91.
— Niceno, 20, 211.
— Constantinopolitano, 239.
Crehan, J., 251, 252.
Cullmann, O., 20, 69, 75, 83, 85, 92, 93, 94, 95, 173, 193, 194, 249.
Culto, 17, 20, 24, 27, 26, 27, 57, 114, 115, 116, 119, 173, 278.

Dalman, G., 90, 91, 92, 189.
Davies, W. D., 45, 51, 149, 153.
Deissmann, A., 78, 90.
Delling, G., 154.
Dibelius, M., 78, 82.
Día del Señor, 59, 81, 120, 122, 124, 127, 129, 134, 136.
Día del Hijo del Hombre, 128, 134.
Dobschütz, E. von, 90, 92, 100.
Docetismo, 240.
Doctrina, Significado de la, 124, 127, 129, 134.
Dodd, C. H., 50, 70, 85, 96, 131, 132, 134, 140, 147, 227, 238.
Doxologías, 24, 27, 69, 211.
Driver, S. R., 38.
Duncan, G. S., 129, 131.

Enoch, Libro de, 171, 172.
Epafras, 255.
Epicteto, 91.
Estoicismo, 156, 160.
Eterna, Vida, 85, 139, 167, 170, 171, 180, 181, 182, 183, 184.
Eusebio, 250, 251.
Evans, C. F.,
Espíritu, persona del, 17, 24, 25, 27, 34, 43, 44, 45, 46, 47, 47, 51, 52, 97, 129, 139, 140, 166, 181, 236, 245, 262, 276.
— relación a Cristo del, 17, 27, 46, 72, 87, 105, 179, 196, 198, 199, 213, 226, 241, 262, 263, 263, 265, 269, 273.
— relación a Dios del, 17, 21, 23, 24, 25, 27, 34, 43, 102, 214, 235, 236, 241, 244, 262, 263, 263, 265.

Flew, R. N., 226.
Filón, 30, 32, 37, 38, 39, 40, 41, 42, 50, 51, 91, 146, 148, 156, 159, 160.
Foerster, W., 91, 91, 92.

Frame, J. E., 83.
Franks, R. S., 200.
Funciones de Dios, 20, 21, 24, 27, 119, 121, 128, 129, 142, 168, 169, 171, 172, 174, 182, 183, 184, 242, 262.
— Jesucristo, confesado como, 17, 20, 21, 22, 23, 24, 25, 27, 56, 73, 74, 77, 77, 78, 79, 81, 82, 83, 84, 85, 87, 89, 94, 97, 98, 99, 102, 103, 104, 105, 245, 261, 262.
— Pluralidad en, 31, 32, 34, 37, 38, 39, 40, 47, 51, 53.
— Títulos de, 24, 27, 41, 42, 50, 56, 57, 68, 89, 93, 94, 95,97, 97, 100, 101, 169, 170, 185, 186, 187, 188, 188, 189,190, 191, 192, 193, 194, 196, 197, 199, 201, 208, 278.
— Unidad de, 29, 30, 32, 34, 36, 37, 39, 40, 41, 42, 51, 56, 63, 102, 206, 207, 263, 265, 267, 268, 276.

Gesenio, W., 38.
Gloria, como sustitutivo del Nombre divino, 86, 90, 91, 95, 96, 99, 131, 132, 136, 142, 236.
Grundmann, W., 78.
Gunkel, H., 227.

Harris, J. R., 114.
Harrison, P. N., 78.
Hebreos, Epístola a los, 20, 22, 72, 73, 81, 82, 116, 143, 154, 159, 161, 162, 166, 179, 214, 228, 261, 262, 267, 268, 278.
Hechos de Tomás, 241.
Herntrich, V., 120.
Hijo de Dios, 24, 25, 52, 62, 67, 85, 87, 110, 117, 130, 161, 186 a la 208, 256, 262, 265.
Hijo del Hombre, 24, 52, 59, 67, 99, 126, 127, 130, 131, 132, 133, 134, 138, 142, 171, 174, 175, 193, 219, 220.
Hodgson, L., 25, 239.
Homero, 57.
Hooker, M. D., 172, 223.
Hort, F. J. A., 75, 76, 77, 87, 88.
Hoskyns, E. C, 76.
Howard, W. F., 50.
Hunter, A. M., 100.

ÍNDICE DE NOMBRES Y MATERIAS

Ignacio, 78, 80, 82, 240.
Intercesor, Jesús como,
— El Espíritu como, 116, 145, 146, 147, 148, 161.
Intercesores, angélicos,
Ireneo, 17, 19, 40, 75.

James, M. R., 241.
Joanea, Enseñanza, 20, 21, 22, 113, 117, 160, 166, 180, 181, 182, 184, 231, 232, 242, 245.
Juan el Bautista, 104, 129, 129, 134, 149, 151, 175, 224, 226, 263, 264, 266, 273 y 274.
Jesús como novio, 103.
Johnson, A. R., 23, 32, 33, 34, 35, 36, 38, 51.
Josefo, 30.
Jubileos, Libro de los, 38, 170.
Juicio, 53, 119 a 126; 127 a 131; 133, 134 a 142, 143, 167, 196, 275.
— por Jesucristo, 89, 97, 103, 242, 275.
— por el Espíritu, 94, 242, 245.
Justino Mártir, 40, 42.

Kennedy, H. A. A., 137.
Kirk, K. E., 44, 45, 70.
Knight, G. A. F., 23, 32, 36, 37, 51.
Knox, J., 95, 223.

Lafrange, M. H., 69, 75.
Ley, 29, 35, 50, 51, 68, 120, 121, 124, 125, 147, 148, 156, 178, 179, 237, 236.
Lebreton, I., 23, 251.
Lietzmann, H., 69, 236, 237, 251.
Lightfoot, R. H., 242.
Liturgia, 29, 30, 116.
Lohmeyer, E., 100.
Lowry, C. W., 26.

Manson, T. W., 59, 61, 130, 133, 153, 217, 222.
Marcion, 236.
Marco Aurelio, 156, 164.
McNeile, A. H., 151, 181.
Melanchthon, P., 20.
Messel, N., 133.
Mesías, 24, 46, 48, 59, 67, 94, 95, 97, 124, 124, 126 a 130, 164, 169, 170, 171, 173, 188, 195, 196, 198, 216.

Montefiore, C. J. G. y Loewe, 30, 39.
Moore, G. F., 30, 50, 51, 114, 146, 148.
Moule, C. F. D., 75, 156.
Moulton, J. H. y M., 88, 154.
Moulton, J. H. y Milligan, G., 91.
Mowinckel, S., 46, 172, 173.

Niceta de Remesiana, 239.
Nielsen, D., 91.
Norden, E., 153.

Oke, C. C., 87.
O'Neill, J. C., 97, 98.
Oración, a Jesucristo, 24, 27, 101.
— al Espíritu, 238, 239, 241, 245, 245.
Orígenes, 19, 40, 42, 90, 91, 95, 169, 239.
Otto, R., 153.

Palabra, 20, 30, 33, 34, 43, 47, 50, 50, 51, 52, 67, 69, 71, 75, 76, 78, 101, 124, 125, 126, 128, 132, 133, 138, 139, 141, 145, 146, 147, 148, 156, 160, 161, 185, 205, 245, 262, 275.
Papías, 39.
Parry, R. St. J., 77.
Paternidad de Dios, 21, 26, 27, 56, 57, 59, 67, 69, 71, 75, 76, 78, 112, 114, 161, 166, 178, 182, 194, 195, 196, 197, 199, 200, 200, 207, 228, 245.
Paulina, Enseñanza, 20, 22, 62, 155, 163, 177, 178, 179, 182, 183, 226, 227, 228, 237, 237, 244, 268.
Perdón, 59, 61, 97, 134, 171, 172, 173, 174, 174, 177, 178, 179, 180, 183, 267.
Persona, Significado de la, 17, 19, 25, 129, 130, 133, 134, 140, 142, 245, 271.
— extensión de la, 19, 24, 25, 213.
— interacción de la, 22, 27, 212.
«Piedra», dichos de la, 114, 115.
Platón, 42, 57.
Plínio, 79, 91.
Porfirio, 57.
Prestige, G. L., 19.

Qumran, Secta, 59, 61, 218.

Rabínica, Enseñanza, 57, 114, 244.
Rankin, O. S., 47.

283

Ranston, H., 47.
Rawlinson, A. E. J., 94, 98, 99, 149, 207, 208, 227, 228.
Resurrección de la muerte, Jesús y la, 61, 96, 117, 139, 166, 176, 179, 180, 181, 182, 184, 195, 196, 197, 198, 244, 245, 261, 263, 263, 267, 274, 278.
Richardson, A., 20.
Ropes, J. H., 88.

Sabiduría, 29, 30, 43, 47, 48, 50, 51, 52, 53, 67, 124, 145, 146, 148, 150, 153, 156, 159, 161, 185.
Sacerdote (Sumo), Título de Cristo, 73, 80, 121, 124, 147, 159, 193, 196, 205, 268.
Salvación, 53, 97, 102, 119, 138, 139, 167, 168, 169, 170, 171, 171, 173, 174, 174, 175, 176, 177, 179, 180, 181, 183, 188, 245, 268, 269, 272, 275.
Sanday, W. y Headlam, A. C., 69, 70, 71.
Salvador, 77, 78, 53, 136, 167, 168, 169, 170, 171, 174, 174, 176, 177, 179, 180, 182, 183, 245, 256, 180, 181, 183, 188, 245, 268, 269, 272, 275.
Schleiermacher, 26.
Schmidt, P. W., 149, 151.
Schmiedel, P. W., 189.
Schrenk, G., 57.
Schweitzer, A., 129.
Scott, C. A. A., 70. Scott, E. F., 44, 212, 220, 222, 224, 227, 228.
Selwyn, E. G., 114, 256.
Séneca, 91.
Setenta, Influencias de los, 32, 36, 37, 72, 91, 92, 100, 102, 103, 103, 116, 127, 154, 154.
Smith, J. M. P., 129.
Snaith, N. H., 45, 120.
Stauffer, E., 83.
Stenning, J. F., 40.
Strachan, R. H., 227.
Strack, H. L y Billerneck, P., 164, 172, 95, 188.
Strathmann, 116.
Streeter, B. H., 198.
Subordinacionismo, 208.
Swete, H. B., 239.
Sinópticos, Evangelios, 94, 114, 129, 130, 132, 134, 135, 138, 149, 150, 161, 174, 174, 175, 176, 177, 184, 218, 263, 267, 273.

Targums, 57, 146, 148.
Taylor, V., 94, 98, 99, 100, 104, 133, 174, 175, 176, 205, 220, 221, 222, 225.
Temple, W., 77.
Tertuliano, 17, 19, 236.
Testamento de los doce Patriarcas, 171.
Teodoro de Mopsuestia, 76.
Teófilo, 17, 19.
Thornton, L. S., 230, 232.

Virginal nacimiento, 240, 265.
Weis, J., 195, 196, 197, 254.
Wellhausen, L., 220, 223.
Wendeland, P., 174.
Westcott, B. F., 72, 73, 75, 87, 88.
Wiles, M. W., 22.
Windisch, H. y Preisker, H., 85.
«Yo soy» dichos, 103, 165, 189 a la 193, 275.

ÍNDICE BÍBLICO

ANTIGUO TESTAMENTO

Génesis
1, 1   144
1, 2   146, 147, 243
1, 2.3.6.9   49, 146
1, 26   38, 39, 40, 148
1, 27   39
3, 22   38, 39, 40, 148
6, 2   188
11, 7   38, 39
11, 17   148
18   37
18, 1   40
18, 2   40
18, 3   40
18, 10   41
18, 12   90
18, 18   40
18, 19   42
18, 20   41
18, 25   120
19   40
27, 33 ss.   34
31, 35   90
37, 21   168
44, 4 ss.   33

Éxodo
3, 2 ss.   49
3, 14   104
4, 22   57, 188
14, 30   168

21, 15   89
34, 34   227, 228, 237

Números
6, 22.27   34
10, 35 ss.   34
11, 28   90
35, 25   168

Deuteronomio
6, 4   29, 55, 67
10, 17 (LXX)   78
25, 5   33
27, 2-7   35
32, 4   120
32, 39   103
32, 43(LXX)   116

Josué
7, 5   35
7, 24   33
10, 6   168

Jueces
2, 16-18   168
3, 9.15.31   168
3, 10   44
6, 14-15   168
6, 34   34
8, 22   168
11, 12-13   33

13, 15   168
13, 25   43
14, 6-19   34-35
14, 13   46
15, 14   34, 44

1 Samuel
1, 1   80
4, 5-8   34
6, 7.9.20   34
9, 16   21
10, 1.55   197
10, 28   168
11, 6   44, 46
14, 23   168
16, 3   194

2 Samuel
7, 14   57, 62, 188,
              203, 204

1 Reyes
22, 19 ss.   34
22, 21 ss.   52

2 Crónicas
32, 8   70
32, 22   168

Esdras
6, 6   124, 127

Nehemías		73, 23-26	171	9, 1-6	169
9, 20	44	79, 9	171	9, 6	56
		85, 10	78	9, 36	240
Tobías		89, 27	57, 188	10, 5	121
3, 17	148	94, 2	120	11, 2	216
5, 4	148	97, 7	116	11, 1-2	46
8, 2	148	110	97, 101	11, 1.10	169
13, 14	57	110, 1	94, 97	13, 14	115
		119	50-51	26, 4 (LXX)	78
Judit		130, 7-8	171	30, 1	57
2, 14	91	139, 7	43	32, 15	43
		143, 10	44	40, 3	129
1 Macabeos		148, 5	145	40, 12-31	145
6, 44	168			41, 4	103, 164
9, 21	168	*Proverbios*		42, 1	43, 46, 216
		8	104	42, 5	144
2 Macabeos		8, 1.2.13.17.30	47	43, 10	103
7, 28	144	8, 22.30	48, 146	43, 10.11	164, 169
		12, 24 (LXX)	127	43, 13	103
Job				44, 3	244
1, 6	188	*Eclesiastés*		44, 6	29, 164, 165
2, 1	188	12, 14	127	44, 28	121
5, 1	114			54, 1	121
5, 15	168	*Eclesiástico*		45, 11	57
19, 25	170	1, 30	127	45, 21	169
33, 23	114	23, 1.4	57	45, 23	103, 110, 228
38, 1.42	145	24	50	46, 4	103
38, 7	188	24, 1.2	47	48, 12	103, 164
		24, 2	52	48, 13	145
Salmos		24, 3	146	51, 9.16	145
2, 7	57, 188, 195,	51	151, 153	53, 5	172
	197, 204	51, 10	57	53, 11	172
8, 3	145	51, 23.26	151	53, 12	228
10, 1	223	51, 23.30	153	54, 5	104
13, 8	188	51, 26.27	152	55, 11	34, 52, 146
17	170, 171			59, 21	43
17, 28-29	122	*Sabiduría*		61, 1	46, 216, 223,
18	170, 171	7, 22	146		224
18, 27	168	7, 25.26	159	62, 4.5	104
20	34	8, 3.4	146	63, 10	44, 219
26, 1-3	127	9, 1.2	146	63, 14	44, 219
33, 6.9	49, 145, 146,	18, 15, 16	146	64, 1	219
	147, 243			64, 8	57
39, 8	171	*Isaías*		65, 17	165
45	81	1, 2	55, 188	66, 22	165
45, 6	72	2, 1	49		
49, 8-10.16	170	2, 12	122	*Jeremías*	
51, 11.12.14	171	5, 16	120	1, 4	49
56, 4	70	6, 8	38, 40	2, 2	104
59, 3	168	6, 10	103	2, 28	169
68, 18	103	7, 14	86	3, 14	104

ÍNDICE BÍBLICO

3, 22	57	7, 22	125	*Amós*	
3, 23	169	8, 16	148	3, 1	49
11, 12	169	9, 12	148	5, 18	122
17, 5	70	10, 13.21	148		
22, 3	168	12, 1	148	*Miqueas*	
23, 6	169	12, 2.3	171	5, 5	169
31, 9	57				
31, 34	171	*Oseas*		*Zacarías*	
39, 19	78	1, 1	49	1, 12	114
		2, 20	104	12, 10	47
Ezequiel		11, 1	57, 188		
2, 1	49			*Malaquías*	
16, 8	104			2, 10	57
36, 26-27	243	*Joel*		2, 11	104
36, 29	171	2, 28 ss.	47, 129, 244	3, 3	129
37, 9	44, 243, 244	2, 30	122	3, 5	122
37, 23	171	2, 32	97, 110, 122	4, 1, 1-3	122, 129
2, 45	73		228	4, 5	18

NUEVO TESTAMENTO

Mateo		10, 20	220	21, 42	115
1, 20	199, 264	10, 20.29	61	22	61
1, 21	174	10, 21-22	151	22, 1.14	104
1, 23	86	10, 32-33	132	22, 43	223
2, 2.8.11	117	11, 3	129	23	61
3, 3	129	11, 5	175, 223	23, 9	55, 56
3, 11	214, 217	11, 14	129	23, 34	150
3, 12	129	11, 16-19	150	23, 36	134
3, 14	264	11, 25-30	150, 152	25, 1.13	104
4, 1	219		153, 154, 158	25, 31.46	130
4, 3.6	192	11, 27	191	25, 34	175
5, 9-44-45	193	11, 29	110	25, 46	175
5, 21.32	134	12, 28	223, 224, 264	26, 29	61
5, 45	61	12, 31	219	26, 41	223
5, 48	60	12, 50	61	26, 64	190, 191
6, 9	60	15, 25	117	27, 63	91
6, 29	61	16, 16	192	28, 18	162
6, 30	149	16, 19	181	28, 19	249, 250, 251,
6, 32	60	16, 37	132		252, 253, 263,
7, 11	60, 223	17, 13	218		264
7, 21	61, 95	18, 26	117		
8, 2	90, 117	18, 18	181	*Marcos*	
8, 6.8	91	19, 28	150	13	129
9, 8	195	20, 20	117	1, 8	214, 217
9, 18	117	20, 23	61	1, 11	196, 213

1, 15	223	15, 39	192	12, 32	60		
2, 1.12	174	16, 17	251	15	61		
2, 5	134	16, 15-18	251	16, 19-31	114		
2, 10	174			19, 8	174		
2, 19-20	104	*Lucas*		19, 10	174		
3, 4	174	1, 35	199, 265	20, 17-18	115		
3, 11	192	2, 22	198	21, 15	220, 221		
3, 29	219, 220	2, 32	197	22, 29	60		
4	61	2, 49	60	22, 30	137		
4, 61-62	196	3, 3-6	96, 97	22, 42	60		
5, 6	117	3, 4	129	22, 49	156		
5, 7	192	3, 6	70	22, 67-70	190		
5, 19	94	3, 16	129, 214, 216	23, 34	61		
5, 21-24.35-43	175	3, 17	129	23, 46	61		
5, 23	174	4, 1	219	24, 27	251		
6, 1-6	215	4, 3.9	192	24, 49	266		
7, 28	94	4, 8	204				
8, 29	195	4, 7.8	117	*Juan*			
8, 35	174	4, 14	265	1, 1	20, 22, 76, 87, 160, 275		
8, 35 ss.	175	4, 18	223				
8, 38	59, 132	4, 17-18	266	1, 1-2	74, 79		
9, 7	192, 195	4, 23-27	223	1, 3	20, 109		
9, 11-13	129	5, 12	90	1, 6.12.13.18	74		
9, 13	218	6	61	1, 14	51, 76		
10, 6	149	6, 35	193	1, 18	75, 76, 77, 79, 275		
10, 17	175	6, 36	60				
10, 18	55	6, 46	95	1, 23	41		
10, 21	175	7, 6	38	1, 32-34	231		
10, 18	56, 193	7, 11-17	175	1, 33-34	272, 273		
10, 30	175	7, 19	129	2, 1	140, 274		
11, 3	94	7, 22	150, 175, 223	2, 11	51		
11, 25	59, 60	7, 31-35	150	3, 2	139		
12, 6-7	190	7, 35	150, 151	3, 5	166, 231, 244		
12, 10.11	114	7, 48	174	3, 9	40		
12, 29	55, 67	7, 50	173	3, 16-17	180		
12, 29.30	29	8, 50	173	3, 21	70		
12, 35-37	94, 95, 97	9, 32	51	3, 29	104		
12, 36	223	10, 12	134	4, 2	232		
13, 11	212, 220, 221	10, 21-22	60, 190, 193	4, 17	139		
13, 13	174			4, 24	237		
13, 22	134	11, 2	60	4, 42	180		
13, 32	59, 60, 191, 192, 193	11, 13	60, 222, 224, 224	5, 8	232		
				5, 19	206		
14, 22-25	100	11, 20	223	5, 22.27.30	138		
14, 36	51, 59, 60, 193	11, 49	150	5, 23	117		
		12, 8.9	132	5, 24	181		
14, 38	223	12, 10	218, 219	5, 26	205		
14, 61-62	190	12, 10.11	115	5, 28-29	139, 182		
14, 62	188, 191, 193	12, 12	220, 221	5, 44	56		
15, 19	117	12, 28	149	5, 45	139		
15, 34	51	12, 30	60	6, 35	104		

ÍNDICE BÍBLICO

6, 39	182	*Hechos*		11, 15-16	266
6, 40	182	1, 4.5	266	11, 16	156
6, 41.48	104	1, 4.7	62	11, 17	267
6, 54	139, 181, 182	1, 8	266	13, 2-9	216
7, 16	206, 273, 274	1, 16	213	13, 2	213
7, 39	232	2, 4	213, 215	13, 4	213
8, 12	104	2, 11	114	13, 9	213
8, 15	138	2, 18	214	13, 23	177
8, 18	104	2, 21	92, 97, 102, 176	13, 32-33	195
8, 24	104			13, 33	197, 193
8, 34-35	180	2, 22	195	14, 9	176
8, 36	180	2, 33	62, 267	15, 11	177
8, 41	62	2, 36	195, 197	15, 28	213
8, 58	160	2, 38	97	16, 6	213
9	140	2, 38-39	267	16, 7	213, 226
9, 5	104	3, 15	154, 155	17, 28	156
9, 38	117	3, 19.22	96	17, 31	135
10, 7	104	4, 8	213	18, 25	214
10, 11.14	104	4, 9	176	19, 2	217
10, 29.30	206	4, 11	115	19, 21	213
11, 25	85, 104, 181	4, 12	176	20, 23	213
12, 21	91	4, 26.29	96	20, 28	213, 256
12, 40	102, 103, 114	4, 27	196, 198	21, 4	213
12, 41	103, 275	5, 3	213	24, 25	135
12, 47	180	5, 9	213, 226	25, 26	91
12, 47-48	139	5, 12	156	27, 20-31	176
14, 6	104	5, 31	155, 156, 177	27, 34	176
14, 14	114	5, 32	213	28, 25	213
14, 16	272, 274	6, 5	97		
14, 23	207	6, 10	213	*Romanos*	
14, 23	272	7	99	1, 1	200
14, 28	205	7, 25	176	1, 3	95, 194, 200
15, 1 ss.	206	7, 51	213	1, 7	113
15, 1.5	104	7, 59-60	97, 111	1, 25	69
16, 7	273, 274	8, 29	213	2, 16	137
16, 7-11	139	8, 36-38	194	3, 24	178
16, 8-11	242	8, 37	193	3, 30	55, 178
16, 15	273	8, 39	213, 226	4, 1 7	144
17, 3	56, 84	9, 17	213, 267	6, 3-4	229
17, 5	207	9, 20	193	7, 24.25	178
17, 22	206	9, 31	267	8, 2 ss.	179, 244
20, 17	62	10, 13	102	8, 5.8	70
20, 19.29	81	10, 14	97	8, 9 ss.	229
20, 21	207	10, 19	213	8, 9-11	271
20, 21-22	273, 274	10, 33	197	8, 14.16	213
20, 22	166, 181, 244	10, 36	97, 109	8, 15	62
20, 23	81	10, 38	196, 198, 226, 267	8, 26	114, 213, 228
20, 28	73, 71, 79, 105, 181, 262, 275			8, 32	200
		10, 42	135	8, 33	178
21	77	11, 12	213	8, 34	53, 114, 228
		11, 12-16	215	9, 1	214

289

9, 5	68, 69, 80, 72, 79, 80, 107,108, 24, 202, 237	*2 Corintios*		1, 19	163
		1, 2	62, 113	1, 22.23	162, 271
		1, 3	62	2, 14 ss.	271
9, 33	115	1, 9	179	2, 16	178
		1, 14	136	2, 18	271, 255
1 Corintios		1, 22-22	254	2, 20	115, 271
1	269	2, 17	230	2, 20-22	255
1, 2	102	3, 3	254	2, 22	271
1, 3	62, 113	3, 6	213	3, 14-16	255
1, 8	136	3, 17, 18	237, 238, 244	3, 16-17	271
1, 24-30	49, 156	3, 18	51	4, 3	271
1, 29	70	4, 14	179	4, 4-6	271
1, 30	178	5, 10	136	4, 5-6	105
2	269	5, 17	158, 166, 244	4, 6	27, 55, 56, 62
3	269	6, 2-3	137	4, 8	114, 102, 103
3, 13	139	8, 9	158	4, 12	230
3, 13-14	268	11, 2	104	4, 15	163, 271
3, 17	227, 228	11, 19	230	4, 30	213
4, 5	137	11, 31	62, 69	5, 32	178
4, 4-5	136	12, 8	111	5, 25	104
5, 5	136	12, 9	111	5, 26	178
6, 11	214, 244	12, 18	230	6, 24	113
6, 19-20	235, 236	13, 14	113, 254	15, 3	80
8, 4	55			18, 2	80
8, 5.6	105	*Gálatas*		19, 3	80
8, 6	29, 55, 56, 62, 156, 158, 162 271	1, 3	113		
		1, 4	62, 178	*Filipenses*	
		1, 5	69	1, 2	62, 113
10, 4	158	1, 17	101	2, 5	204
11, 7	40	2, 17	178	2, 5-11	100, 201
11, 32	99	2, 20	87	2, 6 ss.	186
12, 3	200	3, 11-14	254	2, 7	200
12, 3.9.13	214, 230	3, 13	178	2, 9-11	102, 103,114
12, 4 ss	244	3, 20	55, 56	2, 10	110, 202
12, 4-6	254	3, 27	229	3, 1	229
12, 13	244	3, 28	229	3, 3	116, 238, 254
12, 20	230	4, 4	269	3, 20	136, 178
12, 20	230	4, 5	178	4, 4	229
14, 2	230	4, 6	62, 213, 254, 269	4, 5	136
14, 16	214	5, 1	178	4, 20	62
15	271	5, 16 ss.	230, 244	4, 23	113
15, 3 ss.	194	5, 25	179, 230		
15, 17	159	6, 5	166	*Colosenses*	
15, 18	230	6, 15	244	1, 2	62, 113
15, 22	179	6, 18	113	1, 3	150, 201
15, 24-28	209			1, 4	178
15, 26	164	*Efesios*		1, 6-8	255
15, 45	179	1, 2	62, 113	1, 15	200
16, 22	98, 99, 111	1, 3	62	1, 15-17	49
16, 23	113	1, 7	178	1, 16	109, 136, 155, 156, 159, 163
		1, 10	136		

Índice bíblico

1, 16.19	201	6, 3.14	107	2, 18	204
1, 17	162	6, 15	87, 107	3, 1	233
2, 2.3	84			3, 5-6	203
2, 2-3	49	*2 Timoteo*		3, 6	203
2, 9	201	1, 2	62, 113	3, 7	214
2, 12	229	1, 2.8	107	3, 14	214, 233
3, 3	229, 201	1, 9	182	4, 13	203
3, 10	166	1, 10	183	4, 14	193
3, 13	178	1, 16.18	107	4, 15	204
3, 22	70	2, 7.4.19.22.24	108	5, 7	179, 204
		4, 1	108, 141, 194	5, 8	204
1 Tesalonicenses		4, 7-8	141	5, 5-8	203
1, 3	84	4, 8.14	108	5, 9	179, 205
1, 10	178, 179	4, 18	107, 108	6, 4	214, 233
2, 2	84			6, 4 ss.	256
3, 9	84	*Tito*		6, 4-6	267
3, 11.13	62	1, 3	183	6, 6	203
3, 11.12	111, 112	1, 3-4	183	7, 3	203, 205
3, 13	135	1, 4	62, 77, 183	7, 8	203
4, 16	230		78, 79, 113	7, 25	53, 114,
5, 12	230	2, 10	183		179, 205, 228
5, 23	135	2, 10-13	183	7, 28	203, 205
5, 28	113	2, 13	77, 268	8	226
11, 13	84	2, 13-14	183	9, 14	233
		3, 4	183	9, 22-28	180
2 Tesalonicenses		3, 4-6	256, 183, 268	9, 24	205
1, 1	62, 84	3, 5	244	9, 27-28	141
1, 7-10	136	3, 6	183	9, 28	180, 205
1, 11-12	84			10, 29	226, 233
1, 12	83, 113	*Filemón*			256, 267
2, 16	135, 84	1, 16-74	70	10, 30-31	139
2, 13	254, 256	3	62	10, 37	141
3, 5	112	3, 25	113	13, 3	144
3, 6.12.18	112			11, 23.24	205
3, 16	112	*Hebreos*		12, 2	154
3, 18	113	1, 1-2	226	12, 9	62, 226
		1, 1-2	203	12, 23	140
1 Timoteo		1, 1-3	49	13, 4	140
1, 1	183	1, 1-3.6	203	13, 15-16	47
1, 2	113	1, 2	109, 159	13, 20-21	107
1, 2	62	1, 2-3	203	13, 21	73
1, 2.14	107, 182	1, 2-5	203		
1, 15	183	1, 3	162	*Santiago*	
1, 16	87	1, 5	62, 203, 204	1, 1	172
1, 17	55, 86, 87, 107	1, 6	73, 117, 116	1, 17-27	62
2, 3	183	1, 8	68, 69, 79, 80, 203	1, 18	244
2, 5	29, 56, 268	1, 10	203	1, 21	183
2, 22	102	1, 12	203	2, 1	85
3, 16	87, 194	2, 7	203	2, 19	29, 56
4, 1	214	2, 10	154, 179,	3, 9	62
4, 10	183		203, 205	4, 12	56

291

5, 8-9	140	*1 Juan*		2, 7	214
5, 20	183	1, 1	160	2, 11	214
		1, 7	180	2, 17	214
1 Pedro		1, 9	180	2, 18	194
1, 2	256	2, 1	53, 114, 214, 228	2, 27	62
1, 2.3.17	62	2, 24	207	2, 29	214
1, 3	244	4, 2	273, 275	3, 10-11	108
1, 3-5	106	4, 13-14	273, 275	3, 5.12	62
1, 11	214, 267	4, 14	180	5, 13	108
1, 13	166	4, 15	193	7, 10	108, 183
2, 5	257	5, 7	213	10, 6	98
3, 18 ss.	194	5, 11-12	181	11, 15	110
3, 21	183	5, 20	84	13, 22	214
4, 5	140			14, 1	62
4, 14	256	*2 Juan*		14, 13	214
		12	156	14, 14-16.17.20	142
2 Pedro				16, 14	142
1, 1	78, 79	*Judas*		16, 22-23	141
1, 1.11	183	1	62	17, 14	109
1, 3-4	74	9	140	19, 7	104
		14.15	140	19, 15	142
1, 11	78, 83	20.21	256	19, 16	109
1, 16-17	51	23	183	21, 6	165
1, 17	62	24-25	106	21, 7	107
2, 2.7.8	115			21, 9	104
2, 4	140	*Apocalipsis*		22, 5	110
2, 20	183	1, 4-5	256	22, 12	141
3, 2, 18	183	1, 5-6	107, 108	22, 13	165
3, 15	115	1, 6	62	22, 17	104
3, 18	81, 108	1, 8	165	22, 20	98, 111, 108
		2, 5	108		

www.ingramcontent.com/pod-product-compliance
Lightning Source LLC
Chambersburg PA
CBHW010327240426
43665CB00050B/2903